U1006438

山东省铸造发展史

（1949—2015）

山东省铸造协会　组编
孙清洲　主编

中国建材工业出版社

图书在版编目（CIP）数据

山东省铸造发展史：1949—2015 / 山东省铸造协会组编；孙清洲主编． -- 北京 ： 中国建材工业出版社，2021.12

ISBN 978-7-5160-3359-3

Ⅰ．①山⋯ Ⅱ．①山⋯ ②孙⋯ Ⅲ．①铸造工业—工业史—山东— 1949-2015 Ⅳ．① F427.41

中国版本图书馆 CIP 数据核字（2021）第 238108 号

山东省铸造发展史（1949—2015）
Shandongsheng Zhuzao Fazhanshi（1949—2015）
山东省铸造协会　组编
孙清洲　主编

出版发行：中国建材工业出版社
地　　址：北京市海淀区三里河路 1 号
邮政编码：100044
经　　销：全国各地新华书店
印　　刷：北京天恒嘉业印刷有限公司
开　　本：889mm×1194mm　1/16
印　　张：14.75
字　　数：330 千字
版　　次：2021 年 12 月第 1 版
印　　次：2021 年 12 月第 1 次
定　　价：178.00 元

本社网址：www.jccbs.com，微信公众号：zgjcgycbs
请选用正版图书，采购、销售盗版图书属违法行为
版权专有，盗版必究。本社法律顾问：北京天驰君泰律师事务所，张杰律师
举报信箱：zhangjie@tiantailaw.com　举报电话：（010）68343948
本书如有印装质量问题，由我社市场营销部负责调换，联系电话：（010）88386906

山东省铸造发展史（1949—2015）

指导委员会

主 任 委 员：林江海

副主任委员：夏玉海　张志勇　于本礼　徐从顺　唐地源　王瑞国　邱宪路

编辑委员会

组　编：山东省铸造协会

主　编：孙清洲

副主编：文景宝　张科峰　田学雷　张　江

参　编：王文中　宿子成　邱汉泉　叶芳华　陈德明　曹宗安　傅现强
杨忠耀　杨思一　朱利民　王瑞昌　姜克勤　吕鲁平　刘如伟
李化中　李明星　卢　军　姜青河　赵忠魁　董治田　何　俊
尚其栋　崔瑞奇　康敬乐　赵林栋　郝连涛　冯新林　宫本奎
钱　君　牟俊茂　韦　斌　盛龙海　张太雯　张同虎　张庆成
张清峰　于仁先　苏道胜　刘永升　李顺强　滕麟群　呼国功
赵宗杰　平宪忠　鞠衍洲　唐琳诺

顾　问：王文中　宿子成

（排名不分先后）

前　言

中国是唯一具备联合国公布的 41 个工业大类中所有大类的国家，而山东省是中国唯一具备全部工业大类的省份。同时，山东省还拥有 207 个工业中类中的 197 个和 666 个工业小类中的 526 个。工业之基在铸造。铸造，是中华民族前进与发展的基础动力。

2015 年，为支持中国铸造协会编写《中国铸造发展史》，山东省铸造协会开展了山东省铸造发展史志资料的征集活动，并以这次征集工作为契机，决定启动《山东省铸造发展史》的编撰工作。

2016 年，山东省铸造协会组织成立了《山东省铸造发展史》编写工作指导委员会、工作委员会以及编辑委员会。指导委员会由 8 人组成，主任委员由林江海同志担任。工作委员会由 8 人组成，主任委员初始由张志勇同志担任，后由于张志勇同志工作变动，工作委员会主任由夏玉海同志担任。编辑委员会由全省各铸造企业及热衷于铸造发展史的人士组成，主任委员由孙清洲同志担任。由此《山东省铸造发展史》编写工作正式开始。

编写工作机构成立之后，确定了“深入调查、尊重历史、实事求是”的《山东省铸造发展史》编写原则，讨论通过了编写大纲及编写要求，将《山东省铸造发展史》分为 5 篇，每篇设一名负责人，具体负责该篇的编写及编写工作的组织协调。文景宝同志负责铸造企业篇的编写，孙清洲同志负责铸造设备与仪器篇的编写，张科峰同志负责铸造材料篇的编写，田学雷同志负责大专院校与科研院所篇的编写，张江同志负责行业组织篇的编写。

五年来，各委员会多次召开会议，听取大家对《山东省铸造发展史》编写工作的意见和建议，分析解决编写工作中遇到的问题，使编写工作有序开展。行业内广大企业及铸造工作者或积极献计献策、或提供史志资料、或亲自参与编写工作，以各种方式对编写工作给予大力支持，特别是各委员会的同志们不计名利、任劳任怨、团结协作，展现了铸造人的良好风范。正是在大家的共同努力下，《山东省铸造发展史》编写工作得以顺利完成。

《山东省铸造发展史》涵盖了自中华人民共和国成立至 2015 年的发展历程，由于时间跨度大，相关单位及人员发生了巨大的变化，给史志资料的收集工作带来了很大的难度，在编写过程中难免存在遗漏，敬请读者提出宝贵意见，以便在今后的修史工作中加以补充和完善。

《山东省铸造发展史》编辑委员会

2021 年 8 月

目　录

1 铸造企业篇

1.1 综述

山东省由于其独特的地理位置和历史原因，其机械工业特别是铸造行业在中华人民共和国成立前（后），走在了全国的前列。从1875年建立第一个铸造车间开始，走过了142年艰苦而辉煌的历程。中华人民共和国成立后，特别是中共十一届三中全会以来，山东省铸造行业高速增长，蓬勃发展，创造了一个又一个的辉煌，其生产规模、产量及铸件水平得以快速提升，位居全国首位。据不完全统计，2011年，全省规模以上铸造企业1400余家，从业人员13.5万人。基本形成了门类齐全，配套完善以及规模化、专业化和集群化发展的产业结构，成为全国重要的铸造生产基地。2011年铸件产量达442余万吨，其中出口近90万吨。主要材质中：灰口铸铁约占比例为46.5%，球墨铸铁约占比例为27%，可锻铸铁约占3.5%，蠕墨铸铁约占2.5%，铸钢约占12.5%，有色金属约占8%。铸件主要配套于汽车、内燃机、风电、轨道交通、工程机械、机床、船舶、通用机械、农业机械、摩托车、电力、冶金、化工、市政及其他装配行业，部分铸件产品远销欧美、日韩及东南亚等国家和地区。2012—2015年全省铸件总产量如图1.1所示。主要材质中球墨铸铁占比较2011年以前略有增加，受工程机械、商用车和船舶行业的影响，铸钢占比较2011年以前有所下降，随着汽车轻量化的发展，有色合金占比有较大增加（图1.2）。

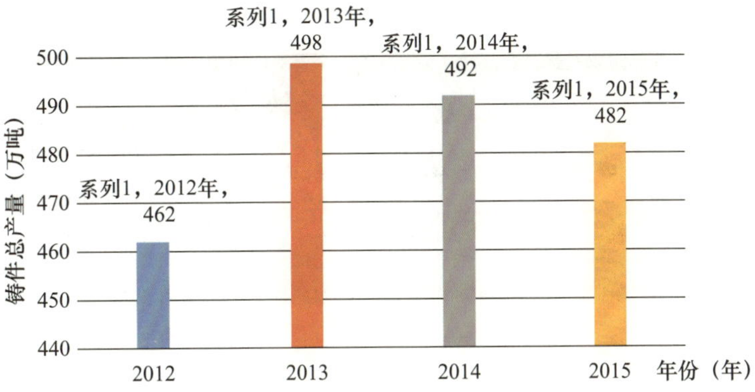

图1.1　2012—2015年全省铸件总产量

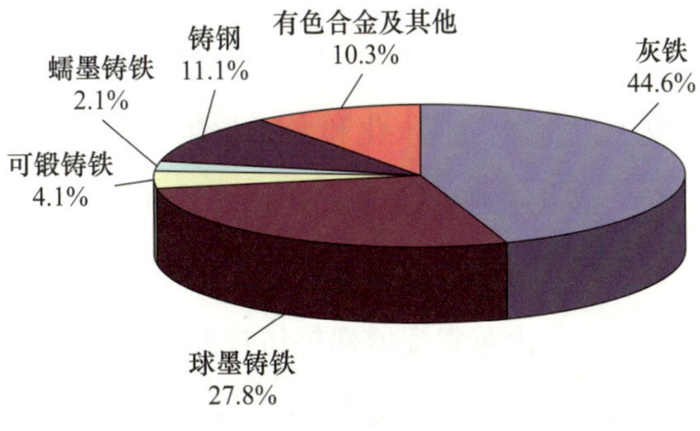

图1.2　2015年全省各类材质铸件占比示意图

1.1.1 建设布局与产业集聚区

在行业发展过程中，陆续形成了一批具有山东特色的铸造产品产业集群与铸造工业园区。如龙口和莱州地区的汽车刹车盘；东营、平度、青岛等地区的精密铸造；滨州地区的活塞、铝轮毂、奥氏体耐磨镶圈；临沂地区的水表铸件；管件、管头铸件等。章丘市获得了“中国铸造之乡”称号，昌邑市围子镇被命名“山东铸造基地”。以潍坊柴油机厂（图 1.3）、济南柴油机厂以及淄博柴油机厂为核心的重型柴油机用铸件生产企业集群；以中国重汽中心为核心的载重汽车用铸件生产企业集群；以山东福田集团和山东时风集团为核心的农业机械用铸件生产企业集群；以山东工程机械厂及临沂工程机械厂为核心的工程机械用铸件生产企业集群等形成了相当规模的铸件生产能力。另外，企业普遍由城区向工业园区搬迁，企业分布更为集中，建设布局更为合理。

WP10系列气缸体

WP9系列气缸体

WP12系列气缸体

WP10系列气缸盖

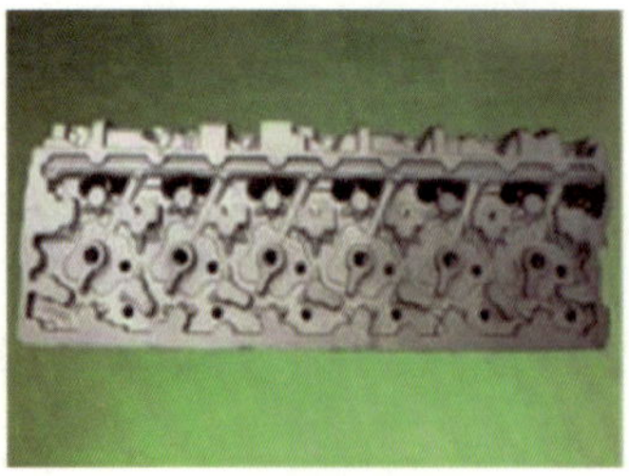
WP9系列气缸盖

WP10系列齿轮室

图 1.3　潍柴典型产品

1.1.2 优势企业专业化、规模化突出

山东省形成了一批实力强，具有核心竞争力的大型企业及企业集团。潍柴动力（潍坊）铸锻有限公司建成了大批量、流水化和专业化生产模式，全员劳动生产率达到 100 吨 /（人·年）以上，各类铸件生产能力达到 43 万吨；中国重汽集团济南动力有限公司铸锻中心、天润曲轴股份有限公司、山东滨州渤海活塞股份有限公司、济南玫德铸造有限公司（可锻铸铁）、山东智汇蠕墨新材料科技股份公司（原山东省淄博蠕墨铸铁股份有限公司）、诸城龙翔钢业有限公司、临沂市铸宝水表有限公司、山东时风集团有限公司、山东亿佰通机械股份有限公司、滨州正道机械制造有限公司（耐磨镶环）等企业在全国同行业位居首位。汽车刹车盘占全国 50% 以上，知名企业有烟台胜地汽车零部件制造有限公司、山东隆基集团、龙口海盟机械、莱州三力汽车配件制造有限公司和山东鲁达轿车配件股份有限公司等单位；滨州市铝轮毂年总产量接近 1500 万只。

1.1.3 产品结构及铸件水平

铸件合金门类齐全，在有色金属、灰口铸铁、可锻铸铁、球墨铸铁、铸钢、耐磨、耐热铸件长足发展的同时，低温球铁、等温淬火球铁（ADI）、高品质蠕墨铸铁等在山东省已得到较广泛开发、推广。

内燃机、轨道交通、风电、机床、高铁等高技术、高水平的各类铸件得到开发与生产。大型铸铁件单件质量可达 120 余吨，大型铸钢件单件质量可达 350 吨。

铸件工艺出品率得到明显提高，铸件废品率明显降低，柴油机、可锻铸铁、汽车等高端铸件表面质量和尺寸精度达到了国外工业发达国家的同期先进水平。

1.1.4 工艺装备

计算机模拟、机器人应用、3D 打印快速成型正在逐步进入企业，传统的山东铸造行业正在进行着脱胎换骨式的巨变。

用于湿型黏土砂造型的当今国际最先进的垂直分型、水平分型脱箱挤压造型自动生产线、静压造型自动生产线、气冲自动生产线、多触头高压自动造线已较大批量地装备铸造企业。冷芯盒、热芯盒、覆膜砂等制芯工艺装备普遍被采用（图 1.4 ～图 1.10）。

图 1.4 KW 造型线

图 1.5 HWS 造型线

图 1.6 KW 浇注机

图 1.7 HWS 浇注机

图 1.8　热芯盒射芯机

图 1.9　树脂砂自动生产线

图 1.10　高速列车制动盘自动化柔性生产线

树脂砂已全部取代黏土干型工艺，消失模生产工艺、V 法生产工艺在较大范围内被采用。

长炉龄热风水冷富氧冲天炉（计算机控制精确加料、风量风压）与中频感应电炉双联熔炼工艺、高炉与中频感应电炉短流程工艺得到一定的推广应用（图 1.11 ～图 1.16）。

图 1.11 长炉龄冲天炉外貌

图 1.12 长炉龄冲天炉熔化

图 1.13 高炉铁水倾倒装置

图 1.14 高炉铁水倒入感应电炉

图 1.15 高炉装置

图 1.16 高炉铁水转运车

1.1.5 检测手段与质量控制

炉前碳当量测定仪、直读光谱仪、化学成分快速测定仪、铁水测温仪、炉前炉后电子质量称量仪、型砂及铸型检测仪器；企业实验室的化学成分、金相、力学、物理等性能的检测装备已普遍采用。三坐标测量仪；金相图谱分析仪；铸造线在线检测仪；低温冲击；着色、磁粉、超声波、射线等无损检查仪器设备；金属液热分析以及球墨铸铁球化率、蠕墨铸铁蠕化率生产控制技术及检测手段已经逐步被企业采用。

企业普遍通过了质量管理体系、职业健康与安全管理体系、环境管理体系三标质量管理体系认证；汽车铸件企业通过了 ISO/TS16949 质量管理体系认证；出口企业分别通过了国外权威机构的有效体系认证。

1.1.6 节能减排、清洁安全生产

山东省铸造企业在迅猛发展的同时，以节能降耗、治污减排为己任，以提高铸件质量、降低铸件废品率，提高工艺出品率、减少消耗为核心，注重发展绿色铸造技术、采用先进的熔炼工艺与设备、造型工艺与设备、烟尘治理与废渣综合利用等技术实现节能减排与清洁生产。多家企业荣获中国绿色铸造示范企业和山东省节能示范企业称号。

熔炼工部是铸造节能的关键。潍柴等多家内燃机铸件生产企业采用长炉龄热风冷富氧冲天炉与中频感应保温炉双联熔炼工艺，中频感应电炉多采用德国 ABP、美国英达及国内著名品牌的产品与先进工艺，全部淘汰铝壳电炉。

铸造短流程工艺的推广应用方面，山东省走在了全国同行的前列。山东智汇蠕墨新材料科技股份公司（原山东省淄博蠕墨铸铁股份有限公司）、诸城市华欣铸造有限公司等多家企业将 128m³ 以上的高炉铁水热装中频电炉生产铸件的“短流程”工艺生产灰铁、蠕铁、球铁等铸件的吨铸件能耗降低 60% 左右。山东滨州创新集团、山东滨州盟威股份有限公司、山东六丰机械工业有限公司等企业采用将电解铝水热装熔炼炉生产铝轮毂的“短流程”工艺，节能降耗效果显著。

消失模、V 法等清洁生产工艺在全省得到较大程度的推广和应用。通过采用计算机模拟及保温冒口技术，提高了铸件工艺出品率。采用严格的质量控制与管理使铸件废品率降到历史最低值。如中国重汽集团铸造中心的铸件综合废品率稳定地控制在低于 2% 的水平。

工厂大都注重了旧砂再生，通过机械、焙烧等再生方式，黏土砂的再生回用率约为 10%、呋喃树脂砂再生回用率约为 95%，碱性酚醛树脂砂的再生回用率约为 80%，而水玻璃砂的再生回用率则较低。

1.1.7 企业管理与品牌建设

企业大都注重企业管理和品牌建设工作。通过吸收丰田 TPS 生产模式，6S 精益和现场定置管理等先进方法，严细化各种生产操作规程，管理模式逐步完成了由经验化向标准化和制度化的转变。普遍应用计算机技术，积极推进管理的信息化，实现了可视化铸造。

员工收入逐年提高，养老和医疗等社会保险得到保证。职业健康、安全及劳动保护得到重视。员工的培训和企业文化建设工作有了很大的提升。

企业普遍适应社会主义市场经济需求，重视提升铸件品质，提升企业信誉，加强售前和售后服务工作，品牌建设得到了明显的加强。许多企业获得省市级名牌产品和著名商标称号，建成了一批有特色的企业和产品，如：烟台冰轮铸造有限公司的机床铸件，莱州新忠耀机械有限公司的低温球

铁铸件，山东龙马重科有限公司的风电低温球铁铸件、济南腾龙排气管有限公司的排气管铸件，济南机床二厂的大型机床用铸件，山东隆基集团有限公司的制动盘、制动毂、轮毂铸件等。

经过几十年的不懈努力及引进、消化、吸收，企业研发与自主创新能力增强，大大缩短了与世界先进水平的差距。企业与大专院校、科研院所间的“产、学、研”的合作模式更加快了铸造企业技术创新的步伐。计算机、快速成型、智能制造及检测技术的应用为企业技术创新提供了有利的技术保障。

企业获得省、市级科技进步奖、高新技术企业、创新成果、重点新产品和专利授权数量显著增加，国家及省市级技术中心，国家级工程技术研究中心，山东铸造清洁生产工程技术研究中心，山东省特种铸铁工程技术研究中心，低温金属材料工程技术研究中心，山东重卡汽车桥壳铸造工程技术研究中心等先后成立。《可锻铸铁件》《可锻铸铁金相检验》《蠕墨铸铁件》《蠕墨铸铁金相检验》等一大批国家、行业、企业标准相继由山东省铸造企业主持或参与制定。

全省铸造行业获发明专利及实用新型专利的数量与日俱增，全省规模以上的企业全部通过了工业和信息化部的审查认可，并获得生产许可证。

1.2 » 国民经济恢复和“一五”建设时期（1949—1957 年）

这一时期是山东省国民经济恢复时期。在经历了十四年抗战和三年解放战争后，本来比较弱小的山东铸造行业雪上加霜，铸造企业普遍陷于停工、半停工状态（图 1.17 ～图 1.20）。

中华人民共和国成立后，山东省机械工业主要有两种存在形式：一是由兵工厂转产民用机电产品，同时将机关、军队、学校经营的一些小型铁工厂合并成立的地方国营企业；二是由民族资产者和分散经营的手工业者形成的私有制企业。两种形式的企业均拥有铸造车间或本身就是铸造企业。主要产品：改良型的手工农具、做饭用的铁锅，少数企业具备了生产内燃机铸件及半机械化农具铸件的能力。主要铸件材质为：低级灰铸铁、铸钢件、可锻铸铁、铜铸件、铝铸件。全省年总产量不足 2000 吨。

1949 年后在党和政府的领导与支持下，铸造行业得到恢复与长足发展。

国家组织手工业者成立生产组、生产合作社，组织小型铁工厂联合经营，试行公私合营，形成了有国营、公私合营、私营企业和生产合作社（或生产组）四种经济类型并存的新格局。1950—1952 年，国家对山东省地方机械工业基建总投资 1606 万元，创造了历史最高水平。为发展农业，生产了大量新式步犁、解放式水车、双轮双铧犁、手工喷雾器等新式农具，其中生产水车 8.3 万部。为恢复和发展工矿生产，修理和制造了大量机器，并开发了内燃机、全齿轮传动机床、轴承、电工仪表等新产品。为之配套的铸造行业得以快速发展。1952 年，全省铸造厂、铸造车间 500 多个，从业职工 5000 多人，比 1949 年增长了 1 倍多。

第一个五年计划期间（1953—1957 年），国家将机械工业提升为中国工业的“心脏”，重工业的核心，工业的神经中枢，国民经济重要的基础。在此期间，山东机械工业高速发展，机械工业总产值实现年均 30% 的增长。这个时期的铸造行业大致分为两种情况：一是国营大中型机械厂的铸造车间。技术力量相对雄厚，装备相对先进，代表了当时的铸造和铸件水平，以机械工业用铸件为主，是行业的中坚力量；二是相对分散的小作坊。以手工操作为主，面向农村，以农机具用铸件为主。

图 1.17　1910 年建厂时的铁路大厂大门

图 1.18　济南汽车制造总厂（铸钢厂位于大院内）

图 1.19　德占船坞工艺厂铸造车间生产现场

图 1.20　德占船坞工艺厂铸造车间外景

“一五”期末，青岛四方机车工厂、济南汽车制造厂、济南机车工厂等 16 家企业划归中央各主管部门管理，全省又扩建起济南第一机床厂、济南第二机床厂、烟台机床附件厂、博山电机厂、潍坊柴油机厂、济南柴油机厂、济南汽车配件厂等一批骨干企业及铸造车间。原有潍坊华丰机器厂铸造车间、青岛海军造船厂铸造车间、青岛机械总厂（青岛铸造机械厂前身）铸造车间、青岛农具机械制造厂铸造车间（青岛拖拉机厂前身）等企业都有不同程度的发展。由青岛联合铸造厂、宝隆铸造厂、锦华铸造厂、永丰铸造厂、恒泰铸造厂、洪利铸造厂、俊祥铸造厂、鲁东铁工厂、前进铁工厂、义兴昌记铁工厂、仁德铁工厂、海丰铁工厂、福兴铁工厂、协利铁工厂、善利铁工厂、源兴炉铁工厂、泉涌炉铁工厂、同聚铸造厂、山东木厂合并组建为公私合营企业，75 名私方股东股金共 111682.26 元，公方股金 468067.42 元，内设铸造车间，专业生产农机具铸件；青岛山荣铸造厂（1956 年更名为山荣铸造厂）1957 年拥有职工 501 人，年产再生铸铁件 3876 吨；青岛山河铸造厂、青岛铜件厂、青岛益大铸铜厂、青岛福成铸铝厂、中国铝业公司山东分公司四分厂（恒成机械厂前身）、潍坊诸城西关铸造厂（现诸城市第一农具厂）、诸城枳沟铸造厂（后改为诸城第二农具厂)、平度南关铸造厂(现青岛人造板机械厂)、青岛小村庄铸锅厂、烟台华丰铸锅厂(烟台铸造厂前身)、公私合营烟台翻砂厂等铸造车间、铸造厂也得到了飞速发展。

到"一五"期末，山东铸造行业的铸造厂、铸造车间已初具规模，生产技术、工艺装备有了较大提升，产品在农机具配套用铸件的基础上，又跨越式地开发生产了：12 马力柴油机配套铸件，6160 柴油机配套用铸件，普通车床，铣床，牛头刨床，臂式单点压力机、铸造机械、交流电机、汽车与坦克电机、矿山机械、机帆船、棉机械、机床附件等铸件(图 1.21 ～图 1.22)。

图 1.21　青岛实业机械厂厂区

图 1.22　青岛实业机械厂铸造车间生产现场

铸造生产工艺、技术方面，在创新提升的基础上，引进苏联及东欧社会主义国家的先进铸造工艺技术。在铸件材质方面开发应用了铸造碳钢、低合金铸钢、低碳当量高强度灰铸铁、机械性能相对较低的球墨铸铁，形成了铸铁、铸钢、铸铜、铸铝及耐磨铸铁共同发展的良好局面。在造型工艺方面，以黏土型芯砂和水玻璃砂为主，大型铸件采用黏土干砂型，小型铸件采用黏土潮模砂，均采用手工造型。铸铁熔化设备以勺炉和三节炉为主，规模较大的企业采用冷风冲天炉。铸钢熔化方面，在原有碱性底吹炼钢炉的基础上，开始发展应用电炉。在铜、铝熔化方面基本采用坩埚炉。铸件清理以人工为主。工厂普遍缺少检测仪器和设备。

1957 年，全省具有一定规模的机械工业企业铸造车间、铸造厂 160 余个，年产铸件 5 万吨以上。

1949 年前，就有少量球铁生产。1949 年后，开始开发生产曲轴等重要结构件。主要生产厂为莱阳动力机械厂和济南机车工厂。

原青岛山河铸造厂(青岛玛钢厂前身，于 1956 年 2 月由山河铸造厂、隆昌铸造厂、聚兴铸造厂联合组成的公私合营企业)是山东省最早的玛钢生产厂。到 1957 年年底，拥有职工 261 人，年产铸铁件、玛钢件 394 吨，全员劳动生产率 3928 元。

当时工业落后，行业的发展缺乏相应的衔接配套，全省铸钢行业只有青岛四方车辆厂和济南机车工厂用电炉生产铸钢件。

1.3 » 国民经济调整时期(1958—1968 年)

第二个五年计划开始时，山东省的铸造行业和其他行业一样，发展态势是良好的。中央提出粮食、钢铁、机械“三大元帅升帐”。中共山东省委指示要“发展钢铁、机械工业，带动其他工业”，全省掀起了大办机械工业的高潮。随着人民公社化的发展，机械工厂遍布城乡。此时的铸造业也迅速发展，1959 年铸造行业从业人数是 1957 年的 6.8 倍，铸造工业总产值是 1957 年的 2.66 倍。研制生产出高强度灰铁、珠光体球墨铸铁及各种性能的铸钢、铸铜、铸铝毛坯件，特别是单件 10 吨以上较大型铸铁件和铸钢件。为 1960 年山东省仿制、研制出轮式拖拉机、机引农具、联合收割机、汽油机、钻探机、采矿设备、轧钢机、精密机床、2000 吨精压机、吉普车、中型和 8 吨重型载重汽车、1500 千瓦汽轮发电机组、1470 千瓦内燃机车柴油机和牵引电机组以及液压传动等重要机械装备产品奠定了基础。

随着铸造工业的发展，铸造工艺装备水平、铸造工艺生产技术、铸造生产检测手段有了一定的进步。规模以上铸造工厂、车间开始普及冷风冲天炉及人工加爬式斗提上料系统；金属炉料用磅秤计量，辗轮式混砂机广泛采用，靠模砂（黏土砂）基本经过混制；铸钢全部采用电弧炉熔制；检测铁水成分、铸件机械性能广泛采用碳硫分析仪、材料试验机；高强灰口铸铁以及冷硬铸铁、耐磨铸铁、大型铸钢件、合金铸钢、铸造锡青铜、铸造黄铜、铸造铝合金等铸件等均能大批量生产并为机械工业配套。

但是，由于盲目追求高速度，忽视科学管理，造成计划失调、管理混乱、设备失修、铸件质量降低、经济效益较差的后果。

规模以下的铸造企业在此期间在工艺装备、生产工艺技术没有较大变化的条件下，也盲目大幅度地提高产量，产品以地锅（家庭炊事用）、农具、农机为主，铸铁材质大多为低牌号或号外灰口铸铁。生产技术落后、管理混乱，产品质量较差，严重积压。

1961 年国家开始实行“调整、巩固、充实、提高”和“有计划、有步骤、按比例缩短重工业战线，拉长农业、手工业和轻工业战线”的方针，压缩机械工业的基建投资，对在 1958 年后盲目发展，无固定产品或经营不善的企业实行“关、停、并、转”，受其影响，全省铸造行业企业数量锐减、铸件产量急剧下降，全行业大量精简职工，到 1963 年，铸造行业的企业、职工、铸件总产量分别比 1960 年减少 45%、62%、78.8%。与此同时，在调整中省政府采取了保重点、充实薄弱环节等措施，巩固机床、内燃机、电机等行业，充实农机和修配行业，推广利用重大科技成果。通过贯彻《国营工业企业工作条例（草案）》，学习《鞍钢宪法》，学大庆，围绕提高产品质量，对包括铸造行业在内的机械工业企业进行了认真的整顿，恢复和建立健全了规章制度，逐步形成了稳定的生产秩序。通过调整，铸造行业跟上了全省内燃机、农业泵、金属切削机床、锻压设备、交流电机等行业继续发展的配套步伐，满足了新发展的小四轮拖拉机、重型汽车、电站汽轮机、机引农具等较大型机械对铸件的要求。在内燃机铸件方面，开始设计应用简易的黏土砂砂处理生产线。

以机床二厂为代表的机床类铸件生产企业，率先应用了相对较大熔化吨位的冲天炉。当时，机床二厂共建有 6 台冷风冲天炉（10t/h 两台、5t/h 两台、2t/h 两台），制芯工部实现了机械化，在全省率先将砂芯用皮革带输送机直接送合箱工部；同时使用造型机、小车式造型线；生产大型机床铸件采用黏土干型铸造，拥有砂型烘干窑七座（燃煤 200m³ 三座、燃煤 90m³ 三座、重油炉一座）；当时机床二厂在国内率先生产出单件 50 吨的机床铸件。机床类铸件以灰口铸铁件为主。大都采用低碳硅当量生产，铸造性能较差。为了提高导轨面的硬度和淬透性，多数企业采用了灰铸铁材质冷铁生产冷硬铸铁导轨面的工艺技术，少数企业开始采用以锰为主的适量合金化生产高强度灰铸铁机床件。这一时期，生产机床类铸件的企业还有济南第一机床厂、烟台机床附件厂、地方国营济南第四机床厂铸造车间。

以原济南汽车配件厂为代表的汽车用铸件生产企业。主要铸造工艺为：黏土潮模砂造型，勺炉后期改为 3t/h 三节化铁炉，手工操作为主。主要为黄河牌 JN220 型轻型越野汽车、红旗牌 5 吨载重汽车、黄河牌 130 型 2.5 吨等汽车配套生产方向机、轮毂、制动毂等铸件，材质为灰口铸铁。

以原潍坊柴油机厂（潍柴集团前身，由原潍坊柴油机厂、昌潍实业公司机械制造厂等三个厂，山东工学院实习厂及昌潍地区机器制造公私联营铁工厂等合并而成）铸造车间为代表的载重汽车及船用柴油机铸件生产厂拥有员工 100 多人，设造型、熔炼、清砂三个工段。截至 1955 年，共生产 6108 型柴油机配套用机体、飞轮、齿轮箱、缸盖等铸件 150 多套，形成了一定的批量。随着 6108 型六缸柴油机产量的不断增长和船用 6160 型柴油机的试制成功，铸造生产能力、工艺装备水平等得以快速提升。另外原潍坊华丰机器厂（现已并入潍柴集团）是 1949 年以前较早生产柴油机的企业之一，也是中华人民共和国成立后首批生产柴油机的企业。在此期间以生产单缸柴油机为主，并开始开发四缸柴油机，其所属铸造车间生产规模、生产水平、产品质量在国内名列前茅。

以原莱阳动力机械厂（现山东华源莱动内燃机有限公司）铸造车间、潍坊华丰机器厂铸造车间为代表的农用柴油机配套用铸件生产企业生产的柴油机大都是单缸低速柴油机。还有潍坊公私合营西厂在诸城西丁的铸造厂也批量生产单缸 12 马力农用柴油机配套用铸件。莱阳动力机械厂从 1963 年开始开发生产单缸农用柴油机。

以青岛玛钢厂（1959 年 6 月由公私合营山荣铸造厂改建而成，1962 年转为全民所有制企业）为代表的可锻铸铁生产企业，主导产品为可锻铸铁管件、弯头和管接头等。青岛玛钢厂拥有职工 1036 人，1965 年建成全国同行业第一条机械化造型线，实现了造型的机械化和半机械化，产值 427.48 万元，年产可锻铸铁件 1308.81 吨，年利润达 86.64 万元，上缴税金 13.13 万元，全员劳动生产率 7674 元，产品销往全国 20 多个省及大批量出口到欧美等国家。生产可锻铸铁的企业还有青岛钢铁厂、青岛介孚铸造厂和青岛生建机械厂等。

以原公私合营烟台翻砂厂（烟台冰轮铸造公司前身）为代表的锅类铸件生产企业，到 1962 年有职工 503 人，厂房 3726m²，1.5t/h、3t/h 冲天炉各 1 座，年产铸件 1450 吨，极大地缓解了全省乃至全国在大炼钢铁、1960 年之后老百姓做饭用锅的民生问题。同时，为冶金和机械制造配套生产铸件。在此期间全省生产铸铁锅的企业有数十家，仅青岛就有十多家。

以青岛四方机车车辆厂铸钢车间，原济南机车工厂（济南恒泰机车车辆机械有限公司）铸钢车间，原中国铝业公司山东分公司四分厂（中铝山东工程技术有限公司恒成机械制造厂热加工事业部前身），原青岛阀门厂（青岛电站阀门厂前身）和原济南汽车制造总厂（中国重汽集团前身）铸钢车间为代表的企业生产铸钢件。青岛四方机车车辆厂与原济南机车工厂生产碳钢、铬锰钼模具钢、铬硅钢、镍钢、铬锰氮等耐热钢及不锈钢，特别是高锰钢，年产铸钢件达 1000 吨左右。原青岛阀门厂由青岛安顺铁工厂、华光铁工厂、云合铁工厂、建新电工厂、永兴铁工厂、广发诚铁工厂、泰昌铁工厂、元昌铁工厂、顺泰化钢厂和裕记化铜厂等私营企业联合成立的青岛电器厂与青岛同友水暖器材厂合并组建而成，从 1961 年开始生产铸钢、铸铁、铸铜等船用阀门铸件，并出口国外，1965 年其铸钢年产量 3000 吨以上。原济南汽车制造厂铸钢车间 1960 年成立，主要为载重汽车及汽车用柴油机配套生产铸钢件。1965 年，年产铸钢件近 300 吨（图 1.23 ～图 1.26）。

图 1.23　青岛电站阀门厂铸钢车间 10 吨电弧炉

图 1.24　青岛阀门厂铸造车间

图 1.25　青岛电站阀门厂铸钢车间铸钢件浇注现场

图 1.26　青岛内燃机厂铸造车间

以原青岛农具机械制造厂（青岛拖拉机厂前身）、原潍坊诸城西关铸造厂（诸城第一农具厂前身）、原潍坊诸城枳沟铸造厂（诸城第二农具厂前身）、原德州建华铁工厂（德州卓尔铸造公司前身）等为代表的全省 30 多家生产工机具生产厂，主要产品有七步犁、双铧犁、耕锄以及各种农用铸件和配件。材质为灰口铸铁和白口铸铁。

以原北镇活塞厂（山东滨州渤海活塞集团前身），原青岛山河韧铁厂、青岛压铸厂是山东省有色金属铸造生产企业。原北镇活塞厂是全国第一个专业内燃机铝合金活塞生产企业，从此改变了山东省内燃机零部件的生产格局。在此以前，内燃机的主要零部件（如：曲轴、活塞、连杆、缸套等）均由内燃机主机厂自己生产。北镇活塞厂采用金属型重力铸造，鹅颈式大冒口、铝硅合金、铸铁坩埚焦炭炉熔炼，拥有职工 209 名，主要设备 43 台，工业总产值 23.93 万元，年产活塞不足万只。原青岛山河韧铁厂是我国较早生产铜、铝等有色金属铸件的企业，主要铜铝铸件基本上是为阀门配套的铸件和民用生活用具。在当时其产量和产品质量是名列前茅的。在此期间，原济南机车工厂、潍坊柴油机厂等内燃机、机车、汽车、机床等生产企业均拥有有色金属（主要是铜铝）铸造生产能力，以满足自己的需要。全省年产有色金属铸件不足百吨。

1.3.1 灰口铸铁

在此期间，灰口铸铁的生产规模、从业人员、企业数量在短短八年内经历了狂热发展、低水平扩张，大萧条及“调整、巩固、充实、提高”等阶段。灰口铸铁的生产技术、工艺装备、产品质量水平等没有明显改善。

近 70% 灰口铸铁的生产企业生产管子、水车、地磅、双铧犁等农机具、民用铸锅及其他铸件，铸件材质牌号保持在 HT150 及以下档次。主要原材料为废机铁、废钢以及部分炼钢生铁，熔炼设备以勺炉、三节炉和小型冷风冲天炉为主，缺少检测手段，凭人的经验控制成分、温度乃至机械性能。造型方面，大多数采用黏土潮模砂造型、手工活箱式脱箱造型，铸锅企业采用黏土碳素（以焦炭颗粒为主）耐材干型半永久铸型，每浇注一次涂刷一次涂料，中大型铸件大都采用黏土砂干型。缺少起重设备，除部分国营或大企业装备有桥式起重设备起重吊包浇注外，大部分企业采用三脚架吊装，浇注采用手端包，两人、四人抬包浇注。型砂分为两种：面（靠模）砂（也称内型砂）和背砂（也称外型砂）。原砂有两种：沿海企业为海砂，内陆企业用河砂。面（靠模）砂由一定比率的旧砂与新砂经人工筛分后，混碾而成，背砂则全部采用旧砂经筛分后加一定比率的水由人工混合而成。制芯采用桐油砂制芯与黏土砂制芯两种，铸件清理以手工为主。

生产内燃机、机床、阀门及矿山机械用灰口铸铁铸件的企业，开始批量生产 HT200、HT250 等高牌号铸件。主要采用低碳当量与一定锰相结合的生产技术。在此期间，济南第一机床厂开始采用孕育技术生产高强度灰口铸铁件。

铸造型芯烘干及铸件去应力退火热处理，采用以煤炭为燃料的反射炉。

为满足机床导轨面、内燃机凸轮轴凸面耐磨的要求，开始采用冷铁工艺批量生产冷硬铸铁。1964 年一机部机床研究所和济南第一机床厂共同研制开发了磷铜钛耐磨铸铁和高磷耐磨铸铁。

截至 1965 年，全省灰口铸铁年产量达到 11000 吨。

1.3.2 球墨铸铁

该时期是我国稀土镁球墨铸铁推广应用时期，但由于山东省机械工业结构的原因，开发应用较少。柴油机生产企业大都开发应用了正火态珠光体球墨铸铁柴油机曲轴，其抗拉强度≤ 600MPa，延伸率、石墨球圆整度、石墨球数量均处于较低档次水平。主要为单缸（12 马力）柴油机配套生产曲轴毛坯。

该时期，山东省球墨铸铁件的生产处于起步阶段，生产企业较少。

1.3.3 可锻铸铁

当时机械性能，特别是延伸率与冲击性能比较优良的铸铁——可锻铸铁在小型阀门，特别是管件上的应用已经非常成熟，在中华人民共和国成立前后的生产工艺技术、工艺装备及生产规模的基础上发生了质的变化。许多以手工为主的民营小企业联合起来，集中资金、集中资产优势、集中技术力量以及在政府资金和政策的大力扶植下，形成了一批实力雄厚的可锻铸铁生产企业。

这些企业普遍采用三节炉与冷风冲天炉熔化铁水。开始大力改进生产工艺技术，铸造生产由手工开始向机械化生产过渡。1965 年，原青岛玛钢厂在全国玛钢行业率先建成了第一条机械化造型线，使铸件生产的部分工序实现了机械化和半机械化。建设和应用了一批大容积的高温石墨化退火窑炉。铸件的化学成分、机械性能、表面质量得到较大提升，生产成本明显下降，劳动生产率显著提高，产品在满足国内需求的基础上，大批量出口到国外。材质以黑心可锻铸铁为主（图 1.27、图 1.28）。到末期，全省可锻铸铁生产企业的数量减少了 70%，1965 年全省可锻铸铁的产量是 1957 年的近 10 倍。全员劳动生产率 1965 年较 1957 年提高一倍多。1965 年全省可锻铸铁的年产量超过 2000 吨。主要集中在青岛等沿海城市。原青岛玛钢厂 1968 年可锻铸铁件的产量达 1861 吨。

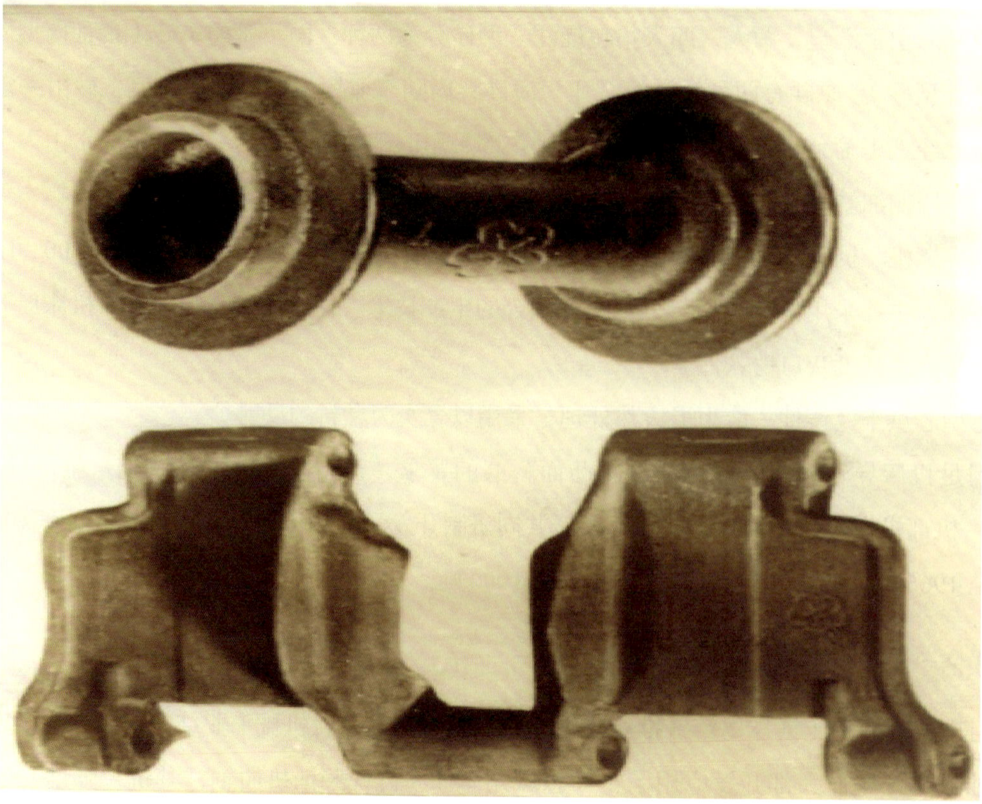

图 1.27 青岛玛钢厂生产的玛钢件

图 1.28　青岛玛钢厂从丹麦引进的无箱挤压半自动造型线

1968 年，原平阴县五金厂（济南玫德集团前身）开始生产可锻铸铁英标管件。

1.3.4　铸钢

在此期间，全省新增电弧炉 27 家，工频感应电炉 38 家。

原中国铝业公司山东分公司四分厂（恒成机械厂前身）、原济南汽车制造总厂（中国重汽集团前身）铸钢车间、青岛四方机车工厂、青岛阀门厂、青岛农业机械厂与汽轮机厂、原淄博铸钢厂（淄博大力矿山机械有限公司前身）、原济南机车工厂（济南恒泰机车车辆机械有限公司前身）等厂均开始应用电弧炉或工频电炉熔化钢水，最大电弧炉 8 吨。

1962 年前后，济南汽车制造总厂铸钢车间通过派人去上海大隆机械厂等单位学习、内部科研攻关及对电弧炉改进等措施，钢液熔化时间缩短一半（由 3 小时 / 炉缩短为 1.5 小时 / 炉），熔化能耗明显降低，钢水质量有较大提高，确保为黄河牌汽车 JN150JN160、JN212 等车型配套生产钢板弹簧支撑、制动蹄、桥壳、平衡轴壳等质量可靠的铸钢件。

淄博铸钢厂主要生产碳素钢、合金钢等铸钢件，1963 年铸钢年产量达 100 吨。

中国铝业山东分公司四分厂在此期间新建铸钢车间 7399m^2，新增 5 吨工频电炉 1 台，在原有碳素钢和少量高锰钢的基础上，新开发了铬锰钼钢、铬硅钢、镍铬钢、铬锰氮钢等耐热铸钢及不锈钢铸钢件，特别是高锰钢铸件产量有较大提高。该厂铸钢的年产量由 1958 年的 300 吨增加到 1000 吨左右。主要为铝业分公司及矿山配套生产耐磨、耐热及配件等铸钢件。

青岛电站阀门厂、青岛农业机械厂及青岛汽轮机厂等三个企业批量生产阀门用铸钢件、农业机械铸钢件及生产汽轮机用铸钢件。其中船用阀门出口国外。三个企业铸钢年产量合计 8000 多吨。

1956年，烟台机器厂铸造车间（山推铸钢有限公司的前身）建成投产，引进苏联“斯大林100型”1.5吨电弧炉熔化钢水，生产铸钢件。

济南机车厂铸钢车间为机车等机械配套生产铸钢件。1958年铸钢件年产量682吨，1959年铸钢件年产量1461吨，1960年铸钢件年产量2046吨。

山东省1958—1965年铸钢企业名录见表1.1，铸造厂、车间名录见表1.2。

表1.1　山东省1958—1965年铸钢企业名录

序号	企业名称	产量（吨）	配套行业
1	原济南汽车制造总厂铸钢车间		载重汽车配件
2	原淄博铸钢厂	100	矿山机械
3	原中国铝业山东分公司四分厂铸钢车间	1000	铝厂、矿山配套
4	青岛四方机车车辆厂铸钢车间		
5	原济南机车工厂铸钢车间	2046	机车配件
6	原青岛电站阀门厂铸钢车间	8000	电站及船用阀门、农机汽轮机
7	原青岛农业机械厂铸钢车间		
8	原青岛汽轮机厂铸钢车间		
9	原烟台机器厂铸钢车间		

表1.2　山东省铸造厂、车间名录

名称	主导产品及特色	铸件材质	生产工艺	1965年产量（吨）		职工总数（人）
				总量	其中出口	
青岛山荣铸造厂		灰铸铁	潮模黏土砂	3876		501
公私合营青岛山河铸造厂		灰铸铁、玛钢		394		261
青岛谦顺铸造厂						
青岛振东铁工厂						
青岛大鲁铁工厂						
青岛联营铸造厂						
青岛联合铁厂						
青岛益民铸锅厂						
青岛铜厂						
青岛益大铜厂						
青岛福成铸铝厂						
济南铁路大厂	机车配件	铸钢、灰铁、球铁	黏土砂、水玻璃砂	6000	其中铸钢2000吨	

续表

名称	主导产品及特色	铸件材质	生产工艺	1965年产量（吨）		职工总数（人）
				总量	其中出口	
潍柴铸造厂	6160A型柴油机铸件	灰铸铁、铸钢	黏土砂、水玻璃			
中国重汽济南铸锻中心	黄河系列载重汽车用铸件	铸钢、灰铁	水玻璃砂、潮模黏土砂			
烟台冰轮铸造有限公司	民用铁锅、农机配件	灰铁	半永久模	铸铁锅19345口		
渤海活塞	1963年转产内燃机活塞	铝合金	铁模	产值23.93万元		209
济南二机床铸造有限公司	机床铸件	灰铁	砂型			
淄博大力矿山机械有限公司	矿山机械	铸钢、合金钢	水玻璃砂	200		
山东精良海纬机械有限公司	农机铸件	精密铸钢、灰铁				
中铝恒成铸造公司	矿山机械、冶金机械铸件	碳钢，低、高合金钢	水玻璃砂、黏土砂	1500		
山推铸钢（原济宁机器厂）	推土机铸件	碳钢、合金钢	水玻璃砂	300		
临沂电力金具	农机具					
山东冶金机械厂铸造厂	冶金、矿山机械用铸件	高锰钢、碳钢灰铸铁	水玻璃砂、黏土砂			
山东华源莱动铸造事业部						
德州卓尔铸造公司（原德州机床厂）	机床用铸件	灰铁	黏土干型砂			400
山东汇金股份有限公司	农机具、钻床用铸件	灰铁	潮模黏土砂			
玫德集团	民用铁锅、英标管件	灰铁、可锻铸铁				180
济南铁路大厂	机车铸件	铸钢、灰铁		6500	其中铸钢3000吨，铸铁3500吨	
青岛四方机车工厂						

1.4 » 工业大起大落时期（1966—1978年）

这个时期，山东省和全国一样，经历了改革开放。山东省铸造行业走过了大起大落并走向了快速发展的道路。此间，山东机械重点为农业、钢铁工业、“三线”建设、五小企业（小煤窑、小钢铁、小电力、小化肥、小动力）服务。企业的建设坚持自力更生、立足本省的原则，采取扩建、改建、分建、新建等方式进行发展，对重大工程多采取“会战”的方式，集中人力、物力、财力分工合作，突击完成。为此1969年组织了山东拖拉机厂“会战”工程。先后建成了19个拖拉机制造厂，16个内燃机制造厂，县县都建有农机修理制造厂，多数人民公社都建起了农机修配厂和农具厂。拖拉机从12马力到100马力（8.8～88kW）形成系列，内燃机发展到6个系列，田间耕作及农副产品加工机具基本齐全，农业机械的生产能力、产品种类及水平均居全国前列；为发展小化肥工业，组织生产了3000吨、5000吨小化肥成套设备133套，装备了130个小化肥厂；为发展煤炭、钢铁工业，从1969年起组织矿山设备“会战”，用3年的时间生产钻采设备，轧钢设备2.16万吨；为发展小电力，开发了1.2万～5万kW汽轮发电机组。

“三线”建设从1965年开始，1972年基本结束，分“大三线”和“小三线”。山东支援“大三线”3800余名职工，650余台套设备。在省内“小三线”建设中，先后由沿海城市青岛、烟台、莱阳、黄县、掖县向鲁西南聊城、泰安、济宁、菏泽、临沂等地区全迁和分迁了18个企业。机床行业配合机械工业建设制造了大量的普通机床、专用机床，扩建、新建的内燃机、拖拉机、汽车等专业厂均建立了流水作业或自动、半自动生产线。造船工业已造出5000吨级的油轮、货轮。

这些行业的飞速发展，带动了山东省铸造企业的发展。柴油机铸件、拖拉机铸件、机床铸件、矿山冶金机械用铸件、电力船舶用铸件的产量有了较大增长。

原山东莱阳动力机械厂铸造车间（山东华源内燃机有限公司铸造事业部）、原山东泰安柴油机厂铸造车间、原青岛内燃机厂铸造车间、原山东滨州柴油机厂铸造车间等十几个12马力单缸柴油机生产配套铸造车间及原口镇公社农具厂（山东汇金股份有限公司前身）、原山东北镇曲轴厂（滨州海德曲轴有限公司前身）、原黄县龙口镇人民公社农机修配厂（隆基集团前身）、原山东北镇活塞厂（滨州渤海活塞集团前身）、原烟台掖县轴瓦厂等厂为当时12马力单缸柴油机配套生产高强度灰铸铁件、耐磨灰口铸铁件、铸钢件、铝合金铸件、球墨铸铁件；由原华丰机器厂、原牟平发动机厂、原山东拖拉机厂及原济南汽车制造总厂等铸造车间为载重汽车四、六缸发动机配套生产铸件；由原潍坊柴油机厂、原济南柴油机厂及淄博柴油机厂等厂铸造车间为船用柴油机及发电用柴油机配套生产铸件。由原掖县轴瓦厂（莱州轴瓦厂前身）、掖县拖拉机配件厂（莱州华汽机械有限公司前身）、原掖县机械厂（莱州弘宇机械有限公司前身）、原掖县内燃机摇臂厂（莱州金泉摇臂有限公司前身）等为内燃机、拖拉机配套生产内燃机轴瓦、汽缸体、泰山25拖拉机提升器、12马力拖拉机变速箱以及内燃机摇臂。

原山东拖拉机厂、青岛拖拉机厂等19个拖拉机制造厂等铸造车间为拖拉机配套生产铸铁、铸钢及有色金属铸件。

济南机床一、二厂，德州机床一、二厂，原滨州机床厂等厂铸造车间，原济南机床铸造厂、原济南试验机厂等企业为C616、C620、C630、C650等系列车床、金刚石镗床、铣床、牛头刨床及龙门刨床、材料试验机等机床配套生产机床用铸件。

青岛电站阀门厂、中国铝业公司山东分公司四分厂、淄博铸钢厂、山东煤矿莱芜机械厂、济宁机器厂（山推股份前身）、山东冶金机械厂、济南铁路大厂、青岛阀门厂、青岛农业机械厂等企业铸造车间为冶金、矿山、工程机械、机车、汽车等配套生产铸钢件等铸件。

山东精良海纬机械有限公司、山东汇金股份有限公司、刘家团村铸造厂等企业生产碾米机等农机具。

原掖县缝纫机厂（莱州工业缝纫机前身）的工业缝纫机产量居全国同行业前列，系全国工业缝纫机行业五强之一，其铸件全部由自己生产。

在这个时期，山东的铸造行业在生产技术及工艺装备水平、铸造厂（包括铸造车间）的数量、铸件产量、质量控制手段、铸件材质方面均得以迅速提高。

1967 年，潍坊柴油机厂铸造车间在全省率先试验成功用废钢屑、废铁屑挤压成饼后做冲天炉炉料，并在国内率先将 6160A 型船用柴油机的黏土砂干模改为黏土砂潮模。同时，自行设计制造了国内首台大型高压造型机，用于 6160A 型柴油机机体件的造型。

1968 年，中铝恒成铸造厂自己设计建造了一条铸钢用砂处理生产线。1978 年建成了全省首台用新型耐火纤维做保温材料的大型铸钢件退火窑。

1973 年，济南机床一厂精密铸造车间建成了我国首条悬链式制壳流水线。研制成功了低分子聚乙烯（PE）中温模料以及用低分子聚乙烯（PE）代替昂贵的硬脂酸，降低了工人的劳动强度，提高了生产效率，解决了石蜡和硬脂酸引起的皂化现象，降低了生产成本。

在此期间，熔炼设备的状况发生了较大变化，大多数以生产农机具及日用铸件的铸造企业，仍然以勺炉、三节炉熔化铁水为主，少数企业采用小吨位冲天炉。大多数为内燃机、拖拉机、缝纫机、各类机床、工程机械配套生产铸铁件的企业采用冲天炉熔化，部分企业开始采用内热式热风冲天炉，少数企业使用勺炉、三节炉。铸钢（含精密铸造）普遍开始采用工频感应电炉熔炼，仍有部分企业，特别是产量和生产规模较大的企业以电弧炉熔炼为主。冲天炉以两排大间距为主，由于焦炭以土焦为主，1976 年后开始出现三排及至多排小风口曲线炉膛冲天炉炉型。铜及铝的熔炼以坩埚焦炭为主，后期出现电阻式坩埚炉。

造型方面，铸铁件生产的造型以黏土砂为主。大型机床件、工程类铸件以黏土砂干型为主，中小件为黏土潮模非单一砂（面砂 + 背砂），大批量生产的内燃机件等开始使用单一黏土潮模砂，并逐渐采用砂处理设备及砂处理生产线。精密铸造大都采用水玻璃砂工艺。铸铜、铸铝均采用砂型铸造。造型以人工为主。部分企业开始有空气压缩机，采用风动舂砂机。少数内燃机厂铸造车间开始采用造型机造型及自行建造造型流水线（半自动、半人工）。1976 年，青岛玛钢厂从丹麦引进垂直无箱挤压半自动造型线。该线共有各种机器设备 157 台（套），包括丹麦生产的挤压造型机、瑞典生产的压力浇注电炉、西德生产的 35t/h 混砂机、法国生产的冷却提升机器等 36 台（套）。其余皮带输送机、电动单轨起重机、机械振动输送机等 121 台（套）机器设备全部由青岛玛钢厂自行设计制造安装。该条生产线是山东省引进垂直分型无箱挤压生产线的首例。同年，由济南汽车制造总厂铸钢车间与济南铸锻机械研究所消化引进设备，设计、制造了多触头高压造型线，该线砂箱内尺寸：650mm × 600 mm × 200 mm /200 mm，生产率 60 ～ 100 型 / 小时，主要用于中小铸钢件的生产。

1972—1976 年，潍坊柴油机厂自行设计、制造了高压造型生产线，主要用于生产 6160A 柴油机机体和曲轴等大型铸件，属于全国首条砂箱内尺寸最大的高压造型线。同时，该厂新建了机体制芯流水线，砂芯的烘干也由燃煤改为原油加热。增添了 5kg、12kg 射芯机，覆模砂在柴油机制造过程中的应用也日趋成熟。

该时期，大部分铸造企业以手工砂处理和手工造型（摆地摊）为主。

在铸件清理方面。大型铸件以人工为主，中小型铸件开始采用清理滚筒和抛丸清理室，但仍以手工清理为主。

1.4.1 灰口铸铁

这一时期，灰口铸铁铸件的质量、生产技术、工艺装备等方面均有较大的提高。特别是随着引进英国的密烘铸铁生产技术以及在铸造生产中推广应用稀土合金及合金化，灰口铸铁的抗拉强度由原来的≤ 200MPa，提高到 250MPa、300MPa。主要是在原来生产技术的基础上，用稀土硅铁合金进行孕育处理。当时，由于缺少铸造生铁与铸造焦炭，采用密烘技术生产高强度铸铁困难较大。所以用稀土硅铁合金孕育技术克服了原材料差和有害杂质元素多的缺点，有效地保证了高强度灰口铸铁铸件质量。该技术主要用于生产内燃机机体、缸盖，拖拉机、汽车、工程机械变速箱体，机床床身及各种中高压阀体等铸件。机床床身等有耐磨要求的铸件普遍采用磷、铜、钛耐磨铸铁，以及冷硬铸铁和高磷铸铁。

1.4.2 球墨铸铁

在这段时期，山东省球墨铸铁生产技术有了一定的进步。主要有两种类型：铁素体基体球墨铸铁和珠光体基体球墨铸铁。主要产品为：柴油机曲轴、凸轮轴、机车车门托轮体、机车用闸瓦托架及轻型汽车后桥壳。

多数企业采用稀土镁中间合金冲入法进行球化处理。这种工艺操作简单，球化处理反应平稳、安全，从几十千克到几吨的铁水都可以处理。少数企业采用压力加镁进行球化处理。

铁素体基体和球光体基体球墨铸铁均为热处理态，其牌号主要有 QT60-2 与 QT40-10 等。由于当时的生铁与焦炭质量差的原因，铸态球铁很难达到机械性能要求。铁素体基体球铁件的热处理以高温石墨化退火为主，主要工艺为：加热到 900 ～ 950℃保温一段时间（根据壁厚），随炉缓冷至共析温度以下出炉，获得以铁素体为主的基本组织。珠光体基体球墨铸铁件的热处理工艺以正火、回火为主。主要工艺为：将铸件加热到共析转变温度以上，即 880 ～ 920℃，炉内保温一定时间（根据铸件大小与壁厚）出炉空冷、风冷或雾冷（根据铸件机械性能要求与室内温度），然后再将铸件在炉内加热到 550 ～ 650℃保温一定的时间出炉空冷。

1966 年，山东潍坊柴油机厂成功开发出 6160A 球墨铸铁柴油机曲轴，其抗拉强度达到 700MPa 左右，该厂是全国第一家用球墨铸铁生产船用柴油机曲轴的厂家。

1976 年，原淄博渔轮柴油机厂成功生产出 6300 型球墨铸铁大断面船用大型柴油机曲轴。采用的是自行设计、自行制造的压力加镁装置，压力加镁球化处理。其球化级别、珠光体含量达到了省内先进水平。

1976 年，山东冶金机械厂采用压力加镁生产工艺。开发出无限冷硬球墨铸铁轧辊，重达 6.5 吨。在用球铁生产无限冷硬大型轧辊方面，在全国属于首家。

从 1976 年开始，原济南汽车铸造厂开始试制生产铁素体基体为主的球墨铸铁件。到 1978 年形成了大批量生产黄河牌汽车配套铁素体球墨铸铁件的能力，产品品种达几十种。

1978 年，原山东北镇曲轴厂（海德曲轴的前身）正式命名（原为北镇拖修厂），开始专业生产球墨铸铁柴油机曲轴、凸轮轴，全部采用 QT600-2 材质，其中凸轮轴为冷硬球墨铸铁。

蓬莱汽车改装厂，开始用型内孕育工艺生产铸态铁素体球墨铸铁汽车后桥壳。

济南机车车辆工厂大批量生产铁素体基体球墨铸铁机车车门托轮体和闸瓦托等机车用球墨铸铁件。

以莱阳动力机械厂为首的小型农用柴油机厂均开始用珠光体基体球墨铸铁生产曲轴，其中牌号多为 QT600-2。与此同时，全省有许多县办工厂乃至社办工厂都开始试验或批量生产球墨铸铁件，实现了以铁代钢，节省了大量的钢材，为发展机械工业和农业机械化创造了有利条件。青岛农机厂生产的拖拉机，球墨铸铁件占 20% 以上，代替了 44 种铸钢件。

1.4.3 蠕墨铸铁

1966 年到 1976 年，企业技术进步和生产增长缓慢。恰在此时，山东省率先在国内开始了蠕墨铸铁的开发与生产应用之旅。

1965—1966 年，原济南材料试验机厂（现山东试金集团）、原济南机床厂与山东省机械设计研究院一起试验开发蠕墨铸铁 M114W 万能磨床、T68 镗床及 30 吨万能材料试验机铸件获得成功，在国内发表了第一篇蠕铁生产应用论文。

当时，工厂采用冲天炉熔炼，半人工半机械化上料；黏土干型；砂处理、造型、浇注、开箱、铸件清理均处于手工状态；采用稀土硅铁合金冲入法加人工搅拌的蠕化处理生产工艺。原济南试验机厂将蠕铁成功推广应用于 100 吨、600 吨等试验机机座、横梁、镗床床身、磨床滑板、滑块等件。济南试验机厂是我国最早将蠕铁投入工业生产的厂家。

1967—1968 年，原胶南锻压机械厂与山东省机械设计研究院合作采用蠕铁替代高强灰铁铸件获得成功，减少了铸件质量的 7% ～ 42.8%。

1969—1970 年，原潍坊机床厂与山东省机械设计研究院合作研究开发中磷稀土耐磨蠕墨铸铁

M114W 万能磨床床身，获得成功，较原中磷 HT300 孕育铸铁床身机械性能提高一个牌号，耐磨性提高一倍。

1970 年原潍坊动力机械厂与山东省机械设计研究院合作研究开发了薄壁柴油机蠕墨铸铁件，用蠕墨铸铁代替孕育铸铁制造 195 型 12 马力柴油机机体、气缸盖等薄壁铸件。

1970 年前后，原青岛通用机械厂、原潍坊第一造纸机械厂、原滕州机床厂等企业与山东省机械设计研究院合作先后用蠕墨铸铁代替高强度灰铸铁生产制造了 C615 车床、C620 车床、牛头刨床、C616 车床床身等铸件。

在此期间，山东省蠕墨铸铁在机床行业的应用取得了重大突破，属于国内首次应用。但是由于当时的工艺技术及蠕化剂还相对落后，蠕墨铸铁在车床、刨床、镗床等机床铸件的应用没能推广和坚持下来，只有原济南试验机厂全面推广到试验机铸件并坚持下来，一直应用蠕墨铸铁生产试验机铸铁件。该厂从开发试验机用蠕墨铸铁件开始，在山东省机械设计研究院的帮助下，不断完善蠕墨铸铁生产技术工艺，自己熔制蠕化剂并培养了一支高素质的技术人员队伍和职工队伍。首创“稀土 - 镁锌合金蠕化剂”，解决了“浮渣”问题；并合作承担完成了国家“五五”科研项目：“用冲天炉熔制稀土蠕墨铸铁生产工艺”，通过了国家一机部鉴定。

1.4.4 可锻铸铁

可锻铸铁生产工艺技术一直没有大的改变。但随着青岛玛钢厂等规模较大的企业开始引进国外先进的自动化造型生产线等装备，生产率、生产规模及产品质量有明显的提高。可锻铸铁主要用于管件的生产，少数用于民用及小型阀门的生产。90% 以上的铸件材质为黑心可锻铸铁。大多数企业仍采用冲天炉熔炼。

青岛玛钢厂主导产品为可锻铸铁管件。该厂生产的可锻铸铁管件分为无边和带边、同径和异径、镀锌和非镀锌等类型，产量和产品质量居全国同行业前列，产品先后销往国内 20 多个省，出口到亚、非、欧、美、大洋洲的十多个国家和地区。产品出口量全国第二、全省第一。1978 年，年产铸铁件 2080.64 吨，其中大部分是可锻铸铁件，全员劳动生产率 5039 元。

1966 年，青岛韧铁厂成立（由青岛第二玛钢厂改造而来）。以生产可锻铸铁为主，同时生产汽车配件。1978 年铸件产量 1980 吨，其中相当大部分是可锻铸铁件。

当时，山东可锻铸铁的主要生产企业及产量大都集中在青岛市。到 1978 年，青岛市铸件产量达到 14173 吨。其中：可锻铸铁件 2081 吨。

1968 年原济南平阴县五金厂（济南玫德集团前身）开始生产可锻铸铁英制管件。采用潮模砂、松香干芯、摆地摊手工造型，自制 1.5t/h 三排风口冲天炉熔炼。固定炉底箱式退火热处理。到 1978 年，开始出口可锻铸铁件。

1.4.5 铸钢

这段时期的铸钢件主要为矿山机械、煤炭机械、冶金机械、电力机械、汽车及工程机械配套铸钢件。

原淄博铸钢厂（淄博大力矿山机械有限公司前身）主要生产矿山机械铸钢件，以抗磨铸件为主。

原济南汽车制造厂铸钢车间（中国重汽集团铸锻中心前身一部分）成功攻克了用黏土湿型砂生产铸钢过程中废品率高的难关。在湿型铸钢工艺稳定后，率先在国内同行业中应用多触头高压自动造型线生产铸钢件，砂箱内尺寸 650mm × 600mm × 200/200mm，铸型硬度 90（B 型硬度计测），生产率可达 80 型 / 小时，采用底注包浇注。铸钢件质量减少 5% ～ 6%，废品率由原来的 12% ～ 48% 降至 4% ～ 6%，铸件表面质量明显改善。主要为黄河牌载重汽车 JN150、252、162、651 等配套生产铸钢件 300 余种。多数为碳钢铸件和低合金钢铸件。

原中国铝业山东分公司四分厂（恒成机械厂前身）热加工事业部分别于 1968 年与 1969 年自行设计、制造了山东省首套水玻璃砂再生系统和全国首座大型露天圆形空腔无烟筒退火窑，首次在国内解决了 30 吨“大窑领圈”的整体退火技术难关，于 1978 年建成了全国第一座采用新型耐火纤维做耐火保温材料的 5m × 6m × 2.5m 大型铸钢件高温退火炉。1978 年开发成功 Cr5Mo 耐热钢。

青岛电站阀门厂铸钢件年产量由 1966 年的 3251.91 吨增加到 1978 年的 6621.3 吨，翻了一番。

山东省铸造企业名录见表 1.3。

表 1.3 山东省铸造企业名录

名称	主导产品	铸件材质	主要工艺	铸件产量（吨）	职工总数（人）
山东烟台铸造厂（烟台冰轮前身）					
潍坊柴油机厂铸造厂	大型柴油机配套铸件	灰铁、球铁	潮模黏土砂、热芯盒	14000	
济南机床厂	机床、汽车铸件	灰铁、球铁、铸钢	黏土砂、水玻璃砂	3000	
口镇农具厂	拖拉机铸件				
淄博渔轮柴油机厂（淄博柴油机厂前身）	大型柴油机用铸件	灰铁、球铁	黏土砂、水玻璃砂	2000	
博山八徒机械厂（山东宏马集团前身）					
掖县农机配件厂					

续表

名称	主导产品	铸件材质	主要工艺	铸件产量（吨）	职工总数（人）
黄县龙口镇人民公社农机修配厂（隆基集团前身）					
刘家团村翻砂厂（蒙凌集团前身）					
济南汽车制造总厂铸钢厂	载重汽车铸件	铸钢	多触头高压半自动生产线	6000	
山东滨州活塞厂（渤海活塞集团前身）	内燃机配件	铝硅合金			
济南第二机床厂	大型机床铸件	灰铸铁			
淄博铸钢厂（大力矿山机械前身）	矿山机械铸件	碳钢、合金钢			
山东精良海纬机械厂	农机铸件	灰铁			
恒成机械厂	冶金、矿山机械铸件	碳钢、合金钢			
山推铸钢车间	工程机械铸件	碳钢、合金钢			
临沂玛钢厂（电力金具前身）	农机具铸件 玛钢铸件	灰铁、玛钢			144
山东冶金矿山机修厂（山东冶金机械厂前身）	冶金、矿山机械铸件	高锰钢、球铁、灰铁			
莱阳动力机械厂（山东华源内燃机有限公司）					
德州第二机床厂铸造车间（德州卓尔铸造公司前身）	机床铸件	灰铁	黏土砂、劈模造型		
玫德集团	管件	玛钢	潮模黏土砂、无箱、脱箱造型		350
济南铁路大厂					
临沂市铸宝水表有限公司	农具、水表壳	灰铁、球铁			
莒县铸造厂（日照宏冠机械前身）	民用取暖炉	灰铁			

续表

名称	主导产品	铸件材质	主要工艺	铸件产量（吨）	职工总数（人）
青岛玛钢厂					
青岛韧铁厂					
青岛压铸厂					
即墨铸锻厂					
胶县铸钢厂					

1.5 » 改革开放，铸造行业腾飞期（1979—1999 年）

1978 年 12 月 18 日召开的中共十一届三中全会，提出了“对内改革，对外开放”，把全党工作的重点转移到社会主义现代化建设上来的战略决策，机械工业被提到装备国民经济各部门的重要地位，这是具有深远意义的伟大转折。1979 年 2 月 20 日，山东省机械工业厅下达文件，提出把全省机械工业重点转移到为国民经济各部门提供先进的技术装备的中心任务上来，给山东省铸造行业的腾飞带来了契机。经过第六、第七、第八、第九四个五年计划的整顿、投入、深化改革、积极扩大出口、突出科技进步和规模经济，在全体山东铸造人的努力下，山东省铸造一跃成为全国铸造大省。截至 1999 年，山东省铸件总产量达到 176 万吨，占全国总产量的 14%。其中：灰口铸铁件 96 万吨，球墨铸铁件 29 万吨、可锻铸铁件 7 万吨、球墨铸铁管件 18 万吨、普通铸钢件 11.5 万吨、精密铸钢件 4.5 万吨、有色金属铸件 6.5 万吨、压铸件 3.5 万吨。

1996—1999 年山东省各类铸件产量见表 1.4。

表 1.4　1996—1999 年山东省各类铸件产量　（万吨）

铸件种类		1996 年	1997 年	1998 年	1999 年
铸铁	灰口铸铁	72	84	90	96
	球墨铸件	20	24	27	29
	可锻铸铁	4	7	9	7
	管件	16	20	25	18
铸钢	普通钢铸件	8	10	11	11.5
	精铸件	2	2.5	4	4.5
有色	有色合金铸件	3	4	6.5	6.5
	压铸件	2	2.5	3.5	3.5
合计		127	154	176	176

山东省铸造行业共实现固定资产投资近 30 亿元，全省形成初具规模的铸造厂、车间 1400 家左右，从业人数达到 13 万人左右。为农业机械、汽车、机床、轮船、工程机械、电动机、汽车及火车用柴油机、冷冻机械、冶金机械、矿山机械、轻工机械配套生产了各类铸件（图 1.29）。

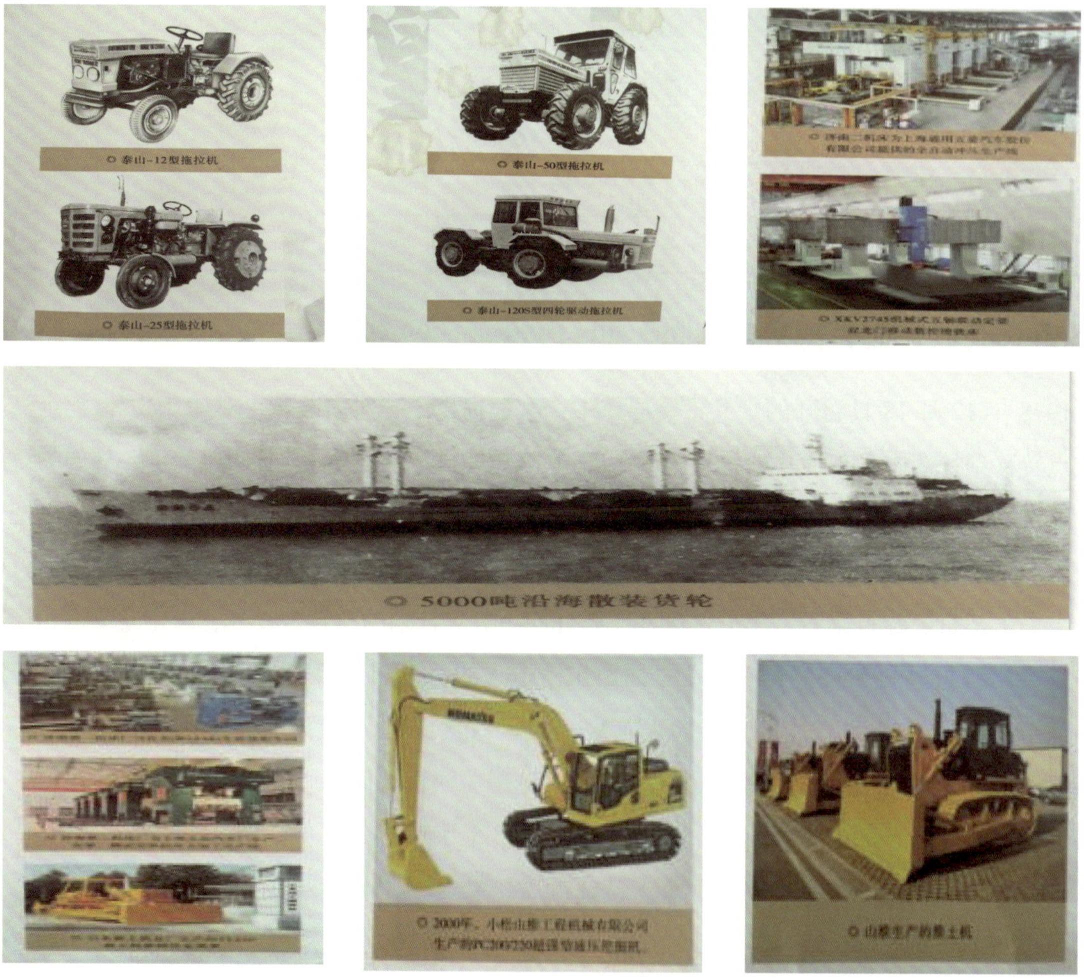

图 1.29　山东省部分需用铸件的机械产品

山东巨力股份有限公司、临沂工程机械股份有限公司、烟台冰轮集团有限公司、北汽福田车辆股份有限公司等四家公司股票上市；山东华源莱动内燃机有限公司、山东潍坊拖拉机集团总公司、山东华源山拖有限公司、寿光华源聚宝农用车公司、山东光明机器厂等由华源凯马公司包装上市。

1.5.1　山东省铸造行业特色

山东省机械工业厅为解决制约机械工业发展的瓶颈，响应机械工业部的号召，在山东省机械行业组织了产品质量翻身战役、组织结构优化战役、开发能力提高战役三大战役，自 1996 年起贯彻实施。在产品结构方面，抓了“十大十小”。重点培植发展了 20 类主导系列产品：十大主机产品——数控机床及锻压设备、农用运输车、工程机械、新型拖拉机、内燃机、制冷设备、发电输变电设备、摩托车、船舶、电梯；十小系列产品——工业泵及真空设备、小型印刷机、试验机及仪表、植保及农副产品加工机械、微特电机、轴承、气动液压密封件、拖内配件、汽车零部件及机床附件。

围绕“十大十小”，山东省铸造行业进一步提高科技意识，强化技术创新能力，工艺装备和技术水平取得了长足的进步，铸件材质、表面质量、生产效率有了较大提升。形成了一大批在全省乃至全国有影响力、举足轻重的铸造生产企业。

1.5.1.1 农用车及农用柴油机

在此时期，山东省农用车、农用柴油机产品取得了空前发展，20 世纪 80 年代中期，其产品产量在全国名列前茅。农用车、农用柴油机的发展，促进了零部件专业化大批量生产，形成了一批专业化、规模化的铸造专业生产厂。截至 1999 年，三轮农用车产量占据了全国半壁江山，全国排名前十名的企业中就有六个是山东的。仅此一项山东省铸件产量就达到了 30 万吨 / 年。农用车、农用柴油机的发展，带动了零部件生产的专业化，形成了一批铸件精度好、工艺水平高、规模大的铸造专业生产厂及生产车间，立足本省，供应全国，大多数还出口到世界多国。例如：

中美合资企业文登天润曲轴有限公司，是国内乃至亚洲最大的曲轴生产厂。1999 年年产球墨铸铁曲轴 40 万支、1.8 万吨。主要材质为 QT700-2、QT800-2、QT900-2 等。造型设备系引进德国 KW 公司的多触头高压造型线；熔炼采用的冲天炉与中频感应电炉的双联熔炼工艺，设备为 5t/h 水冷无炉衬冲天炉和美国应达公司的中频感应电炉。

山东九羊集团，主要生产柴油机、汽车用铸件，年产量 3 万吨。采用树脂砂、黏土砂造型，引进丹麦造型线两条，国产铁模覆砂线两条。同时，采用冲天炉 + 感应电炉双联熔炼。主要产品为常州柴油机厂、石家庄拖拉机厂配套生产 S195、S1110 柴油机曲轴；刹车盘、制动毂等出口到美国、韩国及东南亚等国。

山东渤海活塞集团，是当时国内最大的内燃机活塞生产厂，年产活塞毛坯 2.5 万吨，产品畅销国内外。曲阜活塞厂主要生产本田、铃木、雅马哈、川崎四大系列 100 多种摩托车用铝合金活塞及部分汽车活塞，尤其是二冲程发动机用高硅铝合金活塞，达到了年产 400 万只的能力。

原莱阳动力机械厂，1987 年生产 195 型农用柴油机突破 10 万台。其铸造车间配套生产机体、缸盖、曲轴、飞轮等铸件。1993 年，引进了德国 BMD 气冲造型线（属于国内第二条）。1999 年，引进美国英达公司 15 吨中频感应电炉两台，实现了冲天炉 + 感应电炉的双联熔炼工艺。

原莱芜口镇铸造公司（山东汇金股份有限公司前身）于 1988 年更名为莱芜拖拉机配件总厂。1990 年，由莱芜市拖拉机配件总厂、莱芜市口镇农机配件厂和莱芜市口镇机械厂合并成立莱芜市口镇铸造厂。主要生产农用柴油机、拖拉机及汽车等配件。主导产品为农用车前后桥、离合器等多种零部件。铸造车间主要为其配套生产铸件，年产铸件 5 万吨，其中 1.5 万吨球墨铸铁管件出口到国外。采用的是 FB0-Ⅱ造型生产线及冲天炉与中频感应电炉双联熔炼工艺。

原高唐时风机械集团总公司（山东时风集团有限公司前身）于 1993 年成立。生产农用三轮运输车变速箱、半轴套管类铸件，年产量 1000 吨。

原金城铁厂（浩信前身）于1995年成立。从废旧压炉（传统化铁炉）化铁、手工漏模机造型起步，到1999年，拥有3～5吨冲天炉9台，年产拖拉机用铸造半管、箱体和差速器壳体等铸件40万件（套）。

山东拖拉机厂和潍坊拖拉机厂都是生产拖拉机的骨干企业。山东拖拉机厂铸造分厂生产能力为年产铸件18000吨，主要为中马力拖拉机提供传动箱体、过桥壳体及内燃机机体、缸盖、曲轴等铸件。采用CAD设计，气冲造型线以及铁模覆砂造型线造型。

潍坊拖拉机第一分厂为拖拉机配套生产壳体类铸件，有年产10000吨的生产能力，开发了消失模生产工艺。

山东时风集团是全国最大的农用三轮车生产企业，下设四个铸造分厂，主要为本公司配套生产离合器、变速箱等铸铁件，年产量10万吨左右。

1.5.1.2 汽车、车用柴油机、工程机械、机床

汽车、车用柴油机、工程机械、机床等机械行业迅速发展，涌现出了像中国重汽、烟台一汽大宇、济南机床二厂、潍坊柴油机厂、山东拖拉机厂、山东推土机厂等一大批在国内举足轻重的领头企业，有力地促进了山东省铸造行业的技术进步及管理水平、产品质量、生产规模和工艺装备水平的大幅度提升。例如：

中国重汽集团济南铸造厂（图1.30～图1.40）和济南铸钢厂是为载重汽车配套生产铸件的专业厂，主要为斯太尔汽车、黄河汽车以及安凯汽车集团、塞夫车桥公司等配套生产铸件。其中重汽集团济南铸造厂年产铸件1200吨，造型工部配置自动化造型线两条，树脂砂生产线一条；熔炼工部采用冲天炉+感应电炉双联熔炼。济南铸钢厂采用多触头高压造型线、开放式气动微震造型线、自硬树脂砂生产线；熔化工部采用微机控制电弧炉。

烟台一汽大宇铸造厂是国内汽车用铸件生产企业中生产工艺装备水平及自动化水平较高的工厂。装备了两条德国KW最先进的静压线、美国英达公司的20吨的电炉、德国霍尔的冷芯盒及芯砂制备成套装置等。

图1.30 济南汽车制造总厂铸造厂

图1.31 148C震压造型

图 1.32 HWS 静压造型生产线

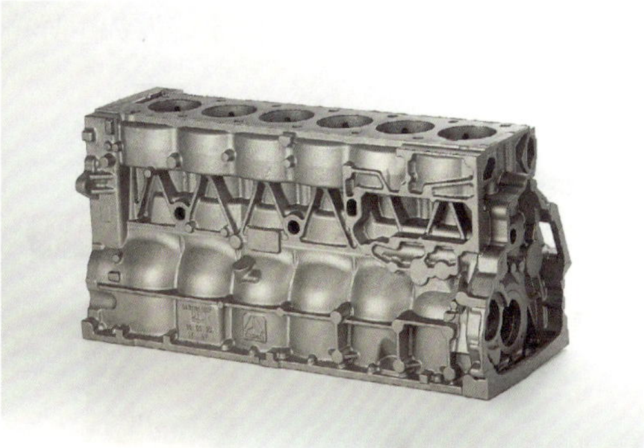

图 1.33 重汽自制 MC11 发动机缸体（蠕铁）

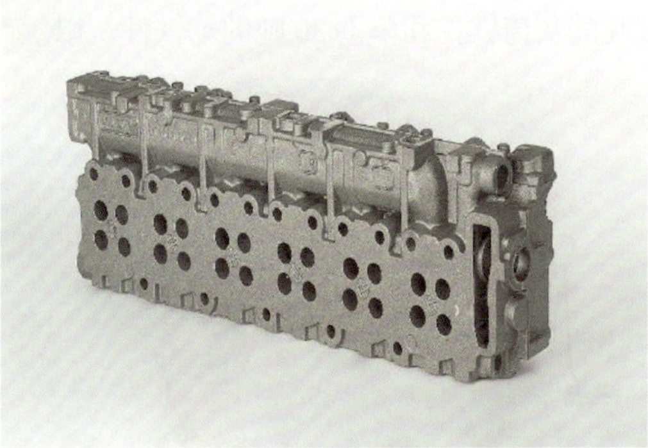

图 1.34 重汽自制 MC11 发动机缸盖

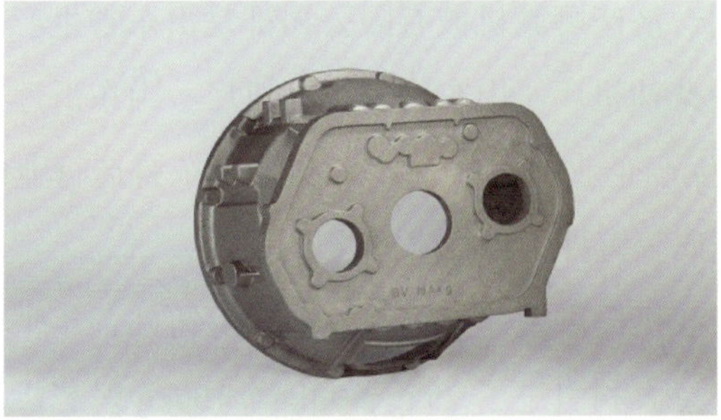

图 1.35 重汽自制 HOWO 变速器前壳

图 1.36 重汽自制 HOWO 变速器中壳

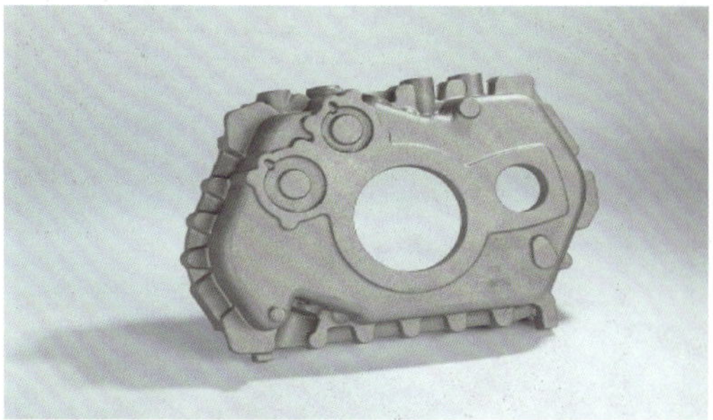

图 1.37　重汽自制 HOWO 变速器后壳

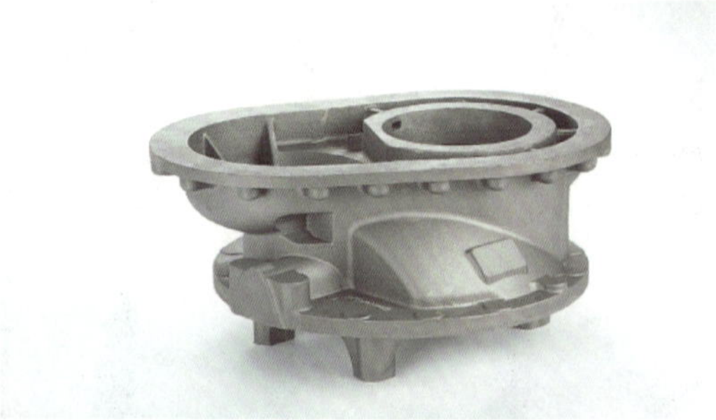

图 1.38　重汽自制 HOWO 矿用车中桥主减速器壳

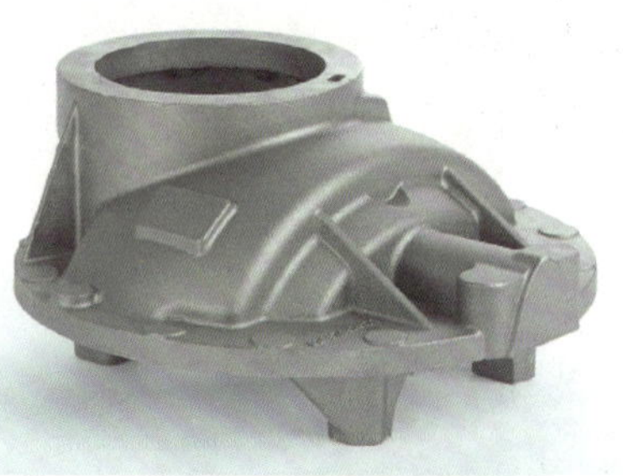

图 1.39　重汽自制 HOWO 矿用车后桥主减速器壳

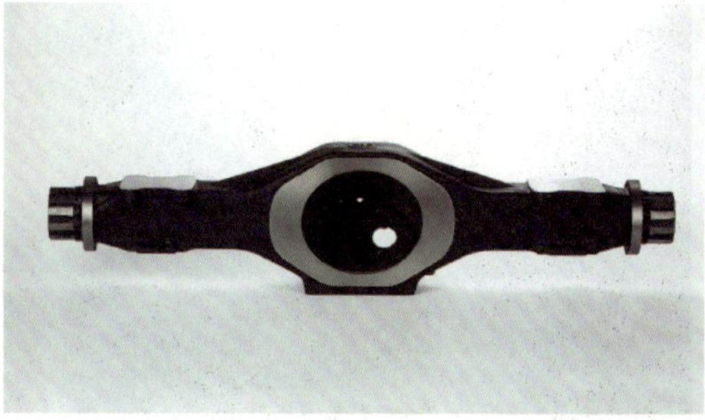

图 1.40　重汽自制 HOWO 铸造桥壳

济南机床二厂通过技术改造，引进了 WOHR 公司的 40t/h 移动树脂砂混砂机、FAT 公司的 25t/h 双臂树脂砂混砂机（图 1.41、图 1.42），采用冲天炉 +20 吨中频电炉双联熔炼工艺。生产出了单重 50 吨的灰铸铁件和单重 30 吨的球铁件。以生产大型压力机和龙门刨床等大型机床铸件为主导产品。

图 1.41　DS25-25t/h 自硬砂双臂连续混砂机

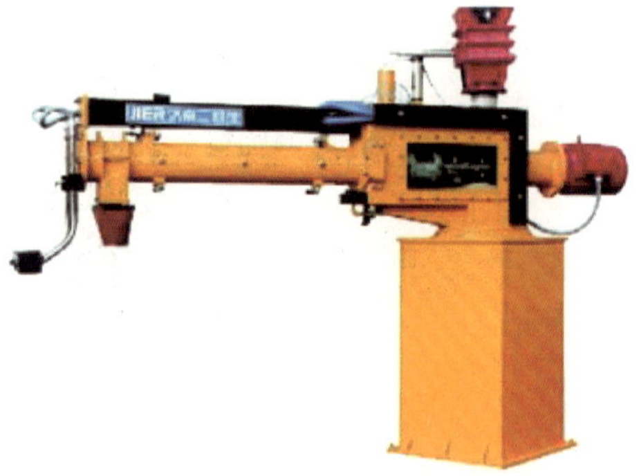

图 1.42　25t/h 自硬砂单臂连续混砂机

潍坊柴油机有限公司、山东莱阳内燃机有限公司、济柴聊城机械有限公司都是山东省生产柴油机的骨干企业。另外还有山东华丰机器厂、山东滨州柴油机厂、山东泰安柴油机厂、山东沂远柴油机厂、山东牟平发动机厂等单缸四冲程农用柴油机生产企业。这些企业带动了山东铸造行业的发展，推动了球墨铸铁、灰口铸铁、耐磨铸铁、有色金属等铸件生产技术的飞跃。

潍坊柴油机厂铸造厂主要为 W615、W6160 型柴油机提供机体、缸盖、曲轴等铸件，年生产能力 4.5 万吨。其造型、制芯工部先后从美国、德国、意大利引进了 25kg、33kg、100kg 射芯机；从德国引进了 KW339 造型线；从意大利引进了四工位转台射压造型线，生产效率达 120 型 / 小时；

从德国引进了静压线。熔化工部采用双联工艺，10 ～ 14t/h 热风水冷富氧冲天炉 +53 吨工频电炉、30 吨工频电炉。

莱阳内燃机有限公司具有年产四缸柴油机 50 万台的生产能力，其铸造分厂具有较完善的铸件开发体系。工艺、工装采用 CAD/CAM 设计，造型工部引进生产率 120 型 / 小时的气冲造型线。熔化工部采用冲天炉 + 中频感应电炉的双联熔炼工艺。从美国引进了英达公司 15 吨 / 小时中频保温炉。企业通过了英国权威的 UKAS 等质量体系认证。

济柴聊城机械有限公司是生产缸径 190 系列柴油机（供油田开发用）机体铸件的专业厂，主要采用树脂砂、黏土砂造型以及冲天炉 + 感应电炉双联熔炼的生产工艺。从德国引进了克莱茵公司的树脂砂生产线。铸件在配套济南柴油机厂的同时，也远销至丹麦、美国、沙特、日本等国家。

淄博柴油机总公司铸造厂于 1988 年成功开发了 250 船用柴油机机体、曲轴、气缸盖、缸套等产品。机体采用劈箱造型工艺，气缸盖材质为 HT250，气缸套材质由铬钢改为铌合金铸铁。1993 年建成第一条树脂砂生产线。

原黄县龙口农机工具厂（山东隆基集团前身）于 1987 年更名为“山东省汽车三泵总厂”。正式为大连柴油机厂、朝阳柴油机厂、玉林柴油机厂、吉柴及莱动等配套生产三泵。1991 年正式开始开发生产汽车制动盘、毂，并出口至美国，是国内首家制动毂出口企业。1997 年取得了零税率的反倾销胜利。1997 年，更名为“山东隆基集团有限公司”。

烟台胜地集团从 1993 年开始开发研制载重汽车刹车鼓、制动盘。

原莱州市农机配件厂于 1997 年更名为“莱州三力汽车配件有限公司”，主要生产 95 系列柴油机机体、缸盖、正时齿轮室盖、油底壳、检查孔盖、水箱盖、主轴承盖等铸件，材质为 HT150、HT200 等。1993 年开始开发生产汽车刹车盘，产品型号为 5552、5580 等，材质为 HT250（图 1.43）。

原德州机床厂铸造车间（德州卓尔铸造公司前身），主要产品为中、小机床铸件。1993 年开始应用树脂砂生产工艺，1988 年研制密烘铸铁成功，并获专利。铸件年产量近万吨，并有部分铸件出口到国外。

图 1.43　莱州三力汽配件有限公司部分产品

烟台新潮铸造有限公司成立于 1979 年，（原名“新牟翻砂厂”），生产高强度灰口铸铁件和球墨铸铁件，主要为机床附件厂牟平分厂的环球牌机床卡盘配套。生产卡盘、盘体、小泵体、井盖、压圈、齿轮等铸铁件。产品出口到美国、日本、德国、韩国、西班牙等国家。环球牌卡盘曾获得世界博览会金奖。

济南第一机床厂是此间在国内首家引进日本 MAZAK（马扎克）和 METE（麦特）高速精密机床生产技术的企业。产品绝大部分销往美国、德国、日本、澳大利亚等十几个国家和地区。为满足机械对铸件精密性能的要求，企业引进了全省第一条树脂砂生产线。该生产线 1985 年引进，1986 年投产。每年合格铸件产量达 6000 吨以上。

原烟台铸造厂（烟台冰轮前身）。主要生产压缩机、机床、柴油机、印刷机、纺织机等铸件。1986 年新建树脂砂生产线，1987 年铸件年产量达到 7300 吨。1993 年开始，铸件批量出口到韩国、日本等国家和地区。1995 年出口铸件 1500 吨。

山东宏马集团、山东蒙凌集团、山东冶金机械厂、日照宏冠机械制造有限公司等企业分别生产电机铸件、建筑扣件、工程机械铸件、冶金机械铸件等。

四方机车车辆厂铸钢厂和济南机车车辆厂铸造分厂，主要为国内客用、货用机车提供铸件。四方机车车辆厂铸钢厂采用 5 吨电弧炉熔炼，生产能力为年产各类铸钢件 5000 吨。1999 年出口到美国铁路工厂的铸件超过 800 吨；济南机车车辆厂研制生产的美国 ND5 机车汽缸，批量装备济南、大连、徐州路局内燃机车。山东济宁汶上精良机械厂也批量生产蠕墨铸铁机车用内燃机缸盖。

山东山推工程机械有限公司铸造厂主要为推土机、挖掘机、装载车等工程机械配套生产壳体、箱体类灰口铸铁件及碳钢、低合金钢铸件。年产铸钢件 450 吨，铸铁件 1500 吨。

淄博双力铸造有限公司从德国引进 ECO 公司的树脂砂生产线；为真空泵配套生产灰口铸铁及球墨铸铁件，主要为德国西门子（SIEMENS）公司配套。

1.5.1.3 特种铸造工艺及有色金属铸造行业的发展

球墨铸铁离心铸管行业在引进国外离心铸管的基础上，形成了规模化生产。龙口泛林球墨铸铁管公司采用双联熔炼、离心铸造，年产量达 5 万吨。济南钢铁厂及张店钢铁厂球墨铸铁离心铸管的生产也形成了一定的规模。其中，济南钢铁厂是我国第一家生产球墨铸铁离心管的企业。

失蜡精密铸造在铸钢件及有色金属铸件的生产方面发展迅速。蓬莱金义丰工业有限公司、东营鲁昶精密铸造公司都是合资企业，采用硅溶胶制壳工艺，主要设备从台湾地区引进，年生产能力分别达 2000 吨和 600 吨。济南第一机床厂精铸分厂采用水玻璃和硅溶胶工艺并拥有消失模生产线一条。主要生产不锈钢、碳钢、合金钢及有色金属铸件，年产量 1600 吨，其中出口 1000 吨。自 20 世纪 80 年代中期起，平度市精密铸造开始起步，主要是乡办、村办企业。它们与大专院校、国有大企业联合，因陋就简，艰苦创业，逐步发展为具有较先进的精密铸造设施、检测、加工设备和相当规模的几大精密铸造工业园区。平度市从事精密铸造的主要企业如下：青岛三合山精密铸造有限公司、平度三星精铸有限公司、青岛天聚成精铸有限公司、青岛恒海精密铸造有限公司、青岛铭超机械有限公司、青岛环隆铸造有限公司、青岛南阳三诚机械有限公司、青岛如意精铸有限公司、青岛昊天铸钢有限公司、青岛旭泰精铸有限公司、青岛东郭精密铸钢厂、青岛林洲铸造机械有限公司、青岛玉光精铸厂、青岛冠龙精密铸造有限公司、青岛美钢精密铸造有限公司。其中青岛三合山精密铸造有限公司于1990年4月，被铁道部批准为“客车轴箱定点生产厂”。

有色合金压铸生产规模得以壮大。长青顺达集团引进了250～800吨带机械手的压铸机；泰安大地精工公司由美国、丹麦、德国引进熔炉及低压铸造生产线，主要从事汽车轮毂的生产。

许多铸造新工艺得以开发和应用。消失模生产工艺、差压铸造、V法铸造、VRH法铸造等都得到了应用和提高。济南第二机床厂采用离心机生产的最大钢瓦直径达1400mm，重达1.5吨。金乡真空泵铸造厂采用消失模负压浇注生产耐热、耐磨及耐蚀铸件；烟台鲁宝公司用“差压铸造”法生产高炉纯铜风口。

1.5.1.4 铸造合金发生了质的变化

灰口铸铁通过提高熔炼的冶金质量、合金化、孕育处理以及潮模黏土砂高压造型线的大量引进、应用，其金相组织、机械性能及显微组织发生了质的变化，使HT250、HT300及H350的生产工艺更加成熟，满足了我国第一个柴油机引进机型——英国理卡多R4100柴油机对材质机械性能的要求，同时，也满足了大功率车用、船用柴油机较大幅度提高额定转速后对零部件材质的需求。由于工艺装备的更新换代，铸件表面与铸件内在质量得以根本好转。

通过机械行业对新技术的引进、消化、吸收，球墨铸铁从最初的QT50-2、QT60-2发展到高强度、珠光体基体的QT70-2、QT80-3、QT90-2以及高韧性、铁素体基体的QT40-15等。同时，企业开始开发铸态珠光体球铁和铸态铁素体球铁技术，逐步开发应用了球铁随流孕育、浮硅孕育、型内孕育等高效孕育技术，有效地避免了球墨铸铁的球化衰退和孕育衰退，增加了其石墨球数量，提高了石墨球圆整度，最终提升了球铁的机械性能。此时期，球墨铸铁主要用于内燃机曲轴、凸轮轴、拖拉机后桥壳、液压缸缸体等零件。企业还开始对奥 - 贝球铁进行研究与应用，主要工艺是将加Cu、Mo等合金元素合金化的球墨铸铁毛坯进行等温淬火获得以贝氏体为主的含有一定奥氏体的球铁，其抗拉强度可达90kgf/mm²（近似900MPa）以上，同时有较高的延伸率和冲击韧性，主要用于拖拉机变速箱齿轮的制造，以代替锻钢。

蠕墨铸铁作为一种新材料开始起步并飞速发展，它以优良的抗热疲劳性能、耐磨性能及良好的铸造性能备受业内的关注。山东淄博蠕墨铸铁厂是全国较早开发生产推广应用蠕墨铸铁的厂家之一，在全世界率先应用蠕墨铸铁材质批量生产了冶金、焦化设备，主要用于焦化炉护炉铁件、钢锭模、铝锭模、玻璃模具及载重汽车用蠕墨铸铁刹车鼓，并通过了省级鉴定。配合山东省机械设计研究院完成了国家“六五”科技攻关项目“蠕化剂筛选”及“蠕墨铸铁稳定生产系统”，并顺利通过国家鉴定；参与了《蠕墨铸铁件》《蠕墨铸铁金相检验》两个行业标准的起草与制定。

玫德集团有限公司是专业的可锻铸铁生产企业。1999年，生产可锻铸铁管件41000吨，铸铁锅9100t，销售收入26600万元，其中出口额19279万元，利润7000万元。采用10t/h大斜度、中排距、两排风口热风冲天炉和20吨室式活动炉底高温退火窑炉，分别获得中国方圆、法国BVQI以及美国、英国、加拿大、德国、瑞士等国家的质量管理体系认证。公司实现了微机信息网络化管理。

1.5.1.5 “质量”意识不断加强，检测手段明显提升

企业自觉按 ISO 9000 质量管理体系文件组织生产，设置标准的计量理化中心实验室、型砂实验室，质量保证手段日趋齐全。在理化检验设备中，除拥有物理性能、无损检测等常规仪器外，许多企业还引进了先进的化学分析和金相检验设备，以保证进厂原材料及铸件的成分和金相组织合格。莱钢机械厂采用红外碳硫分析技术；华源莱动、烟台铸造、济柴聊内等企业引进美国贝尔德光谱分析仪；济南二机床厂从瑞士引进了 ARL 光谱分析仪；文登曲轴厂引进了 SPECTRO 光谱分析仪；山东省滨州曲轴厂引进了日本岛津的光谱分析仪；汇金公司引进日本 GVM-514S 光谱分析仪；烟台铸造厂引进日本奥林巴斯金相显微镜。在计量检测设备中，除检测金属液温度的仪器外，济南机床二厂、山推集团、滨州活塞厂分别从美国、英国引进了三坐标测量仪。

1.5.1.6 铸件出口迅猛发展

据不完全统计，山东省约有 500 家以上企业从事铸件出口业务，出口吨位约在 40 万吨以上。济南玛钢厂年产“迈克”牌管件 40000 吨，其中出口 28000 吨；烟台铸造厂产品全部采用树脂砂生产，年产铸件 7000 吨，其中出口 4000 吨。在从事出口业务中，以高技术水平和高质量铸件占领市场，机床类、起重机类、压缩机类铸件深得日本三菱、牧野、油谷重工、荏原公司的好评。但在出口铸件中仍然存在产品质量、工期以及低档次铸件等问题，有相当一部分企业还在搞低价竞争。

1.5.1.7 乡镇企业情况

随着山东省铸件出口规模的不断扩大和农机行业的迅猛发展，铸造类乡镇企业发展较快，其铸件产量约占全省铸件总量的 30% ～ 40%。许多企业年产量已超万吨，同时也加快了技术改造，提高了机械化水平。但仍然存在产品档次低、工艺落后、质量保证手段不齐全、污染严重等问题。

1.5.1.8 外资及合资企业

山东省外资及合资企业的基本情况见表 1.5。

表 1.5 山东省外资及合资企业的基本情况

序号	企业名称	企业概况				基本形式
		铸件种类	铸件材质	生产工艺	生产能力（吨 / 年）	
1	山东丰晃铸造有限公司	风机铸件	铸铁	呋喃树脂	7000	中日合资
2	青岛大门铸造有限公司	下水道制件	铸铁	三元树脂	10000	日本独资
3	莱州汇远机械有限公司	汽车配件	铸铁	黏土树脂	8000	中外合资
4	文登天润曲轴有限公司	曲轴	球墨铸铁	黏土湿型	20000	中美合资
5	济南玫德铸造股份有限公司	管件	可锻铸铁	黏土	60000	中美合资
6	青岛首屋铸造有限公司	机床铸件	铸铁	树脂砂	12000	台企独资
7	龙口旭鑫机械有限公司	汽车铸件	铸铁	黏土湿型	16000	鲁港合资

续表

序号	企业名称	企业概况				基本形式
		铸件种类	铸件材质	生产工艺	生产能力（吨/年）	
8	泰安前田锅炉有限公司	锅炉铸件	球墨铸铁	树脂砂	10000	中日合资
9	青岛北钢铸管有限公司	管件	球墨铸铁	离心铸造	60000	台企独资

1.5.1.9　山东省重点铸造企业

山东省重点铸铁件生产企业见表1.6，重点铸钢件生产企业见表1.7，重点有色合金铸件生产企业见表1.8。

表1.6　山东省重点铸铁件生产企业

序号	企业名称	企业或产品的特色	产品情况	
			铸件材质	生产工艺
1	山东九羊集团公司	汽车配件	球墨铸铁、灰铁	黏土砂型，铁模覆砂
2	潍柴动力股份公司铸锻厂	动力机械铸件	灰铁、球墨铸铁	黏土砂型，树脂砂型
3	淄博蠕墨铸铁有限公司	冶金行业铸件	蠕墨铸铁	黏土砂型，树脂砂型
4	重汽集团济南铸造厂	汽车零件	灰铁、球墨铸铁	黏土砂型，树脂砂型
5	济南二机床集团铸造厂	大型、特大型铸件	灰铁、球墨铸铁	呋喃树脂砂型
6	龙口旭鑫机械有限公司	汽车铸件	灰铁、球墨铸铁	黏土砂型
7	山东汇金股份有限公司	汽车配件	铸铁、铸钢	黏土砂型，呋喃树脂砂型
8	青岛北钢铸管有限公司	球铁管、管件	球墨铸铁	离心铸造
9	莱芜万寿机械有限公司	汽车铸件	灰铁、球墨铸铁	黏土砂型
10	烟台冰轮铸造有限公司	机床铸件	灰铁、球墨铸铁	呋喃树脂砂型
11	济南球墨铸铁管有限公司	铸管	球墨铸铁	离心铸造
12	龙口泛林球墨铸铁管有限公司	球铁管、球铁件	球墨铸铁	消失模、离心铸造
13	山东双轮铸造有限公司	水泵铸件	球墨铸铁	树脂砂型
14	德州机床厂铸造公司	机床铸件	灰铁、球墨铸铁	树脂砂型
15	聊城内燃机有限公司	内燃机铸件	灰铁、球墨铸铁	树脂砂型

表1.7　山东省重点铸钢件生产企业

序号	企业名称	企业或产品的特色	产品情况	
			铸件材质	生产工艺
1	济南钢铁集团机械设备厂	大型铸钢件	碳钢	水玻璃砂
2	中国重汽集团济南商用车公司铸造厂	汽车铸钢件	碳钢、合金钢	碱性酚醛树脂砂

续表

序号	企业名称	企业或产品的特色	产品情况	
			铸件材质	生产工艺
3	山东晏子精密铸造有限公司	不锈钢精铸件	碳钢、合金钢	水玻璃砂，硅溶胶精铸
4	莘县东方特种钢铸造有限公司	合金钢铸件	合金钢	水玻璃砂
5	四方机车车辆厂铸钢分厂	碳素钢	碳钢	水玻璃砂
6	临沂市特钢厂	耐磨件	合金钢	水玻璃砂
7	平度三合山精密铸造厂	—	碳钢、合金钢	水玻璃砂，精密铸造
8	山东恒成机械厂	大型铸件	碳钢、合金钢	水玻璃砂
9	济南重型机器厂铸造厂	大型铸钢件	碳钢、合金钢	水玻璃砂
10	山推工程集团铸钢厂	工程机械铸件	碳钢、合金钢	水玻璃砂
11	山东益都阀门厂铸造分厂	阀门铸件	碳钢、合金钢	水玻璃砂
12	蓬莱金创精铸阀业有限公司	阀门铸钢件	合金钢	精密铸造
13	日照第一机械厂精密铸造厂	军品及其他铸件	碳钢、合金钢	精密铸造
14	博山水泵厂铸造分厂	水泵铸件	碳钢、合金钢	树脂砂

表 1.8　山东省重点有色合金铸件生产企业

序号	企业名称	企业或产品的特色	产品情况	
			铸件材质	生产工艺
1	山东渤海活塞集团公司	铝活塞	铝合金	低压铸造、金属型铸造
2	轻骑集团曲阜活塞厂	汽车动力机械活塞	铝合金	压铸
3	泰安大地精工机械公司	汽车轮毂	铝合金	低压铸造
4	威海万丰奥威汽轮公司	汽车轮	铝合金	低压铸造
5	济南慧成铸造有限公司	摩托车铸件	铝合金	压铸
6	章丘铜铝铸造厂	柴油机铸件	铝合金	砂型铸造
7	济南柴油机厂有色铸造厂	柴油机铸件	铝合金	砂型铸造，金属型铸造
8	烟台路通精密铸造公司	—	铝合金	金属型铸造
9	龙口永达铸造厂	油泵铸件	铝合金	压铸造

1.5.2　昌邑铸造

20 世纪 80 年代，昌邑小型铸造厂如雨后春笋般发展起来。富起来的农民纷纷投资铸造厂。到 1984 年即发展到 147 家。个体户达 115 家，占总数的 78%。当年家家发财，户户盈利。1985 年，全县铸造厂发展到 394 家。个体经营者占了 316 家，占全县总数的 80% 以上。这些企业大都以铁屑、钢屑压块作为金属炉料，用铁屑炉作为熔化设备，采用潮模黏土砂手工作业、摆地摊式的生产工艺。1994 年，据不完全统计，全县拥有铸造厂 1037 家，铸造工人 15000 余人。其中仅围子镇在工商所注册的铸造厂就有 545 家，未注册的有 30 多家，拥有职工 9500 多人。铸件产品大体分三类：一是相对精密铸件，如各类机械零配件；二是低档铸件，如水暖器材、上下水管、马路污水盖子、炊具和农机具等；三是小型铸件，如暖气片接丝口、叉子等。产品共有 1000 多种，以灰口铸铁为主，年产量达 32 万吨，铸件除内销外，还大批量销往 30 多个国家和地区。年产值达 4.5 亿元，年纯利润 9000 多万元。

尽管如此，全县平均有 5% 的企业，由于管理不善、技术力量薄弱、产品滞销积压、三角债、资金链断裂等原因亏损或倒闭。

20 世纪 90 年代后期，认识到了企业规模小、数量多、低档次、恶性竞争等的弊端和劣势，昌邑开始上规模、上装备、强技术、产品上档次，并通过组建铸造企业集团、成立总公司等方法做大做强昌邑铸造产业。

1.5.3 球墨铸铁

为保证珠光体高强度球墨铸铁件的内在质量及生产效率，大幅度提高型砂质量和砂型硬度的工艺装备被采用，莱动成功引进德国 BMD 气冲造型线。潍柴、文登曲轴厂（天润曲轴前身）等企业引进 KW 造型线；山东省滨州曲轴厂（海德曲轴厂）采用 Z1410 震压式造型机，铸型硬度≥ 90（B 型硬度计）。中、小型球墨铸铁件生产企业开始引进迪沙与新东造型线（图 1.44 ～图 1.47）。

图 1.44　148C 震压造型生产线

图 1.45　树脂砂造型线

图 1.46　BMD 气冲线

图 1.47　美国英达电炉

铸态珠光体及铸态铁素体球铁生产技术开始用于生产。蓬莱汽车改装厂与山东省科学院合作，采用型内孕育技术等生产铸态铁素体球墨铸铁汽车后桥壳获得成功；山东滨州曲轴厂采用加入合金锑（Sb）与余热正火等技术成功生产出 S195、SD110 柴油机铸态珠光体球铁曲轴；山东省文登曲轴厂用加入合金锡（Sn）与余热正火成功生产出铸态珠光体球铁曲轴。

山东省华丰机器厂（后并入潍柴）在国内率先引进了英国理卡多四缸柴油机 R4100 生产技术，其中曲轴材质为 QT80-3。山东省华丰机器厂与山东滨州曲轴厂共同采用加铜（Cu）、钼（Mo）等合金元素，强化正火热处理等技术，开发出 QT80-3 球墨铸铁曲轴；随后文登曲轴厂、山东省滨州曲轴厂先后开发成功 QT90-2、QT90-3 球墨铸铁六缸柴油机曲轴。

铸造生铁与铸造焦炭的数量和质量逐步提升，以及两排大间距、三排及多排小风口、卡腰等冲天炉相继采用，原铁水质量得到较大改善，铸件废品率大幅下降。

山东滨州曲轴厂在国内采用工频感应电炉与卡腰热风冲天炉直联技术生产球墨铸铁，并在山东省采用随流孕育技术。

在此期间，铸造检测与试验仪器设备迅速在球铁铸件生产企业应用。冲天炉风量检测、料位控制技术、过桥连续测温技术、插入式热电偶、电子计量技术、直读光谱仪、万能材料试验机、冲击韧性试验机、金相显微镜、砂型检测仪（黏土砂）、铸型硬度计等检测技术与设备被广泛采用。

济南汽车制造总厂（重汽济南铸造公司前身）具备了几十种球铁铸件生产能力，并采用金属模批量生产 JN 系列载重汽车用球墨铸铁轮毂。1981 年，成功开发铸态铁素体球铁。1990 年，开发研制了金属型铸态铁素体球铁斯太尔双联桥等多种铸件。

原“莱阳动力机械厂”（华源莱动前身）批量生产曲轴等球铁件。牌号主要有 QT70-2、QT60-2 等。

金城铁厂（浩信前身）1998 年开始用 3t/h 冲天炉熔化铁水，生产球墨铸铁件。主要为农用机械配套生产球铁铸件。

原济南二机床厂用五年的时间研究攻克了厚大断面球墨铸铁件的技术难题。投产后实现了以铁代钢，用球铁代替铸钢，明显地减少铸件加工余量，改善了机加工性能，缩短了生产周期，大大降低了生产成本。到 1984 年，球墨铸铁件产量达到 574 吨，占总铸件产量的 3.5%，1988 年达到 10.2%。

原莒县铸造厂（日照宏冠机械制造有限公司前身）从 1992 年开始由灰口铸铁件向球墨铸铁件转型，并投资 120 万元新建厂房及库房，扩大球墨铸铁生产能力，产品开始销往上海、徐州等地。

1993 年，公司更名为莒县球铁铸造厂，全面生产球铁铸件。产品主要为徐州美驰车桥厂、肥城车桥厂配套生产工程机械差速器壳、桥壳、托架等球铁铸件。

潍柴集团开发生产了厚大断面大型柴油机用球墨铸铁曲轴。20 世纪 80 年代，以黏土干型为主。到 20 世纪 90 年代，碱性自硬树脂砂和亨特造型线安装调试投产，自硬砂取代干模工艺，用于生产 6160、6200 等船用大型柴油机曲轴等铸件。特别是引进斯太尔汽车用柴油机生产技术与装备后，潍柴采用双联熔炼技术与高压造型自动生产线生产球铁曲轴等球铁铸件，技术水平更上一层楼。

原淄博渔轮柴油机厂（淄博柴油机厂前身）于1988年成功开发出了250型柴油机，其中曲轴为球墨铸铁件（图1.48）。

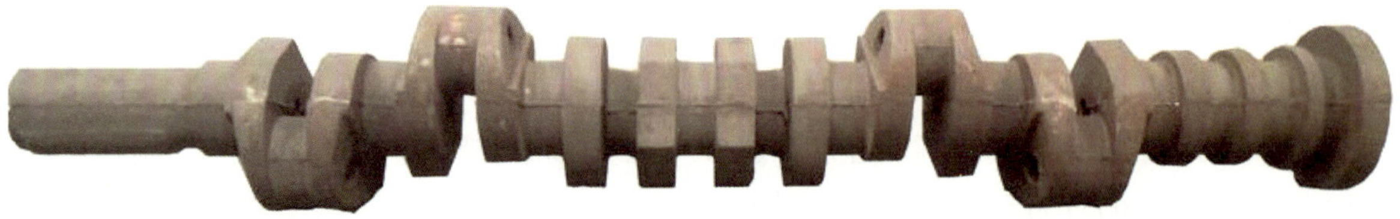

图1.48　250型柴油机曲轴

1.5.4　蠕墨铸铁

在这个时期，山东省蠕墨铸铁生产技术有了较大发展。企业承担完成了国家两个科技攻关项目，起草制定了《蠕墨铸铁件》《蠕墨铸铁金相检验》两个机械部颁标准。蠕化剂及蠕墨铸铁稳定生产的技术工艺得以基本完善，蠕化率范围有效拓宽，取得了丰硕成果。蠕墨铸铁的应用范围从机床铸件拓展到了柴油机铸件、耐磨铸件、钢锭模铸件、玻璃模具、军工用铸件、冶金铸件、汽车刹车鼓等领域。成立了蠕墨铸铁专业生产厂——原桓台蠕墨铸铁厂（现山东智汇蠕墨新材料科技股份公司）。山东省蠕墨铸铁生产技术、应用推广领域及生产能力稳居全国前列，蠕墨铸铁件的产量达6万吨。

1980年，原山东棉麻机械厂与山东省机械设计研究院合作生产了稀土硼蠕墨铸铁气缸套并批量生产，比一般硼铸铁气缸套提高寿命25%～55%，通过部级鉴定。

1979—1981年，原烟台铸造厂与山东省机械设计研究院合作承担并顺利完成了第一机械工业部研究课题（课题号：7920107）“稀土钛蠕墨铸铁钢球研磨盘的研究”，并进行了试生产，其使用寿命比国内同类优质产品提高1～3倍，生产成本降低30%～50%。项目通过了部级鉴定，获山东省1981年科技进步奖二等奖。

1982—1983年，原桓台农机修造厂（现山东智汇蠕墨新材料科技股份公司）参与制定了《蠕墨铸铁金相检验》第一机械工业部标准，获一机部科技进步奖三等奖。

1982年，桓台农机修造厂与山东省机械设计研究院合作开发蠕墨铸铁钢锭模，承担了“蠕墨铸铁代替灰铸铁制造钢锭模的试验研究”项目，通过省级鉴定，寿命提高90%，并大批量生产。产量最高时，该厂年产蠕墨铸铁钢锭模3万吨，但由于钢铁行业连铸连轧新工艺新技术的推广应用，钢铁厂对钢锭模的需求锐减。

1984年4月，以蠕墨铸铁命名的蠕墨铸铁专业生产厂——桓台蠕墨铸铁厂（由原桓台农机修造厂改建而成，现山东智汇蠕墨新材料科技股份公司）成立。作为蠕墨铸铁专业生产厂，桓台蠕墨铸铁厂实施了碱性冲天炉熔炼技术，炉后电磁盘自动上料、计算机通过料位探测、过桥连续测温自动控制，炉前电子台秤计量铁水，自己熔炼稀土锌铝镁蠕化剂、盖包蠕化处理；呋喃树脂砂造型等技术工艺。

桓台蠕墨铸铁厂成功地将蠕墨铸铁应用到4.3米炼焦炉成套护炉设备（冶金行业），其寿命比合金耐热灰铸铁提高了1～2倍，并成为该厂的主导产品，年产量达到了10000吨。

1984—1985年，桓台蠕墨铸铁厂与山东省机械设计研究院合作承担完成了国家“六五”科技攻关项目“蠕墨铸铁稀土蠕化剂的研究和应用”及“蠕墨铸铁蠕化剂的筛选研究及其实践”。项目对当时我国八类28种不同成分的蠕化剂进行了筛选研究，分别筛选出供中频电炉和冲天炉熔制大、中、小蠕墨铸铁件用的各种蠕化剂，进一步稳定和拓宽了蠕化率范围，稳定了蠕墨铸铁件的质量。项目在1985年11月30日至12月2日在桓台宾馆通过了部级鉴定，达到国际先进水平，获机械工业部科技进步奖三等奖。

同时，桓台蠕墨铸铁厂及原烟台铸造中心等与山东省机械设计研究院合作完成了“稀土蠕墨铸铁在玻璃模具上的应用”及“用冲天炉高硫铁水稳定生产稀土蠕铁玻璃模具”项目，使用结果表明：与灰铁及合金耐热灰铁相比，蠕铁玻璃模具寿命提高2～5倍。

原潍坊齿轮箱厂与山东省机械设计研究院成功合作开发稀土硼蠕墨铸铁吸淤泵铸件。其寿命比ZG35铸钢吸淤泵铸件提高21.3%。

原山东章丘钢铁联合厂与山东省机械设计研究院合作用高炉铁水制取蠕墨铸铁钢锭模，与普通灰铸铁钢锭模相比寿命提高一倍。

1984—1986年桓台蠕墨铸铁厂参与《蠕墨铸铁技术条件》机械工业部部颁标准的起草编制，获1988年机械科学研究院科技成果奖二等奖。

1986—1988年桓台蠕墨铸铁厂与山东省机械设计研究院合作承担完成机械工业部“七五”技术开发项目“蠕墨铸铁稳定生产控制系统研究”项目，于1988年12月16～17日通过机械工业部鉴定，达到国际先进水平，获机械电子工业部科技进步二等奖。项目完成后，桓台蠕墨铸铁厂成功实施了“局部石灰石炉衬碱性冲天炉技术”，加盖铁水包蠕化处理技术，炉前铁水定量电子称量仪，氧电热炉前快速检测蠕化率检测技术，蠕墨铸铁蠕化率炉前调整技术，用补加铁水调整蠕化率技术，蠕墨铸铁热处理技术等。在此基础上，该厂将蠕墨铸铁成功地推广应用到冶金行业的焦炉护炉设备用铸件、钢锭模（国际先进水平）、烧结台车用铸件、汽车行业用刹车鼓、造纸行业用稀土蠕墨铸铁瓦楞纸轧辊等。

桓台蠕墨铸铁厂于1993年更名为山东省淄博蠕墨铸铁股份有限公司（现山东智汇蠕墨新材料科技股份公司），并由乡镇集体企业改制为股份制企业并在山东淄博股权交易系统进行股权桓台交易。

原济宁汶上精良机器厂（现山东精良海纬机械有限公司）与山东大学合作开发蠕墨铸铁生产技术，并将蠕墨铸铁应用到铁路机车用内燃机缸盖、活塞等。该厂最初是县属集体企业，随后改制为民营企业。早期生产蠕墨铸铁件是采用稀土硅铁合金做蠕化剂，冲入法加人工搅拌进行蠕化处理，覆模砂热芯盒制芯，呋喃树脂砂造型，中频电炉熔炼铁水，后来改为用稀土镁合金加钛冲入法进行蠕化处理（图1.49）。

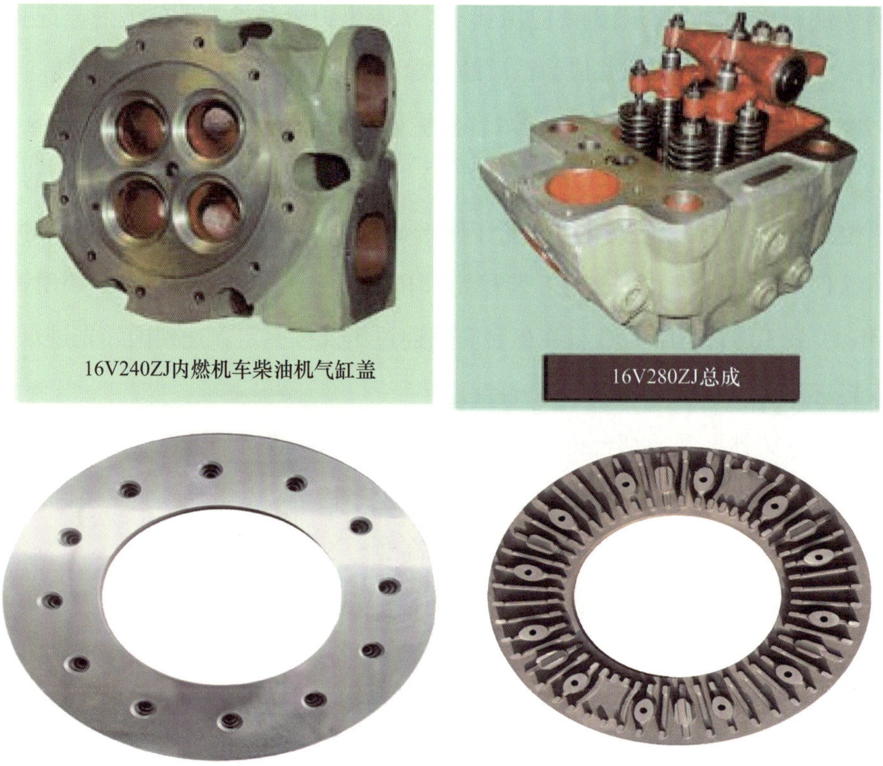

图 1.49　汶上精良机器厂部分产品

原山东新华翻砂厂，后改为山东新华机器厂，为国有军工企业。职工 1700 余人，隶属于山东省国防科工办。该企业从 20 世纪 80 年代初开始用蠕墨铸铁生产炮弹壳，采用稀土镁蠕化剂冲入法蠕化处理；黏土湿型砂 Z145 造型机组线造型，Q3110 抛丸清理滚筒清理，自动砂处理线，日产蠕墨铸铁件 10 吨以上，后军转民，于 2007 年破产。

1.5.5　铸钢

该时期铸钢熔炼设备以电弧炉为主。全省铸钢行业应用电弧炉生产企业 93 家。其中电弧炉型号按吨位为 0.25、0.5、1、1.5、3、5（表 1.9），全省年均生产铸钢件 18 万吨。

表 1.9　全省铸钢行业应用电弧炉生产企业

单位	吨位	服务行业
一、济南		
1. 济南重汽铸钢厂	1.5、3	汽车
2. 济南机车工厂	1.5	机车
3. 济南客车厂	3	汽车、造纸、矿山
4. 济南重型机械厂	3	水泥、矿山
5. 济南铁路局工程机械厂	1.5	铁路
6. 济钢机修厂	1.5、3	冶金

续表

单位	吨位	服务行业
7. 章丘钢铁联合厂	0.5、1.5	冶金
8. 济钢二分厂	1.5	冶金
9. 山东电力设备修造厂	1.5	电力
二、青岛市		
1. 四方机厂铸钢分厂	8	机车
2. 电站阀门厂	1.5、5	高压阀门
3. 汽轮机厂	3	发电汽轮机
4. 阀门厂	0.5、5	中、高阀门
5. 胶州铸钢厂	1.5	锻压、矿山
6. 第一农业机械厂	1.5	农机
7. 即墨铸钢厂		中、高阀门
三、淄博市		
1. 山东铝厂机修厂	5	冶金、矿山
2. 山东冶金机械厂	5	冶金、煤矿
3. 淄博铸钢厂（周村）	1.5、3	矿山
4. 山东建材机械厂	3	建筑机械
5. 博山生建机械厂	3	矿山
6. 淄博矿务局机电制造厂	1.5	大型机电
7. 淄博矿务局水泥厂（昆仑）	1.5	水泥
8. 金岭铁矿机械厂	1.5	矿山
9. 博山海眼铸钢厂	0.5	矿山机械
四、东营		
胜利油田机修厂	3	油田机械
五、烟台地区		
1. 烟台黄金机械厂	1.5	黄金机械
2. 文登合金铸造中心	0.5	农机、矿山
3. 文登高材平板弹簧厂	0.5	弹簧
4. 莱阳重型机械厂	1.5	冶金机械等
5. 黄县诸由汽车配件厂	1.5	汽车
6. 黄县水泥厂	0.5	水泥
7. 黄县纺织机械厂	1.5	纺织机械
8. 招远矿山铸造机械厂	1.5	金矿
9. 蓬莱县铸钢厂	0.5	金矿
10. 福山铜矿	1.5	矿山

续表

单位	吨位	服务行业
六、德州市		
1. 德州农业机械厂	0.5、3	汽车、农机
2. 齐河晏子精铸厂	3	电力
七、聊城市		
聊城拖拉机厂	1.5	农机
八、惠民地区		
惠民铸钢厂	0.5	农机
九、潍坊市		
1. 高密铸钢厂	3	农机、机床
2. 益都阀门厂	1.5	阀门
3. 昌乐铸钢厂	3	矿山、煤矿
4. 诸城城关玛钢厂	0.5	管件
十、泰安地区		
1. 肥城矿务局机电厂	1.5	煤矿
2. 石横特钢厂	3	冶金、阀门
3. 莱芜钢板机修厂	1.5	冶金
4. 莱芜矿山机械厂	1.5、3	冶金、矿山
5. 莱芜煤矿机械厂铸钢分厂	1.5、5	煤矿
6. 山东煤矿泰安机械厂	1.5	煤矿
7. 新汶煤矿机修玫	1.5	煤矿
8. 肥城 4507 厂	1.5	军工
十一、济宁地区		
1. 山东推土机铸钢厂	1.5	推土机
2. 兖州煤矿机械厂	1.5、5	煤矿
3. 枣庄矿务局机电厂	1.5	煤矿
4. 邹平矿务局机修厂	1.5、3	电力
5. 兖州合金钢厂	3	冶金
十二、临沂		
1. 临沂拖拉机修造厂	0.5	拖拉机
2. 临沂重型铸造厂	1.5	矿山

铸钢材质主要为碳钢、耐磨合金钢及高锰钢。部分企业开始应用酚醛树脂砂工艺。

精密铸钢主要集中在青岛、济南、东营、平度等地区。大都采用水玻璃粘结剂。

淄博铸钢厂（淄博大力矿山机械有限公司前身）主要为淄博牵引电机公司、山东矿山机械厂、山东建材机械厂等大中型冶金、矿山、机械、化工、建材、交通等企业配套生产牵引电机壳、破碎机架、半齿盘等各种规格品种的铸钢件合计 80000 多吨，并为国防工业生产“四六〇”“二〇二”“WP101”等铸件。自 1984 年开始向美国、日本、法国等国家批量出口高锰钢辙叉、耐磨锤头、船用件等产品。到 20 世纪 90 年代年产铸钢件达 6000 多吨，并开发试制成功了拥有完全自主知识产权的中铬铸铁耐磨铸件。

中铝恒成铸造车间主要铸件产品以耐磨铸钢、耐热铸钢及碳钢为主。有高锰钢、Cr5Mo 钢、钒钛高锰钢、Ni27N7 高级耐热钢、40Cr、ZG35SiMn 等 20 多种铸钢件。

公司 1979 年率先实现了用可控硅双电极自动调节器调节，并附以吹氧熔钢新工艺，使每吨钢电耗降到 640kW · h，1985 年降到 632 kW · h，在全国同行业名列第二。

1991 年，铸钢年产量达到 15000 吨，可生产单重 80 吨的铸钢件。1995 年，批量出口高锰钢 50 ～ 850 升 12 个品种的挖金斗系列铸钢件产品。其中，850 升挖金斗为全球最大的挖金斗（图 1.50、图 1.51）。

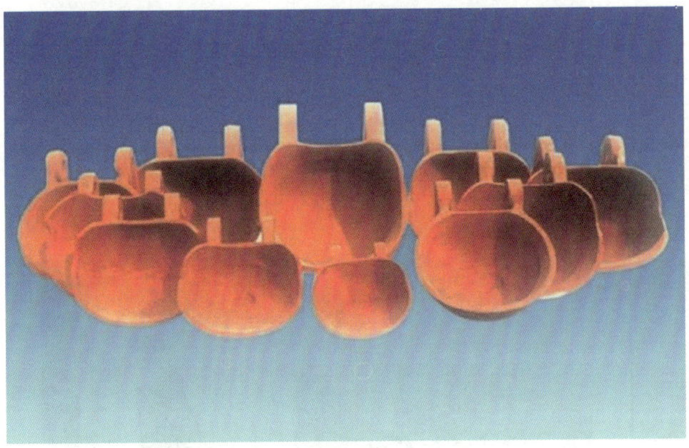

图 1.50　50 ～ 850 升挖金斗系列

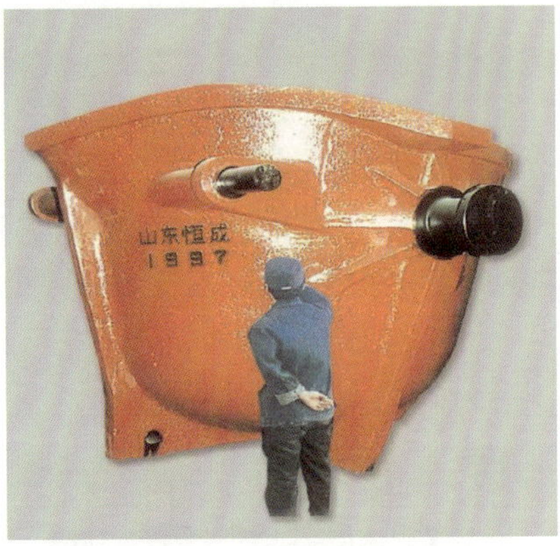

图 1.51　8.5m^3 铜水包

1998 年，成功研制出 200 ～ 850 升挖斗体木型，该技术居全国同行之首。1999 年成功制作出亚洲最大的 22 尺上辊筒木模，创国内机械行业之最。

20 世纪 80 年代，我国从日本引进小松 D85-18 液压推土机系列产品并由山推消化生产。山推铸造车间承担了为之配套的铸钢件研发生产任务。为满足产品需求，企业开发了吹氧炼钢技术、酯硬化水玻璃砂和树脂砂生产技术，创造了吨钢水电耗全国最低的业绩，荣获全国第三届节能金奖。

1993 年，济南铁路大厂告别修理蒸汽机车的历史，转产制造铁路货车。铸造车间也由以生产铸铁件为主转变为以生产铸钢件为主。年产铸钢件 6000 吨。铸钢件的生产工艺也由原来的单纯水玻璃砂新增加了酚醛树脂砂、熔模铸造、壳芯、金属型等新的铸造工艺。

中国重汽集团动力有限公司铸锻中心进一步完善了湿型铸钢工艺。1986 年，自行设计制造了一条开放式半自动生产线，由两对 Z148C、两对 Z148E 造型机组成，生产率为 60 箱 / 小时左右，并将型芯改为热芯盒、合脂油、水玻璃。1990 年，铸钢厂达到鼎盛时期，共有五个车间，职工 1100 余人，三台 3 吨电弧炉两班制生产，年产铸件近万吨。

青岛市自20世纪80年代起，实行了经济体制改革，特别是20世纪90年代建立和发展社会主义市场经济体制以后，全市的铸造企业在管理体制、经营体制转变过程中，几经关停并分化整合，行业结构发生了很大的变化。到1990年年底，青岛市生产各类铸件的企业共有35家。其中全民所有制企业3家，集团所有制企业32家（全部为乡镇企业）。全部职工5241人，总产值1.04亿元，利润总额133万元，固定资产原值6179万元。

在此期间，青岛市阀门业，特别是船用阀门和电站阀门得以长足发展。造船、汽车、重型机械和发电设备等机械行业的发展，对铸钢的需求较大。以青岛电站阀门厂为代表的铸钢件生产企业有了较大进步（图1.52～图1.54）。1999年，青岛电站阀门厂铸钢件产量2451吨。

图1.52　青岛电站阀门厂铸钢车间10吨电弧炉及铸钢件浇注现场

图1.53　青岛阀门厂铸造车间

图1.54　青岛内燃机厂铸造车间

平度市精密铸造起步于20世纪80年代中期，由当时的乡办、村办企业起步，曾与东方红第一拖拉机厂（洛拖）、青岛四方机车车辆厂等著名国企联姻，并与山东省机械工业学校校企联合，因陋就简，艰苦创业，一步步走到今天。

此间，平度市从事精密铸造规模以上的企业近100家，其综合产能近20万吨，其中三分之一的产品出口至海外。这些企业大多集中在平度西北方的明村、田庄、新河、店子工业园区内。

青岛三合山精密铸造有限公司于1985年建厂，1997年改制为私营企业。在此期间以水玻璃砂铸钢为主，主要为铁路、工程机械、汽车、桥梁工程和矿山机械等多行业配套生产铸钢件。1999年，铸钢产量接近10000吨。

莱芜煤机公司1981年建成投产铸钢车间。车间主跨建筑面积4187.47m²，采用水玻璃砂工艺。

拥有 3 吨、1.5 吨电弧炉各 1 台，水玻璃砂生产线 1 条，砂型烘干窑两座，退火窑一座，主要为煤矿机械配套生产铸钢件。

20 世纪 80 年代初，济南重汽精密铸造厂建成了加长的悬链式制壳流水线。20 世纪 80 年代末，临清精密铸造厂建成了速度可调的悬链式制壳流水线。

20 世纪 80 年代乡镇企业兴起，这些企业依靠研究所或国企的技术力量，兴建了一批有一定规模的精密铸造厂。如济南东郊苏家庄精铸厂生产钛合金熔模铸件，为航空工业配套。

东营市建立了多家规模较大的精铸厂。精度高一点的铸件采用硅溶胶粘结剂，普通铸件采用水玻璃粘结剂。

临沭精密铸造厂也兴建了一条悬链式可调速制壳流水线，生产合金钢铸件。

汶上农机厂在 20 世纪 90 年代也建成了悬链式制壳流水线。

济南齐河晏子精密铸造有限公司引进了国外先进的生产技术、设备，使用硅溶胶粘结剂，生产不锈钢铸件。表面粗糙度 *Ra* 可达 0.8 μm，铸件尺寸精度可达 CT4。

济南农业机械厂制壳面层硬化剂用氯化铵，加固层用结晶氯化铝，得到了强度较高的模壳。

平度恒海精铸厂等多家企业，均装备有贯通式燃煤焙烧炉，炉长 20 ～ 25m。

1.5.6 耐磨铸件

山东是生产陶瓷、玻璃、水泥、煤炭、铁矿粉、耐火材料、农业机械、内燃机的大省。因此，对耐磨铸件的需求量非常大，带动了山东省耐磨铸件生产行业的发展。

1984 年，山东滨州柴油机厂在国内率先研制开发出了“奥氏体耐磨内燃机活塞镶圈”，使铝活塞环槽寿命延长了 2 ～ 5 倍。到 1999 年年底，专业生产耐磨镶圈的企业发展到多家，形成了山东滨州耐磨镶圈生产集群。该集群国内市场占有率 100%，其产品大批量出口到欧美、日本等工业发达国家。主要生产企业有滨州特种合金制造厂、滨州市内燃机配件厂、滨州市亚泰动力配件有限公司、山东滨州活塞厂等。其中滨州市亚泰动力配件有限公司产量最大，年产耐磨镶圈 110 万只。该铸件材质为高镍奥氏体铸铁。采用中频电炉、离心铸造等工艺铸造。

1982 年，临沂铸钢厂与沈阳铸造研究所合作进行耐磨材料的研发和生产。最早生产 Cr15Mo3 系列白口铸铁的抛丸清理机配件、水泥厂球磨机磨球、隔仓板、衬板、板锤等铸件，随后又研发了高铬铸铁与合金钢双金属镶铸的破碎机锤头以及双液双金属复合材料耐磨铸件。1987 年，临沂特钢厂成立，主要生产磨球、衬板、双金属锤头，对高 Si/C 中铬球采用了等温淬火工艺。

中国铝业恒成机械厂、山东大力矿山机械有限公司以及淄博冶金机械厂以生产耐磨铸铁件为主，主要为冶金、矿山配套生产耐磨铸件，主要材质有高锰钢、高铬铸铁、中铬铸钢等。

1.5.7 可锻铸铁

在此期间可锻铸铁得到快速发展。据不完全统计，山东省生产可锻铸铁的企业发展到十多家，主要有：玫德集团、蓬莱玛钢厂、临沂铸钢厂、桓台县李王村玛钢厂、临沂农机具制修厂（山东合太恒科技股份有限公司前身）以及青岛的多家可锻铸铁企业。

到20世纪90年代，大部分可锻铸铁生产企业停产或转产。而玫德集团在国内异军突起，从1978年的350人，年产量不到2000吨，采用半手工自制顶箱脱箱造型机造型、手工浇注、3t/h冲天炉等工艺装备，发展到1999年年产可锻铸铁管件41000吨。此间玫德集团装备了10t/h热风冲天炉，20吨活动炉底退火炉，实现了微机网络信息化管理。产品主要为管件、管接头件，大量出口到欧美等国家和地区，被评为中国名牌产品。

临沂铸钢厂和蓬莱玛钢厂的可锻铸铁件年产量分别超过了5000吨。其中临沂铸钢厂主要生产电力金具。

1.5.8 有色金属铸件

山东有色金属铸件以铝合金为主，铜合金铸造大都分散于机械制造厂中。主要生产厂有山东滨州活塞厂（山东渤海活塞集团前身）、牟平活塞厂、中国轻骑集团压铸厂（济南慧成铸造有限公司前身）以及莱州新安达汽车零部件有限公司等企业。

滨州活塞厂借改革东风推行企业管理制度改革，进行装备引进创新、加强新产品开发、强化综合管理水平，企业发生了翻天覆地的变化。1985年，引进日本双工位铝活塞自动浇注机；1986年引进英国超音波探伤机、三坐标测量机、美国光谱仪等设备仪器。1987年成功开发了20/27整体式（镶环、内冷、喷涂石墨）和组合式活塞（钢顶、铝裙、环槽、淬火、喷涂石墨），获中国船舶公司科技奖励60万元。自行研发小冒口铸造新工艺，镶耐磨铸铁环座、镶防胀钢片活塞等新技术、新产品。1988—1990年完成了活塞CAD/CAPP系统的开发。山东滨州活塞厂立足于自主研发，实现了六项国内领先。①计算机领先，从1990年开始，先后建立了辅助设计（CAD/CAPP）、辅助制造（CAM）、辅助分析（CAE）和辅助管理（MRP Ⅱ）四套计算机工作系统，到1999年开始实现CIMS示范工程。②生产技术装备领先。加大了技术引进、消化、吸收和自主创新的力度。投资1.25亿元，先后从意大利FATA公司引进了世界一流的活塞全自动铸造机，在全国活塞行业第一家实现了铸造自动化；引进了德国马勒公司全自动生产线以及美国、瑞士等国外先进设备数百台（套）。活塞制造及综合检测能力居国内同行业领先地位。③新产品开发能力领先。新产品开发达到了当时国际先进的高技术、高难度活塞的自主开发能力。活塞的自主设计、分析、试验及评价技术体系填补了国内空白。仅1999年就开发出310个新产品。被国家经委批准为国家级企业技术中心。④综合管理水平领先。1992年开始推行质量管理体系，并分别于1995年和1998年通过质量管理体系认证和汽车零部件工业QS-9000认证。⑤企业文化领先。⑥以人为本理念领先。1999年，滨州活塞厂生产活塞928万只，比改革开放初期增长17.13倍；生产品种412个，增加13.29倍；完成工业总产值 38854 万元，增长 47 倍；实现销售收入 29162 万元，增长 38 倍；实现利税 4722 万元，增长 37 倍。一跃成为国内最大的内燃机活塞生产厂。

原中国轻骑摩托车集团压铸厂于 1987 年成功引进日本铃木技术为 K90 发动机生产配套活塞。1997 年更名为中国轻骑摩托车集团有限公司压铸厂，并开始为轻骑铃木 GS125 发动机生产配套活塞。1998 年开始为兰吉尔、东芝（大连）等公司配套生产活塞。

1.6 由铸造大省向铸造强省迈进时期（进入 21 世纪）

21 世纪是山东省机械行业进入飞速发展的时期，也是山东省由铸造大省向铸造强省迈进的时期。这期间经历了国家第十、第十一、第十二等三个五年计划。山东省机械行业通过改革开放，加快经济转变方式，新建 20 多个国家级企业中心（国家工程研究中心）、120 多个省级企业中心。相当多的重点骨干企业装备达到了国际先进水平，60% 以上的大中型企业基本实现信息化。建设并壮大了汽车、核电、风电装备、现代化农业装备、机床、输变电、内燃机、工程机械、特种车、石油装备、轨道交通等 35 个产业基地；提升了高效低排放内燃机、大型数控锻压设备、大马力推土机、大马力拖拉机、联合收割机、大型发电机组、高压超高压电缆、特高压输变电设备、超高压循环流化锅炉、高速动车组十大民族品牌。

到 2011 年，7143 家规模以上机械企业主营业务收入 18226.56 亿元，实现利税 1870.1 亿元；五大重点行业持续保持全国优势地位。机械装备业的发展带动了山东省铸造行业的发展。山东省铸造行业在生产规模、铸件质量、工艺装备水平和运行质量等方面均得到了快速提升，基本形成了门类齐全、配套完善以及规模化、专业化和集群化发展的产业结构，成为全国重要的生产基地。据不完全统计，到 2011 年全省拥有规模以上的铸造企业 1400 余家，从业人员 13.5 万人。2011 年铸件产量达 442 余万吨，其中出口近 90 万吨。主要材质中灰口铸铁约占 46.5%，球墨铸铁约占 27%，可锻铸铁约占 3.5%，蠕墨铸铁约占 2.5%，铸钢约占 12.5%，有色金属约占 8%。铸件主要配套于汽车、内燃机、工程机械、机床、船舶、通用机械、农业机械、摩托车、电力、冶金、化工、市政及其他装备行业，部分铸件远销欧美、日韩及东南亚等国家和地区（表 1.10）。

表 1.10　2000—2011 年山东省各类铸件产量统计表　（万吨）

年份（年）	灰口铸铁件	球墨铸铁件	可锻铸铁件	球墨铸管件	蠕墨铸铁件	普通铸钢件	精密铸钢件	有色合金件	压铸件	合计
2000	103	32	8	19		12	4.7	6.8	3.8	189.3
2001	104	34	7.8	19		12.5	5	7	4	193.3
2002	105.5	36	8	20		11	4	7.3	4.2	196
2003	106	36	8	20		11	4	7.5	4.5	197
2004	121.2	51.6	6.5			18.6	9.3	10.1		217.3
2005	137.1	60.7	7.1			21.9	10.7	12.8		250.3

续表

年份（年）	灰口铸铁件	球墨铸铁件	可锻铸铁件	球墨铸管件	蠕墨铸铁件	普通铸钢件	精密铸钢件	有色合金件	压铸件	合计
2006	157.3	76.1	8.9			26.3	12.1	17.4		298.1
2007	180	93	11			25.9	15.1	21.7		346.7
2008	181.8	94.8	13.5		9.2	46.1		24		369.4
2009	192.4	103	13.8		9.9	49.5		27.7		396.3
2010	203.8	113.7	15		10.7	53.6		32.3		429.1
2011 年	205.6	119.4	15.5		11.1	55.3		35.3		442.2

山东省铸铁重点企业名录见表 1.11。

表 1.11　山东省铸铁重点企业名录

序号	企业名称	主导产品及特色	产品情况		2011 年产量（万吨）	
			铸件材质	生产工艺	总产量	其中出口
1	潍柴动力（潍坊）铸锻有限公司	柴油机配件、缸体、缸盖	灰铁、球铁	湿型造型线、树脂砂	27.9	
2	中国重汽集团铸造中心	重型车配件	灰铁、球铁	湿型造型线	8.7	
3	山东浩信机械有限公司	制动毂、轮毂	灰铁、球铁	湿型造型线	23	4
4	诸城华欣铸造有限公司	制动毂、轮毂	灰铁、球铁	湿型造型线	8.6	
5	龙口旭鑫机械有限公司	制动毂、轮毂	灰铁、球铁	造型线	5.9	0.4
6	蓬莱三和铸造有限公司	重型车配件	灰铁、球铁	湿型造型线	1	0.03
7	山东湖西王集团铸业有限公司	重型车配件、出口铸件	灰铁、球铁	湿型造型线	3.5	0.3
8	青岛青特铸造有限公司	重型车配件、出口铸件	灰铁、球铁	湿型造型线	3.2	0.4
9	天润曲轴股份有限公司	曲轴	球铁	湿型造型线	3	0.3
10	滨州海德曲轴有限公司	曲轴、缸盖、涡轮、支撑盘	球铁	铁模覆砂、消失模	1.5	0.1
11	山东隆基集团有限公司	刹车盘	灰铁	湿型造型线	25	15
12	龙口海盟机械有限公司	刹车盘	灰铁	湿型造型线	12	10
13	莱州华汽机械有限公司	刹车盘	灰铁	湿型造型线	5	4.5
14	莱州三力机械有限公司	刹车盘	灰铁	湿型造型线	6.2	5.6
15	烟台胜地机械有限公司	刹车盘	灰铁	湿型造型线	20	20
16	山东鲁达轿车配件股份有限公司	刹车盘、制动毂	灰铁	湿型造型线	5	
17	山东凯马铸造有限公司	柴油机配件	灰铁、球铁	湿型造型线	2.2	
18	济柴聊城机械有限公司	柴油机配件	灰铁、球铁	黏土湿型、呋喃树脂砂、消失模	1.9	0.3

续表

序号	企业名称	主导产品及特色	产品情况		2011年产量(万吨)	
			铸件材质	生产工艺	总产量	其中出口
19	淄博柴油机铸造公司	柴油机配件	灰铁、球铁、蠕铁	呋喃树脂砂	1.2	
20	泰安市金港机械制造有限公司	柴油机、鼓风机配件	灰铁、球铁	湿型砂、呋喃树脂砂	5.6	
21	山东汇金股份有限公司	汽车铸件	灰铁、球铁	湿型造型线	3.6	1
22	山东联诚集团公司	汽车铸件	灰铁、球铁	湿型造型线	5	3.5
23	山东常林铸造有限公司	汽车铸件	灰铁、球铁	湿型造型线	8	
24	山东鲁龙集团	汽车水泵	灰铁、球铁	湿型砂、树脂砂	1	0.6
25	山东时风集团铸造厂	农用车配件、运输件	灰铁、球铁	湿型	1.6	整车出口
26	济南玫德铸造有限公司	管件、阀门、电力金具	可锻铸铁	湿型造型线	19	14.3
27	山东省淄博蠕墨铸铁股份有限公司	冶金焦化铸件	蠕墨铸铁	消失模、呋喃树脂砂	5.6	0.07
28	济南二机床集团铸造厂	大型机床铸件	灰铁、球铁	呋喃树脂砂	3.9	0.05
29	烟台冰轮铸造有限公司	机床铸件	灰铁、球铁	呋喃树脂砂	2.5	1.1
30	德州卓尔铸造有限公司	机床铸件	灰铁、球铁	呋喃树脂砂	2.6	0.1
31	山东大王金泰铸造公司	大型机床铸件	灰铁、球铁	呋喃树脂砂	6.7	0.5
32	青岛四方机车车辆铸造公司	机车铸件	灰铁、球铁	呋喃树脂砂	1	0.3
33	威马（山东）铸铁锅炉	锅炉铸件	灰铁、球铁	呋喃树脂砂	0.5	0.04
34	山东丰晃铸造有限公司	泵类铸件、砂箱	灰铁、球铁	呋喃树脂砂	0.5	0.1
35	五莲光大机械有限公司	汽车铸件	灰铁、球铁	黏土湿型、消失模、树脂砂	1.5	0.08
36	山东蒙凌机械有限公司	工程机械	灰铁	黏土湿型、消失模、树脂砂	4	
37	山东球墨铸铁管公司	铸铁管	灰铁、球铁	离心铸造	17.6	5.7
38	山东莱州新忠耀机械制造有限公司	机车与出口件	球铁	湿型黏土砂、树脂砂	0.5	0.3
39	青州惠泽新材料科技有限公司	机床铸件、纺织机铸件	灰铁	黏土湿型、消失模	2.9	
40	肥城市云宇铸造有限公司	工程机械、农机重型机械、通用机械	灰铁、球铁	树脂砂、造型线	7.3	
41	济南格蓝压缩机有限公司	压缩机配件、曲轴箱、缸盖	灰铁、球铁	黏土湿型、树脂砂	0.8	

山东省铸钢重点企业名录见表1.12。

表1.12 山东省铸钢重点企业名录

序号	企业名称	主导产品及特色	产品情况		2011年产量（万吨）	
			铸件材质	生产工艺	总产量	其中出口
1	中国重汽集团铸造中心	汽车配件	普碳钢、合金钢	水玻璃、酚醛树脂砂	0.3	
2	济南钢铁集团机械制造公司	冶金件	普碳钢	水玻璃砂	0.5	
3	中国北车集团济南机车车辆厂铸造厂	铁路货车铸件、压力机铸件	合金钢	水玻璃、树脂砂、精密铸造	0.5	
4	青岛三合山精密铸造有限公司	铁路、工程配件	普碳钢、合金钢	水玻璃、精密铸造	1.3	0.5
5	青岛机车车辆厂铸造厂	机车铸件	低合金钢	水玻璃砂	0.6	
6	青岛电站阀门铸造公司	阀门、冲压铸件	普碳钢、合金钢	水玻璃砂	0.5	
7	中铝山东分公司恒成机械制造厂	大型铸钢件	普碳钢、合金钢	水玻璃砂	1.1	0.2
8	诸城龙祥钢业有限公司	大型铸钢件	普碳钢、合金钢	水玻璃砂	2.8	
9	山东金阳机械制造有限公司	阳极钢爪	普碳钢	消失模	4.4	
10	山推铸钢公司	工程机械件	普碳钢	酚醛树脂砂	1.7	0.2
11	山东蒙凌工程机械有限公司	工程机械、重型汽车	低合金钢	树脂砂、V法	6.9	
12	蓬莱金创精铸阀业有限公司	阀门	合金钢、不锈钢	精密铸造	0.2	0.1
13	山东晏子精密铸造有限公司	阀门、汽车件	合金钢、不锈钢	精密铸造	0.08	0.06
14	山东永和精密金属有限公司	阀门、汽车件	不锈钢	精密铸造	0.4	0.3
15	东营嘉杨精密金属有限公司	泵、阀及汽车高铁铸件	不锈钢、碳钢、合金钢	硅溶胶精铸	0.4	0.3
16	东营一诚精密金属有限公司	汽车配件	不锈钢、合金钢	硅溶胶精铸	0.1	0.08
17	微山县兴玉机械制造有限公司	工程机械、运输车辆配件、机床矿山机械	碳钢	树脂砂、水玻璃砂	1.2	

山东省有色金属铸造企业名录见表1.13。

表1.13 山东省有色金属铸造企业名录

序号	企业名称	主导产品及特色	产品情况		2011年产量（万吨）	
			铸件材质	生产工艺	总产量	其中出口
1	山东滨州渤海活塞股份有限公司	内燃机活塞	铝合金	低压铸造、金属型重力铸造	1	0.1
2	济南慧成铸造有限公司	汽车件、摩托车件	铝合金	压铸、重力铸造	0.4	0.2

续表

序号	企业名称	主导产品及特色	产品情况		2011 年产量(万吨)	
			铸件材质	生产工艺	总产量	其中出口
3	山东康达喷油泵有限公司铸造厂	内燃机铸件	铝合金	压铸	0.5	0.1
4	万丰奥威威海汽轮有限公司	轮毂	铝合金	低压铸造		
5	烟台路通精密铸造公司	发动机部件	铝合金	压铸、低压重力铸造	0.6	
6	曲阜金皇活塞有限公司	活塞	铝合金	低压铸造金属型	0.6	0.1
7	章丘铜铝铸造厂	柴油机铸件	铝合金	砂铸	0.3	0.1
8	费县银光镁业有限公司	型材、阳极铸件	镁合金、铝合金	压铸	镁 0.3 铝 0.1	镁 0.15
9	山东新安凯动力科技有限公司	汽车件	铝合金	压铸	0.4	0.2

1.6.1 山东省铸造产业建设布局与产业集聚区

经过三个五年计划期间的建设、发展，山东省陆续形成了一批具有产品特色的产业集群、铸造工业园及铸造之乡。像龙口和莱州地区的刹车盘；东营地区、平度地区的精密铸造；“中国铸造之乡”——章丘市；“山东铸造基地”——昌邑市围子镇；山东滨州的奥氏体耐磨镶圈；“中国铸造第一村”——刘家团村；临沂的耐磨铸铁等。企业布局更为集中，建设布局更为合理。

1.6.1.1 龙口和莱州地区的刹车盘、制动毂产业集群

莱州外贸 1989 年开始引进国外的载重汽车刹车盘、制动毂、产品图、技术资料。首先在山东汽车三泵总厂和烟台莱州地区开始生产刹车盘、制动毂，并逐步发展成为国内最大的产业集群（图 1.55、图 1.56）。

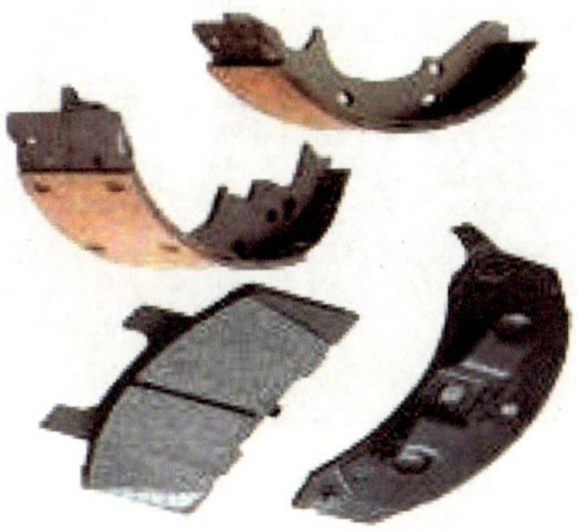

图 1.55 刹车片产品

图 1.56 载重车制动毂加工车间

龙口、莱州地区刹车盘、制动毂生产企业有数十家之多。比较知名的有 15 家。根据产品产量和铸件吨位，这些企业分别是：

2006年、2008年率先在全国同行业内连续引进国外日本光洋线、日本新东线等先进的造型生产线（图1.57、图1.58）。

图1.57 日本光洋线

图1.58 新东造型线

2010年3月5日，山东隆基机械股份有限公司在深圳证交所挂牌。2014年、2015年分别与丹麦步德威、德国SHW公司合资成立“山东隆基步德威制动钳有限公司”和“爱塞威隆基制动有限公司”。公司对所有冲天炉进行除尘环保改造，全部达标排放后配置中频电炉，实现了冲天炉与中频电炉的双联熔炼模式。公司开发研制的双金属制动毂获国家级新产品奖；2003年公司成立了省级汽车制动器件工程技术研发中心；获得省、市各种奖励十几项。公司在全国同行业内率先通过了ISO 9000、QS9000、VDA6.1和ISO/TS16949质量体系认证，2011年又通过了ISO 14000和OHSAS18000认证。公司是“中国汽车零部件百强企业”“中国制动盘产业十大著名品牌企业”“中国铸造综合百强企业”。装备了日本光洋、新东及国产静压自动造型线十多条。配备了图像分析仪、在线检测、炉前智能分析以及三坐标等仪器设备。2015年生产各类汽车制动盘、制动毂，产品远销至美国、欧洲等十几个国家和地区。

隆基集团有限公司（图1.59、图1.60）于2001年兴建中美合资企业——龙口隆基精确制动有限公司及龙口隆基制动毂有限公司，开始生产汽车用刹车片、制动毂、刹车蹄等系列产品。

图1.59 自动浇注机

图1.60 隆基机械上市

除隆基集团地处龙口地区，该产业集群的其他企业大都分布在莱州市，数量多达近70家。它们当中以造型线为生产方式、年产铸件超过5万吨的企业有莱州三力汽车配件有限公司和莱州鲁达轿车配件有限公司；超过3万吨的有莱州华汽机械有限公司、莱州华鲁汽车配件有限公司；超过2万吨的有莱州鲁源汽车配件有限公司、莱州汇远机械有限公司、莱州通用机械有限公司、莱州诚远机械有限公司、莱州双力机械有限公司、莱州众安汽车零部件有限公司、莱州伟辰汽车配件有限公司；超过1万吨的有莱州东茗汽车配件有限公司、莱州锦章机械有限公司、莱州文禾机械有限公司。

60多家小型工厂，年产铸件吨位多集中在2000～3000吨，是莱州刹车盘产业集群的重要组成部分。莱州千力机械有限公司是其中有代表性的企业，采用手工造型，年产量8000吨，拥有光谱分析仪、炉前分析仪、碳硫分析仪、拉力试验机、硬度计等检测设备。

这些企业的驻地，主要集中分布在朱桥镇、土山镇、金城镇、平里店镇和莱州市经济技术开发区。其中，三力、华汽、鲁达、华鲁四个公司被商务部确定为中国汽车零部件出口基地，是莱州刹车盘产业集群中的骨干企业。

莱州三力汽车配件有限公司：民营企业，拥有6条造型线，并有在建日本新东造型线3条，年产刹车盘600万件。2006年被商务部和国家发展和改革委确定为国家汽车零部件出口基地，是目前莱州地区刹车盘生产规模最大、技术研发能力最强、试验设备最齐全的企业（图1.61）。

图1.61　莱州三力汽车配件有限公司厂区

莱州华汽机械有限公司：中国汽车工业进出口有限公司控股企业，拥有5条造型线。2006年被商务部和国家发展和改革委确定为国家汽车零部件出口基地。“BR3-5北美西欧轻型汽车刹车盘系列产品”分别荣获1990年山东省机械工业科技进步奖二等奖；1997年，“防抱系列刹车盘的研发”获山东省机械工业科技进步奖一等奖。2011 年，获得实用新型专利和发明专利各一项。

莱州鲁达轿车配件有限公司：民营企业，拥有 5 条造型线，并有在建日本新东造型线 6 条。2006 年被商务部和国家发展和改革委确定为国家汽车零部件出口基地。2014 年被烟台胜地汽车零部件制造有限公司等股东联合收购，企业进入更快的发展阶段。

莱州刹车盘畅销国际市场，在应对国际贸易摩擦方面，骨干企业表现出了敢为人先和率先垂范的作用。1996 年 4 月，美国商务部确定对原产于中国的刹车盘进行反倾销调查，并于 1997 年 2 月做出终裁，认定中国出口到美国的刹车盘存在倾销，将征收高额反倾销税。莱州华汽机械有限公司适时转变观念，在对 WTO 反倾销规则认真学习和研究后决定大胆应诉。公司按照反倾销应诉规则的要求，聘请专业律师，以大量翔实的数据材料，赢得了撤销美国商务部高额征收反倾销税的最终裁定。莱州华汽机械有限公司对美出口刹车盘产品获得“零反倾销税”。 此后，莱州鲁达轿车配件有限公司、莱州三力汽车配件有限公司、莱州鲁源汽车配件有限公司、山东环日集团总公司等莱州众多家刹车盘对美出口企业纷纷应诉，并且纷纷胜诉。2008 年 5 月，美国国际贸易委员会做出复审的最终裁定：所有中国汽车刹车盘、鼓出口商于 2007 年 4 月 17 日以后进入美国海关的调查产品将不再征收反倾销税。

经过 27 年的发展，莱州刹车盘的产量已占全国的 40%，出口量占北美市场的 70%。国内市场也取得了长足发展，除了满足国内维修市场外，鲁达、三力、华汽、众安、双力等公司已成为长城、奇瑞、一汽大众、上海通用、济南重汽等国内汽车制造企业的长期供应商。2000 年以后，莱州刹车盘生产企业发展进入了快车道。

2001 年，莱州华汽机械有限公司引进了一条日本光洋公司生产的 SM50V-F 无箱射压垂直造型线，砂型尺寸 500mm × 400mm，每小时 360 型，配有底注式浇注机，配套的 30 吨砂处理线由江阴铸冶环保机械有限公司（爱立许机械江阴有限公司的前身）生产，该线 2002 年正式投产，是当时中国第一条用于生产出口刹车盘的自动化造型线，也是日本光洋公司销往中国的第一条 SM50V 系列的垂直造型线；

2002 年，莱州鲁源汽车配件有限公司购置了一条由济南铸锻研究所生产的机械化造型线和砂处理线；

2003 年，莱州鲁达轿车配件有限公司引进两条由青岛五洋铸机有限公司生产的机械化造型线和砂处理线；

2004 年，莱州三力汽车配件有限公司引进两条济南捷迈铸造机械公司生产的机械造型线及配套砂处理线；

2005 年，莱州华汽机械有限公司引进了两条日本光洋公司生产的 SMS7060R 水平分型无箱造型线，配套的 80 吨砂处理线由爱立许（德昌）机械有限公司生产；

2006 年，莱州三力汽车配件有限公司购进保定维尔生产的，用于生产重型卡车刹车轮毂的机械化造型线和配套的砂处理线；

2007年，莱州三力汽车配件有限公司引进两条日本新东公司生产的FCMX-Ⅲ型水平分型脱箱造型线，配有自动浇注机，配套的100吨砂处理线由江阴市第二铸造机械有限公司生产；

2007年，莱州汇远机械有限公司购进一条无锡华佩生产的XZ42-7060水平分型脱箱造型线，配套的30吨砂处理线由青岛五洋铸机有限公司生产；

2007年，莱州通用机械有限公司上了一条机械化造型线；

2008年，莱州鲁达轿车配件有限公司购进了两条苏铸生产的静压线，配有自动浇注机，配套的砂处理线由常州通力机电设备制造有限公司生产；

2008年，莱州华汽机械有限公司引进了第二条日本光洋公司生产的SM50V-F无箱射压垂直造型线，配套的80吨砂处理线由爱立许（德昌）机械有限公司生产；

2009年，莱州华鲁汽车配件有限公司购进两条青岛天旭机械有限公司生产的机械化造型线和砂处理线；

2010年，莱州钰寰机械有限公司购进一条无锡华佩生产的XZ42-7060水平分型脱箱造型线，配套的30吨砂处理线由青岛天通机械有限公司生产；

2010年，莱州鑫盛机械有限公司购进一条无锡华佩生产的XZ42-7060水平分型脱箱造型线，配套的30吨砂处理线由青岛天通机械有限公司生产；

2010年，莱州诚远机械有限公司购进青岛天工机械有限公司生产的专门生产重卡刹车盘的机械化造型线和砂处理线；

2011年，莱州双力机械有限公司购进两条青岛天旭机械有限公司生产的机械化造型线和砂处理线；

2011年，莱州伟辰汽车配件有限公司购进一条河北科恩生产的XZZ417BTLP垂直分型无箱射压造型线，配套的砂处理线由青岛胶东机械制造有限公司生产；

2012年，莱州华汽机械有限公司上了一条机械化造型线，配套了爱立许（德昌）机械有限公司生产的30吨砂处理线；

2013年，莱州三力汽车配件有限公司引进三条日本新东公司生产的FCMX-Ⅲ型水平分型脱箱造型线，配有自动浇注机，配套的160吨砂处理线由江阴市第二铸造机械有限公司生产；

2013年，莱州众安汽车零部件有限公司购进一条无锡华佩生产的XZ42-7060水平分型脱箱造型线，配套的30吨砂处理线由青岛天通机械有限公司生产；

2013年，莱州东茗汽车配件有限公司购置了一条无锡华佩生产的XZ42-6556水平分型脱箱造型线，配套的30吨砂处理线由青岛五洋铸机有限公司生产；

2014年，莱州汇远机械有限公司购置一条青岛天旭机械有限公司生产的机械化造型线和砂处理线；

2014年，莱州锦章机械有限公司购进一条青岛诺信机械有限公司生产的机械化造型线和砂处理线；

2014年，莱州恒邦机械有限公司上了一条三乙胺树脂砂生产线，带干法机械再生系统和除尘系统：

2015年，莱州鲁达轿车配件有限公司引进三条日本新东公司生产的FCMX-Ⅲ型水平分型脱箱造型线，配有自动浇注机，配套的160吨砂处理线由江阴市第二铸造机械有限公司生产；

2015年，莱州双力机械有限公司购进一条青岛天旭机械有限公司生产的机械化造型线和砂处理线；

2015年，莱州伟辰汽车配件有限公司购进一条河北科恩生产的垂直分型无箱射压造型线；

2015年，莱州卓达机械有限公司自制了一条树脂砂生产线，带热法再生系统和除尘系统，每小时可生产6吨刹车盘铸件。

目前莱州地区刹车盘生产企业共有造型线43条，其中垂直线4条，水平线39条；自动线22条，机械化线21条；黏土砂线40条，树脂砂线3条。同时配备了先进的制芯设备和清理设备。刚开始使用这些生产线的时候，由于缺乏设备管理经验和员工操作与维修设备的水平不高，有些企业走了一些弯路。通过建立起有效的设备管理体系，并且对员工进行操作先进设备业务能力的培训，大部分工厂的技术改造最终达到了生产效率高、铸件尺寸精度好、机械加工余量小、铸件废品率低、工人劳动强度下降的目标，提高了莱州地区刹车盘的市场的竞争力。截至2015年12月，莱州地区还有鲁达、三力、众安、伟辰四个公司在建的造型线11条，并且全部是日本新东线，建成投产后莱州地区有可能成为中国最大的刹车盘生产基地。

在造型线快速发展的同时，传统的手工造型并没有被取代，规模较大的工厂都仍保留少量手工造型，规模小的工厂几乎全部采用手工造型，手工造型的铸件产量约占莱州地区刹车盘总产量的1/3。近几年来，手工造型生产刹车盘最大的进步是简化了浇注系统，在盘径中心设置内浇道，省掉横浇道，直浇道尺寸也很小，工艺出品率达到90%超过自动线。

莱州鲁达、莱州众安、莱州通用、莱州双力等公司在造型线上使用隔板砂芯，由一模一件改为一模两件，不仅工艺出品率可达到88%，而且生产效率成倍增加。其中，莱州众安汽车零部件有限公司在无锡华佩XZ42-7060水平分型脱箱造型线上使用这种一模两件的双层生产工艺，铸件单班生产量可媲美于目前造型效率较高的日本新东造型线。

造型线的使用，也促进了浇注工序的进步。莱州华汽的自动化垂直造型线配备了底注式浇注机，莱州三力和莱州鲁达的自动化水平分型造型线配备了倾转式浇注机，其他公司的自动化造型线和机械化造型线都是使用环形双环轨浇注线进行手工浇注。浇注机和双环轨浇注线相对于手工造型使用的手工端包，大大减轻了工人的劳动强度，减少了安全事故的发生，消除了人工浇注的不稳定因素，提高了铸件的合格率。

高硅氧纤维过滤网在造型线上被广泛使用，铸件夹渣废品大大减少。

莱州华汽、莱州三力两家公司最早针对手工造型建立了比较简易的型砂试验室，从型砂的湿压强度、水分、紧实率、透气性四个方面监控手工造型型砂质量，试验室直接设在铸造车间内，为生产现场型砂配比的调整和型砂性能的控制提供数据支持，告别了单纯靠手捏、凭经验的控制方法。造型材料的质量也逐渐改善，比当地海砂含泥量低、SiO_2含量高、粒度分布合理的牟平海砂开始逐渐被一些工厂采用；各厂普遍按照国家标准检验膨润土的吸蓝量和膨胀倍数，一些工厂开始尝试使用强度和复用性较好的活化钠级膨润土；开始向供应商提出煤粉的发气量、挥发分含量和光亮碳含量的指标要求；有的工厂开始使用在面砂中添加 α 淀粉来解决一些平面较大的刹车盘的铸件夹砂缺陷问题。为提高型砂的均匀性，各厂普遍使用双辗轮式混砂机和辗轮转子混砂机混辗型砂。以上措施的实施，使莱州地区各厂的型砂质量普遍提高，基本满足了手工造型对型砂的要求，铸件因型砂控制不当造成的废品减少。

无箱和脱箱自动造型线的砂型紧实度高，被称为高密度造型，大多先用气体射砂充填造型室，对砂型进行预紧实，然后用液压压实，要求型砂具有良好的流动性和可紧实性。砂型紧实度高，透气能力降低，浇注时会产生“水爆破”，产生气孔缺陷的可能性增强，型砂膨胀类缺陷也会发生，因此自动造型线要求型砂具有高强度、低水分含量、低含泥量和适中的发气量。造型线对型砂的要求显然高于手工造型，造型线以及与其相配套的砂处理线的广泛使用直接推动了莱州各厂型砂质量的提高。

内蒙古大林、河北围场出产的粒度规格为40/70、50/100、70/140的水洗砂替代牟平砂作为原砂，以及为唯科、红火山、潍坊华潍等公司生产的强度高、复用性好、加入量低的优质钠级活化膨润土作为型砂粘结剂代替普通钙级膨润土被广泛使用；含泥量低、挥发分含量高、光亮碳析出能力强的高压造型专用煤粉代替了当地小厂生产的劣质煤粉。型砂质量稳定，铸件外观洁净，废品率低。而且加入复合材料能够有效地修复溃散的树脂芯砂对型砂韧性、紧实率和热湿拉强度的破坏，实现了在循环砂量充足、不添加新砂的情况下，完全依靠溃散芯砂就能保证整个砂处理系统的砂量稳定。

型砂配制水平的提高，有力地促进了莱州地区刹车盘生产企业造型线的发展。

莱州地区大部分刹车盘工厂都已经或正在进行热芯与冷芯的工艺替代。新上的工厂都直接采用了冷芯工艺。冷芯比热芯更易产生脉纹缺陷，大部分使用冷芯的工厂都在芯砂中加入了抗脉纹添加剂或氧化铁粉，比较好地解决了这个问题。

莱州地区刹车盘的铸造工艺装备制造水平，随着刹车盘产业的发展而与时俱进。在手工造型时期，莱州华汽、莱州鲁源、莱州三力等几个比较大的工厂，模样、芯盒、型板、砂箱等工装虽然能够自行设计和制造，但没有数控铣床和加工中心，只有普通的车床、钻床、铣床和磨床，芯盒只能采用分体制造、钳工手工装配的制造方法，尺寸精度和形位公差难以保证；型板与模样、型板与砂箱之间的定位精度差，浇注出的铸件经常出现偏箱问题。自动化造型线和射芯机制芯都是采用气体射砂的加砂方式，为防止型（芯）砂随气流从分型面外溢，对型板和芯盒分型面的平面度、粗糙度要求很高；有的造型线使用单面模板，模具定位尺寸要求也很严格，普通的机床生产不出合格的热芯盒和造型线用的模板。1999 年，莱州三力、莱州华汽开始引进数控铣床、加工中心、线切割等比较高端的模具制造设备，大批量生产热芯盒、复杂的模样和造型线用型板。随后其余比较大的工厂也相继引进类似的设备，莱州当地也出现了多家使用加工中心为小型铸造厂专业生产刹车盘模具的工厂。目前，莱州地区刹车盘模具制造能力最强的是鲁达公司，已形成了每天完成 20 多个型号刹车盘工装的生产能力。

1.6.1.2　东营、平度地区的精密铸造产业集群

进入 21 世纪以后，山东省精密铸造行业取得了长足发展，形成了一批竞争力较强的企业。特别是形成了东营、平度地区两个精密铸造产业集群。这两个群的产能大约占山东省精密铸造产能的半壁江山，共有精密铸造企业 50 多家，最多时近 150 家，囊括了水玻璃砂与硅溶胶等精铸工艺。其中重点企业有东营嘉扬精密金属有限公司、东营一诚精密金属有限公司、青岛三合山精密铸造有限公司、昊天铸钢有限公司、旭泰精密铸造有限公司、三星精密有限公司、天铸成精铸有限公司等，总生产能力近 25 万吨，有 1/3 的产品出口到国外。东营的企业集中在东营区和广饶县，平度的企业集中在平度的明村、田庄、新河、店子工业园内。

这些企业的产品主要服务于轨道交通、工程机械、汽车、农业机械和建筑五金等机械行业，并有相当批量的产品出口到国外。铸件材质有普通碳素钢、低合金钢、高合金钢、不锈钢及各种铸铁件等。

其中的典型代表青岛三合山精密铸造有限公司形成了各类铸件 3 万吨的生产能力，产品涉及铁路、轨道交通、工程机械、汽车配件、桥梁工程和矿山机械等多个行业，是中国铁道部铸钢定点生产厂家、铁路客车轴箱定点生产厂。除通过三标认证外，先后通过了“阿尔斯通”“庞巴迪”“美国铁路协会 AAR”“法国铁路 SNCF”“德国铁路 DB”“中国铁道部 1617 型车钩钩缓配件”“中国铁道部客车车钩”“中国铁道部桥梁支座”“国际铁路工业标准 IRIS 体系”“中国铁路产品中心 CRCC”等的体系认证，为企业可持续发展奠定了良好的基础。

1.6.1.3　临沂耐磨铸件产业集群

临沂市耐磨铸件产业集群中的企业大都由镇办企业、村办企业组成。主要企业有：天阔铸造有限公司、临沂金泰特钢、临沂恒盛铸业、临沂旭龙钢铁、临沂炬新、临沂合展机械、临沂圣龙、临沂金耐等几家企业为代表的耐磨企业。特别是临沂天阔铸造有限公司，在国内率先开发试制成功精密铸造双金属复合材料，简化了双金属复合铸造工艺，降低了生产成本，优化了破碎机锤头、锤柄复合材料的化学成分，成功地研制出了能适用于破碎玄武岩和花岗岩等超硬物料的双金属锤头。到 2006 年，临沂天阔铸造有限公司连续产销双金属复合锤头 5000 吨以上，连续十多年创造年产销量全国第一，成为临沂市耐磨材料的领军企业。在其引导下，临沂形成了由 30 多家耐磨铸件生产企业组成的产业集群，成为国内最大的双金属锤头生产基地，产品远销至欧美。其中，临沂天阔铸造有限公司主导研发的电厂用细碎机锤头成功替代德国奥贝玛、美国宾夕法尼亚细碎机锤头，达到了国际先进水平。临沂天阔铸造有限公司参与了《耐磨损复合材料铸件》（GB/T 26552—2011）及《耐磨耐蚀钢铸件》（GB/T 31205—2014）两项国家标准的制定；参与制定了八项协会标准，年生产能力达 30000 吨。

1.6.1.4 活塞耐磨镶圈产业集群

2006 年 9 月，滨州耐磨镶圈产业集群在原有四家企业的基础上，成立了滨州市正道机械制造有限公司，截至 2015 年正道公司一跃成为国内生产奥氏体耐磨活塞镶圈最大的企业，员工由最初 30 多人增加到 200 多人，镶圈产量突破 1000 万只。产品被国内各大活塞主机厂采用，并大批量出口至国外。2008 年，滨州正道铝活塞耐磨镶圈研究所成立，有力地增强了企业的创新能力。公司先后获得发明专利 4 项以及实用新型专利十几项。正道公司镶圈产品被用于大众、通用、现代等车型（图 1.62）。

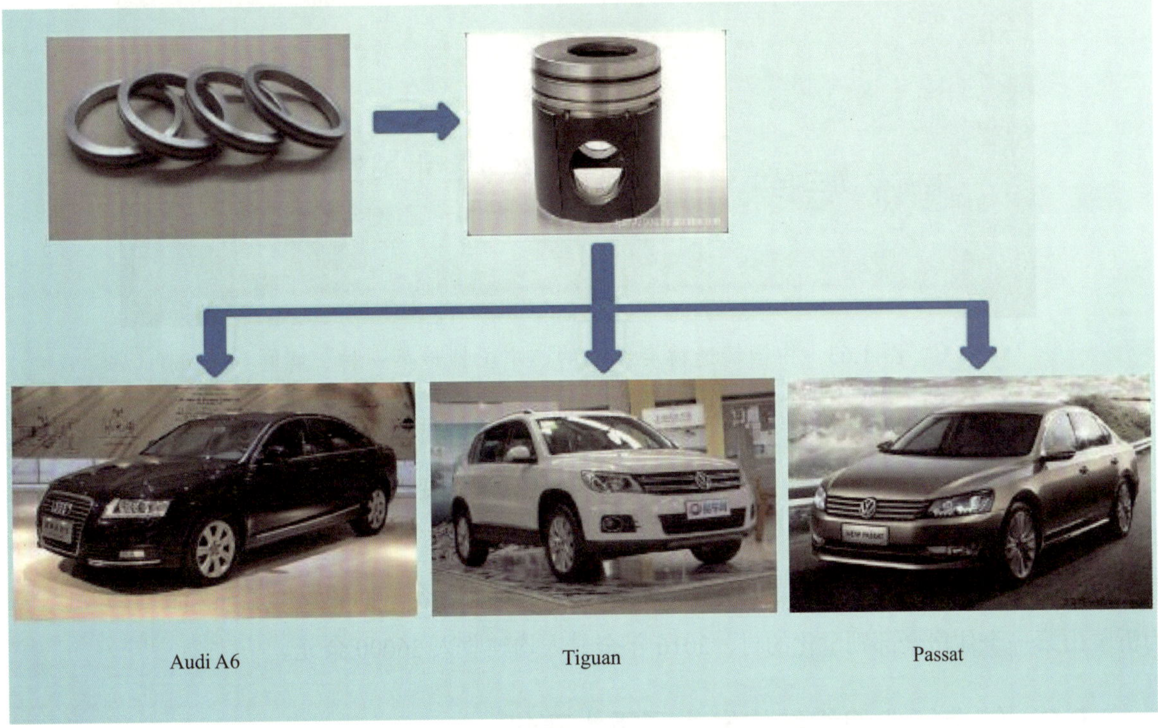

图 1.62 活塞耐磨镶圈配套大众的部分车型

1.6.1.5 中国铸造第一村——刘家团村

从 2002 年开始，刘家团村在以生产铸钢件为主的基础上，开始新建树脂砂生产线，生产灰口铸铁件，当年铸铁产量达到 30000 吨。2003 年投资 5000 万元组建“临沂蒙凌铸钢有限公司”，新建两条铸钢树脂砂生产线。2006 年，成功研发出铸钢新材质 ZG28SiMnRe，其力学性能超过了日本 JISG5102（1991）标准中 SCW550 牌号。2008 年，开始采用 V 法铸造新工艺，当年新建 V 法生产线 3 条。2009 年 9 月，中国铸造协会授予刘家团“中国铸造第一村”称号（图 1.63）。

进入 21 世纪至今，刘家团村铸造产业进入了高速发展期，成立了“山东蒙凌工程机械集团”。企业已成为集科研、铸造、热处理、机械加工、车辆制造、外贸于一体的大型企业。拥有职工 2700 人，形成了年产各类铸件 30 万吨的能力，年产值达 30 亿元。产品种类百余种，远销至德国等十几个国家和地区。

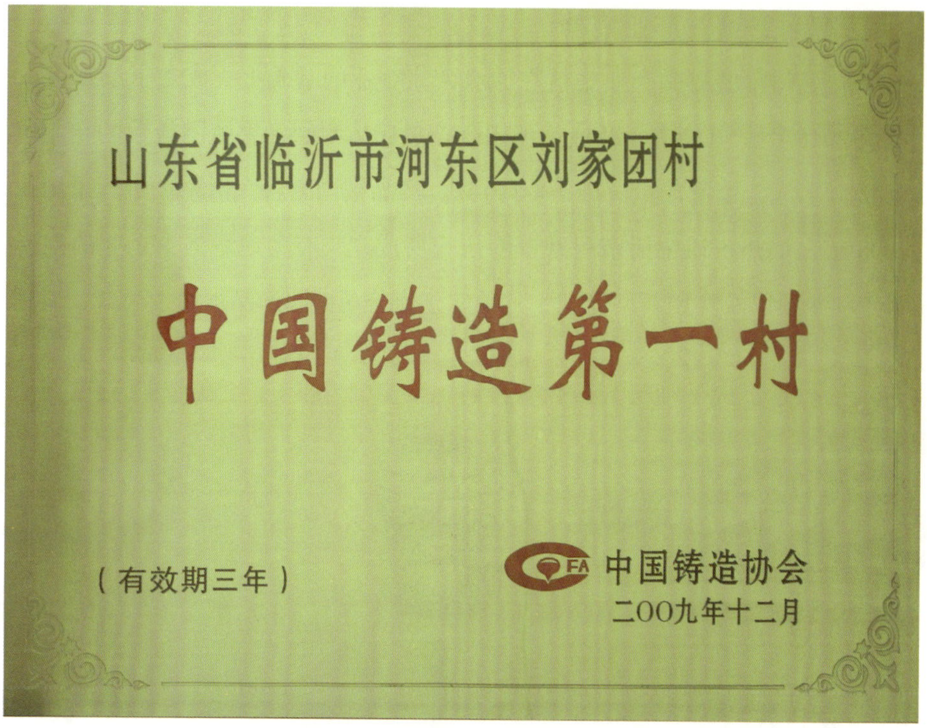

图 1.63　中国铸造协会颁发的“中国铸造第一村”牌匾

企业率先采用了 CAD 设计，CAM 模拟、CAE 质量分析以及 ERP 资源管理等系统，公司成立了“省级技术中心”，获 30 多项国家专利。主要产品有汽车变速箱、建筑用铸钢扣件、工程车配重、车辆后桥壳等铸件。

村办企业的发展，有效带动了刘家团村自身建设的发展，全村面貌发生了翻天覆地的变化，成为沂蒙山第一个住房全部别墅化的村，2016 年全村人均纯收入 36000 余元。

1.6.2　铸造行业组织结构发生了重大变化

进入 21 世纪以后，山东省铸造行业发生了巨大变化。在涌现出大批铸造企业的同时，资源向优势企业转移，产业集中度不断提高，在内燃机、农业机械、工程机械、机床、冶金、矿山机械等行业形成了一批实力较强、技术装备先进、具有核心竞争力的铸件生产企业及企业集团。

1.6.3　灰口铸铁件

进入 21 世纪后，全省灰口铸铁的工艺装备有了质的飞跃，生产技术水平、产品质量水平、劳动生产率得到了很大提升，缩小了与工业发达国家的差距。柴油机、机床等领域的铸件生产水平达到了国内乃至世界先进水平。

1.6.3.1　机床类铸件

（1）济南二机床集团铸造有限公司　2010 年，济南二机床集团铸造有限公司进行了从济南市里向平阴搬迁的技术改造，新增 20 吨、10 吨中频感应电炉及 40 吨中频感应保温炉，新建了自动控制大型铸件时效炉（16m × 5m），彻底进行了环保治理。机床铸件年生产能力增加到 3.6 万吨，达到了可生产单件质量 110 吨球铁铸件和 140 吨灰铁铸件的能力。

（2）烟台冰轮铸造有限公司 公司是山东省机床铸件生产和出口基地，也是机床铸件出口量较大的企业。2015 年开始大批量出口日本、德国。公司在国内首创“高碳当量、高弹性模量、高强度机床灰铸铁件生产工艺技术”，使机床灰铸铁件的铸造性能、机械性能与表面质量等得到较大提升和保障。采用冲天炉与中频电炉双联熔炼工艺。

2001 年，原“冰轮铸造厂”改制，改名为“烟台冰轮铸造有限公司”。2000 年、2001 年和 2004 年分别投入 3000 万元、730 万元 +400 万美元和 8000 万元进行技术改造，达到了年产铸件 35000 吨的能力。

2013 年公司整体搬迁至开发区工业园区。当年，公司正式启动 ERP 项目，借助国际信息化平台，重组业务流程，整合资源、为生产过程管控提供了有效支撑。

（3）山东大王金泰（铸造）有限公司 公司隶属于山东大王金泰集团。2004 年，树脂砂铸造项目竣工投产，开始为沈阳机床集团等生产机床铸件（图 1.64）。

CQ5240C 立柱，重9吨
CQ5240C Column,weight 9 tons

CK5280 横梁，重43吨
CK5280 Beams,weight 43 tons

图 1.64 大王金泰有限公司的主要产品

2007 年，公司扩建项目竣工投产，总投资 1.2 亿元，形成了年产机床铸件 5 万吨的生产能力。主要为齐齐哈尔第二机床集团、齐重数控装备股份有限公司、威海华东数控股份有限公司、沈阳机床集团等国内大型机床生产企业配套生产大、中型机床床身等铸件。先后与日本牧野株式会社、韩国现代、韩国 HAN KOOK、日本森精机、日本大隈株式会社、美国哈斯公司、美国米超力公司、捷克斯科达公司、韩国斗山公司等国外知名公司建立了长期合作关系，实现了高端铸件出口占到总产量的一半以上。

2008 年，为沈阳机床中捷钻镗床厂、上海机床厂、齐二机床厂等配套生产了世界最大摇臂钻床 FRD16050 系列的外柱、摇臂、主轴箱、体壳、电机座、变速箱体、底座等主要铸件；世界最大 MKA84250/15000-H 轧辊数控磨床床身（图 1.65）、头架体壳、尾架上体壳等主要铸件；世界最大的 TK6932 型起重型双立柱数控落地镗铣床床身（图 1.66）、滑座、主轴箱等主要铸件。

图 1.65　MKA84250/15000-H 轧辊数控磨床和 MK84250/H　床身，铸件 43 吨

图 1.66　TK6932 型超重型双立柱数控落地镗铣床和 TK6932 床身，铸件 39 吨

2010 年，为韩国精密株式会社生产重达 82320kg 的 FL25-00-011/021 底座铸件（图 1.67）。是当时山东省最大的树脂砂机床铸件。

图 1.67　FL25-00-011/021 底座

（4）烟台新潮铸造有限公司 公司为上市公司，全国乡镇企业二级企业。主要产品有：数控机床床身、立柱、工作台、主轴头、激光切割座、印刷机墙板、滚筒、木工机床床身、纺织机机座、鼓风机蜗壳、压缩机喉口端盖、齿轮箱体、扩散体、法兰端盖等铸件，八大类、1000多个品种规格（图1.68）。2011年铸件产量5180吨。

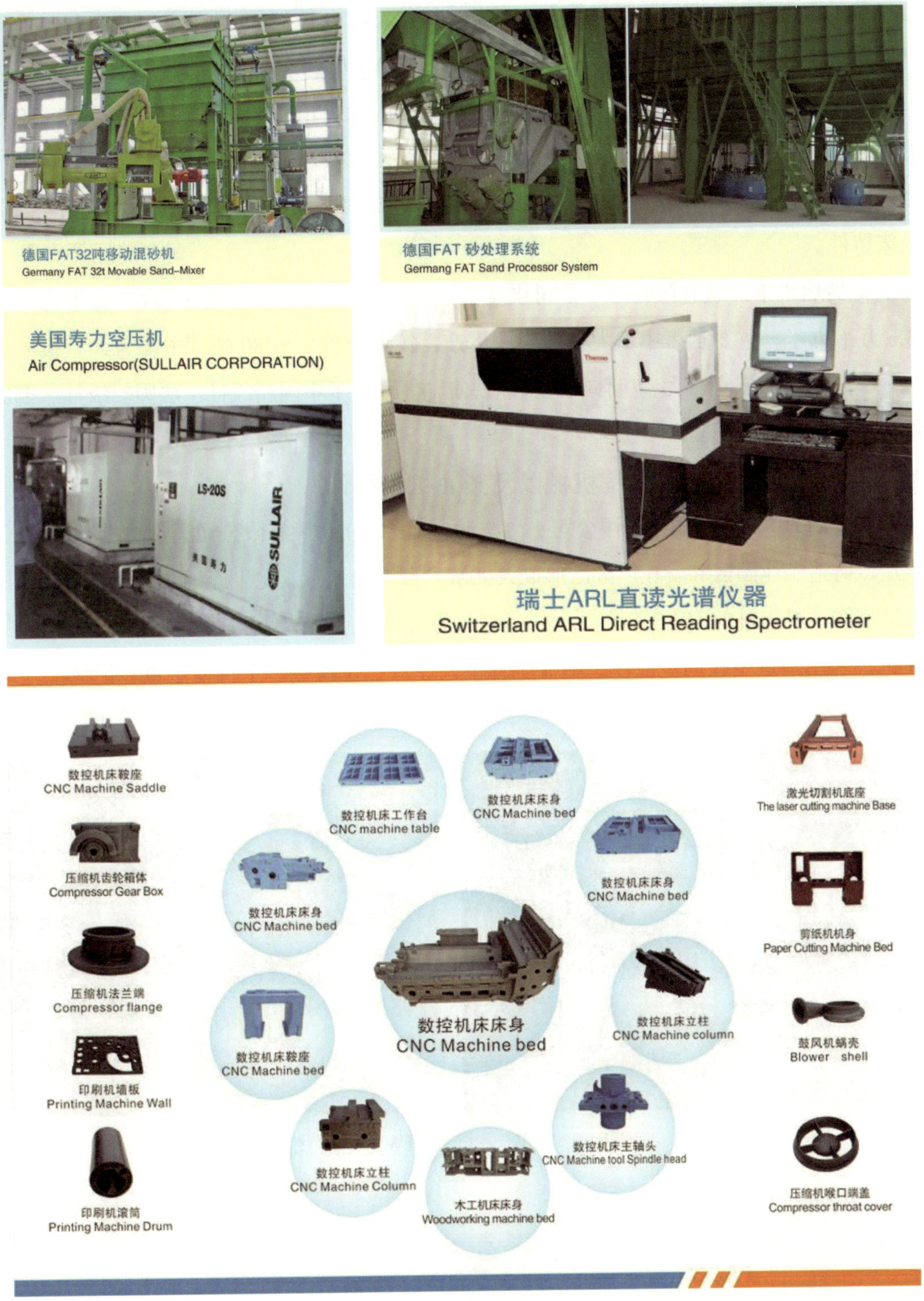

图1.68 烟台新潮公司的部分设备、仪器及产品

公司装备了德国 FAT 公司 32 吨移动混砂机两台和 20 吨树脂砂生产线，美国英达公司 10 吨、3 吨中频感应电炉，美国寿力空压机，瑞士 ARL446 直读光谱仪等铸造生产及检测设备。

企业重点开发高端铸件市场。产品销往日本、美国、德国、英国、以色列、新加坡、韩国等 20 多个国家和地区。与世界 500 强企业中的 6 家建立了合作关系，成为日本牧野、日本三菱、美国惠普、德国迈克威力、英国豪顿华等十多家世界知名公司的主要铸件供应商。

（5）德州卓尔铸造公司 公司为山东省鲁西北最大的机床铸件专业生产企业。2001 年 8 月改名为“六通铸造有限公司”，月产量达 800 吨，并开始出口铸件。2003 年 6 月开始筹建“德州卓尔铸造有限公司”，一期工程于 2004 年 8 月正式投产，设计能力为年产机床铸件 15000 吨，最大铸件质量 25 吨。同时在国内率先开发研制了机床用孕育铸铁并获得国家专利。成功为马扎克公司配套生产机床铸件。

（6）青岛旭锐丰铸造有限公司 公司成立于 1998 年。两个厂区占地面积 6.9 万平方米，建筑面积 3.6 万平方米。主要从事中、大型铸件的生产，铸件单重 1 ～ 80 吨，主要为大型机床、船用柴油机配套生产机床床身、大型机体及大型球铁曲轴。通过了中国船级社、法国船级社、挪威船级社质量体系认证。

1.6.3.2 汽车、农机、工程机械以及柴油机用铸件

（1）潍柴动力（潍坊）铸锻有限公司 潍柴动力（潍坊）铸锻有限公司通过总投资近 30 亿元的四期改造，铸造工业园区和安丘厂区已形成大批量、自动化和专业化生产模式。先后引进德国 KW 公司的造型线，最先进的 HWS 全自动静压造型线等缸体、缸盖造型生产线 8 条，与之配套的全自动浇注机，采用与造型线同步浇注、随流孕育工艺、双工位换包、全自动定量、记忆浇注等工艺（图 1.69）。

图 1.69 KW 公司的 HWS 造型线

潍柴各造型线主要参数见表 1.14。

表 1.14 潍柴各造型线主要参数

序号	名称	砂箱内腔尺寸长 × 宽 × 高（mm）	设计生产率（型 / 小时）	典型铸件
1	HWS11211	1500×1100×400/400	60	缸体类铸件
2	KW3501	1450×1100×400/400	70	
3	KW3526	1450×1100×400/400	70	
4	KW3536	1450×1100×400/400	70	
5	HWS11338	1500×1200×420/420	70	
6	HWS11296	1200×1000×320/320	100	缸盖类铸件
7	HWS11212	1200×900×300/300	100	
8	KW3500	1000×800×260/260	120	

全自动浇注机：与造型线配套的是德国 KW 公司的 PUMA 全自动浇注机和 HWS 公司的 P20-S 型全自动浇注机，采用与造型线同步浇注、随流孕育工艺、双工位换包、全自动定量、记忆浇注工艺（图 1.70）。

图 1.70 KW 公司和 HWS 公司的浇注机

机械手、机器人：采用 ABB 机器人或气动机械手将立体仓库输送来的砂芯按照要求转运至下芯机内。抓取质量 100 ～ 400kg（图 1.71）。

图 1.71 潍柴铸造机器人

砂芯组芯输送系统及立体库：砂芯组芯输送系统及立体库实现了砂芯组芯、转运、存储的自动化、系统化运作，具备先进先出、产品识别、自动调配等功能（图 1.72）。

图 1.72　砂芯储存及砂芯运输

引进了美国、德国 35t/h 热风水冷炉衬长炉龄冲天炉各一套，出铁温度 1500 ～ 1550℃，铁焦比 8∶1（图 1.73）。

图 1.73　冲天炉外貌及冲天炉熔化

熔炼工部工艺设备及生产能力见表 1.15。

表 1.15　熔炼工部工艺设备及生产能力

工艺设备	冲天炉	有芯保温电炉	无芯保温电炉	熔化电炉	熔化能力
铸造一期	35t/h×1	80 吨 ×2	25 吨 ×2		35t/h
铸造二期	35t/h×1	80 吨 ×2	20 吨 ×2		35t/h
铸造三期				12t/h×4	48t/h
安丘厂区				12t/h×1，10t/h×2	32t/h

采用双联熔炼，配备了 80t 中频感应保温电炉和德国 ABP 中频电炉（图 1.74）。

图 1.74　80 吨有芯保温电炉及 25 吨无芯保温电炉

建立铁水处理站，采用喂丝法进行球化、蠕化处理（图 1.75）。

图 1.75 熔化电炉及蠕化装置

装备了国外最先进的缸体、缸盖覆膜砂冷、热芯盒制芯中心及射芯机 100 台（套），并采用了机器人，实现了智能化（图 1.76、图 1.77）。

图 1.76 主体芯制芯中心

图 1.77 辅助芯制芯中心

潍柴制芯情况统计见表 1.16。

表 1.16 潍柴制芯情况统计

制芯中心	设备数量	生产效率	射砂能力	机器人数量
缸体主体芯制芯中心	6	55 套 / 小时	110 ~ 130L	15
缸体辅助芯制芯中心	4	55 模 / 小时	16 ~ 50L	15
缸盖冷芯制芯中心	1	45 套 / 小时	50L	2
热芯盒制芯机	72	25 模 / 小时	12 ~ 40L	
冷芯盒制芯机	35	40 套 / 小时	20 ~ 50L	

在砂处理与铸件清理方面配置了世界上先进的混砂机、双盘冷却器、机械手抛丸清理机、铸件振击除芯机、多面磨削清理机。整个铸件生产过程实现了自动化与智能化。主导产品为大马力柴油机铸件。2016 年 5 月荣获“中国绿色铸造示范企业”“优质铸件金奖”等荣誉称号。2015 年铸件废品率为 2.95%，比 2000 年降低了 78.75%，全员劳动生产率达到了 100 吨 /（人 · 年）以上，铸件年生产能力达到了近 50 万吨。

（2）中国重汽集团济南动力有限公司铸锻中心 2002年开始建设重汽章丘基地，2005年3月投产。总投资12.2亿元，引进了众多拥有国际、国内领先水平的生产线和相关设备。主要产品由汽车底盘类零件逐渐向发动机缸体缸盖、三段式整体铸造桥壳、变速箱壳体类铸件转型。中心建筑面积48万平方米，拥有四条国际先进的HWS静压造型生产线及配套的EIRICH砂处理系统、英达中频感应电炉熔化系统、FA及罗拉门迪、明志等冷、热芯制芯系统、机械手抛丸机、炉前直读光谱仪等装备。保留了一条国内领先的呋喃树脂砂生产线，可以同时用于铸钢及球铁铸件的生产。年生产铸件能力20万吨以上。

2010年开始，引进德国曼技术产品，先后投资1.2亿元对生产线进行升级改造，成功试制了以MC11、MC13发动机缸体、缸盖、MCY13、MCA16桥差速器壳、主减速机壳为代表的MAN技术系列铸件产品，并顺利实现批量生产，产品材质涵盖球墨铸铁、灰口铸铁及蠕墨铸铁，其铸件的生产工艺和质量达到国际先进水平，是国内最早实现流水线大批量生产大马力蠕墨铸铁汽车发动机缸体的企业。2011年建成投产的铸造桥壳湿型砂生产线，实现了湿型砂流水线生产球铁桥壳，产品工艺及质量居国内领先水平。

经过50多年的发展，中国重汽集团济南铸锻中心现已成为中国重汽集团铸、锻件生产基地。建设占地71万平方米，现有员工2500余人，固定资产达15亿元，拥有国家发明专利1项，实用新型专利16项（图1.78、图1.79）。

中国重汽集团济南铸造中心

HWS静压造型生产线

LORMANDI SLC2 60+60L制芯中心

HWS静压造型生产线浇注系统

球化孕育处理站

铸件抓取机械手

图1.78 重汽铸锻中心部分装备和厂貌

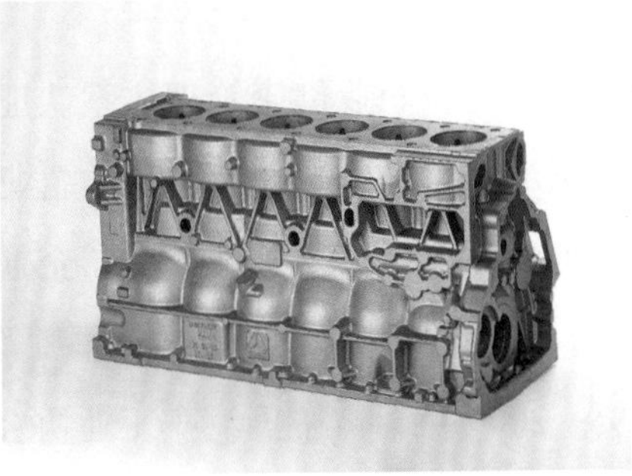

MC11发动机缸体（蠕铁）

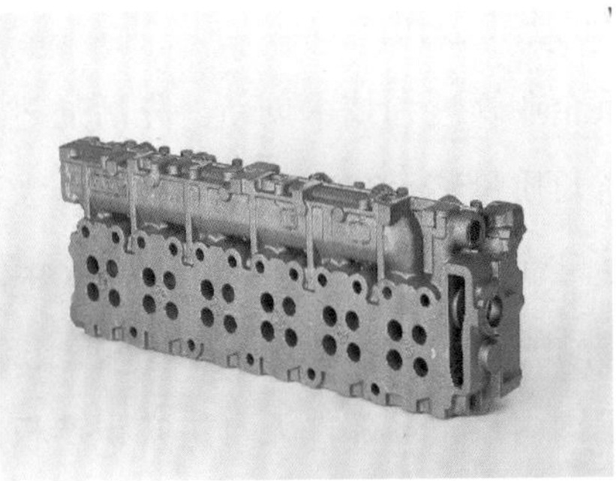

MC11发动机缸盖

HOWO变速器前壳

HOWO变速器中壳

HOWO变速器后壳

HOWO矿用车中桥主减速器壳

HOWO矿用车后桥主减速器壳

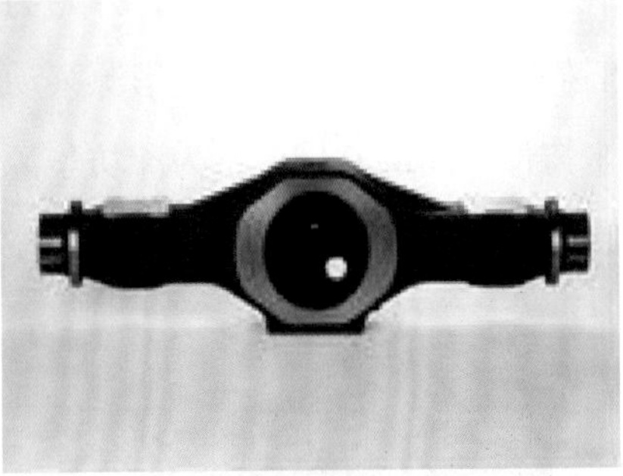

HOWO铸造桥

图 1.79 重汽铸锻中心部分铸件产品

（3）渤海活塞集团 2004年，滨州活塞集团搬入占地110亩的高新技术工业园。公司具有58条生产线，形成了年产活塞2900万只的能力。同年，“滨州活塞”在沪市挂牌上市交易，发行公众股4000万股，募集资金3.2亿元。其是当时国内唯一以内燃机活塞作为主导产品的上市公司和唯一以滨州冠名的上市公司。

公司注重企业管理和技术创新。先后通过了质量、环境和职业健康管理体系认证；2009 年获山东省首届省长质量奖；2010 年获全国质量奖，是全国活塞行业唯一获此殊荣的企业。投资 5000 万元，建立了“企业博士后工作站”；2006 年，CA6DL2-35 锻钢活塞开发成功。企业达到了每天开发一个新产品的能力，活塞覆盖汽车、摩托车、船舶、工程机械、农业机械、军工等全系列内燃机，并改写了国内汽车零部件无自主知识产权的历史。2009 年，被中国汽车工业协会评为唯一一家中国汽车零部件活塞行业龙头企业。

2011 年开始，公司努力打造国际水准的技术研发、管理、融资三大发展平台；培育活塞及组件、数控机床、新材料三个增长板块，取得显著的成就。2015 年，公司 32.06% 国有股权由滨州市无偿划至北汽集团，成为北汽集团控股子公司，踏上了新的发展之路。在国内率先通过 ISO\IEC17025 实验室认可；国内首家采用压铸内冷油道结构活塞，填补了国内空白；国内首家为军用发动机开发液态模锻复合材料活塞，国际领先；国内首家开发成功具有自主知识产权的整体锻钢结构活塞，国际领先，分别取得中国和美国发明专利；成功为德国大众开发成功全新 EA111 活塞，配套机型是德国大众最先进的机型，满足欧 V 排放标准。集团科技开发费用一直保持在销售收入的 4% 以上，研发、试验和检测评价手段达到同行业国际先进水平。共获得专利 139 项，其中实用新型 107 项，发明专利 24 项，外观专利 8 项；获得国家、省部级科技成果奖励 14 项，其中国家科技进步奖二等奖 1 项。

（4）山东华源莱动内燃机有限公司铸造事业部 莱动铸造事业部为 1110、1115、KM138、KM136 等型号柴油机配套机体、缸盖、齿轮室铸件；同时，为 80 系列多缸机配套机体、缸盖、齿轮室铸件。21 世纪初，拥有一条气冲造型线，其余大部分为手工造型，年产铸件 20000 吨。铸件全部为莱动配套。

2002 年，在为莱动配套的基础上，开始为潍柴厂和南柴厂配套生产飞轮壳，多缸机机体、飞轮、主轴承盖铸件。2005 年，在原“华源莱动铸造分厂”的基础上，成立了“山东凯马铸造有限公司”。在原来铸件产品的基础上，为潍坊华源内燃机有限公司配套生产 R4105、HF6115 型柴油机机体。随后陆续为中国重汽配套生产同类铸件。2011 年，年产铸件达 22816 吨（图 1.80）。

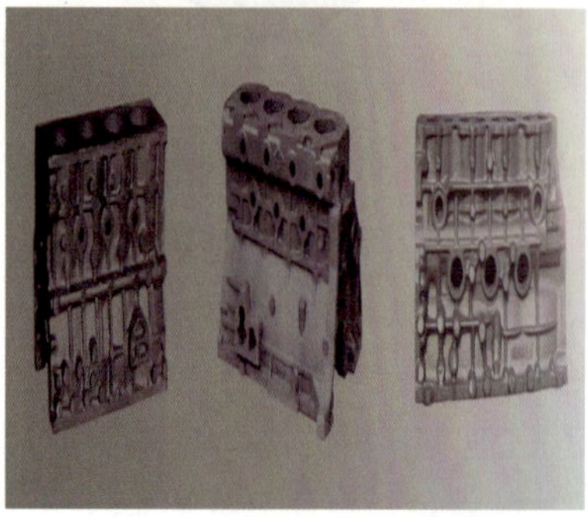

4L22机体、D495QB机体、493机体

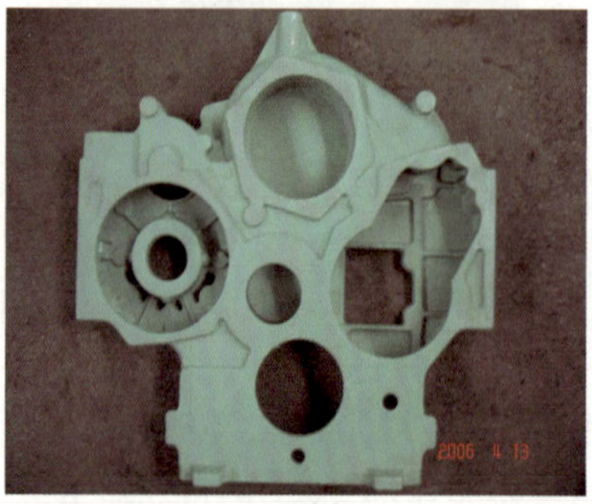

重汽AZ15齿轮室

图 1.80　公司部分铸造产品

公司早在 2001 年就成功将冷芯盒用于制造 4L22 机体芯子，走在了国内农机内燃机行业的前列；采用气冲线与静压线造型，冲天炉——美国英达中频电炉双联熔炼铁水，壳芯机制芯等工艺装备（图 1.81）。

BMD气冲线

美国英达电炉

图 1.81 公司生产设备

（5）山东时风（集团）有限责任公司铸造产业 时风（集团）有限责任公司是国内最大的农用三轮车、四轮拖拉机生产企业。其铸件产品全部为公司农用车及农用车车用柴油机配套。主要有柴油机曲轴、球铁轮圈、变速箱箱体、半轴套管、三角托架、发动机缸体、缸盖、飞轮、齿轮室等铸件。主要铸件材质为球墨铸铁和灰铸铁。公司形成了年产各类铸件 20 万吨的生产能力（图 1.82）。

图 1.82　时风集团的部分产品和装备

公司拥有世界先进水平的脱箱挤压自动化造型线 11 条、树脂砂生产线以及国产铁模覆砂造型线、覆膜砂壳型造型线多条。全部采用中频感应电炉熔炼。公司所有的铸铁屑均压块入炉再利用。

公司重视科技创新。先后承担了“十二五科技支撑项目”“国家 863 科技支撑项目”“国家级政府间合作项目”“国家高新技术产业发展计划”10 余项；承担山东省重大专项、科技攻关、资源节约型社会科技支撑重大专项、技术创新项目等 119 项；取得省级以上科技成果 53 个；主持或参与制定国家标准 51 项；有 146 项技术成果获国家专利授权；科技成果产业化率达到 95% 以上。“铸铁屑回收高效熔炼”“废砂再生循环利用”等 20 余项科技成果获机械工业部、山东省科技成果和科技进步奖。并在 2011 年获山东省省长质量奖。

（6）淄博柴油机总公司铸造车间　淄博柴油机总公司加快了船用柴油机升级换代的步伐。先后开发并批量生产了 170、210 两种机型，走上了高速发展之路。为此，铸造车间承担了柴油机关键铸件的开发、生产。主要是机体、气缸盖、曲轴等大型柴油机铸件，并为东营胜利机械厂设计制作了 12V190 柴油机机体铸件。公司是山东省专业生产大型柴油机铸件规模较大的生产企业。

为保证铸件的生产，先后装备和应用了一拖二中频感应电炉、15 吨中频感应保温电炉，树脂砂生产线、喂丝法蠕化处理、压力加镁球化处理工艺，开发了蠕铁 RT300 缸盖、13 吨 HT300 日本洋马公司N330柴油机机体铸件、600kgHT350日本洋马公司N330大型柴油机气缸盖以及QT500-7球铁16V170大型柴油机机体，在国内率先开发生产了球铁大型柴油机机体。建成了年产2000吨柴油机主轴承盖等多种柴油机铸件的消失模生产线。

2010年，公司铸件年产量达到了20000吨。

（7）山东汇金集团股份有限公司 公司在原有汽车零部件、工程机械配件、农机配件等铸造产品的基础上，批量出口到美国通用、克莱斯勒、福特、韩国现代、法国雷诺、日本三菱重工、意大利卡拉罗、美国爱科、意大利SDF等世界一流公司汽车配件、铁路配件等。所生产的产品相继取得了中国CCCF、欧盟EN124、法国NF、德国VDS、美国UL/ULC、美国FM、英国LPCB、法国BV、德国DVGW等认证。产品材质以高强度灰铸铁与球铁为主。

公司装备了中频感应电炉、7t/h冲天炉各四套，丹麦131-B垂直分型迪砂线、日本FCMX、FB0-Ⅱ、FBM-Ⅲ T造型线，国产Z1410L、Z148B、Z148、Z145为主的造型线各1条，日本、德国产直读光谱仪，美国产三坐标测量机、金相分析仪、车桥垂直疲劳试验机以及德国、日本、韩国产数控加工中心80余台。

（8）山东大柴缸体缸盖股份有限公司 公司成立于2001年，主要产品为柴油机气缸体、气缸盖及发动机水泵等，为国内浙江新柴股份、广西玉柴动力、北京华泰汽车、无锡开普、山东云内、福力佳、恒天动力、华源莱动等柴油机厂生产气缸体、气缸盖、发动机用水泵等铸件及成品件。

主要采用黏土砂造型、热芯盒制芯、冲天炉熔炼，以高强度灰铸铁为主。2011年，生产合格铸件30000余吨，其中气缸体10万余套，气缸盖15万余件。

（9）浩信集团 浩信集团是一家从铁屑炉化铁屑起家，2000年开始逐步腾飞的大型企业集团。铸件材质以高强度灰铸铁及球铁为主。公司是专业为汽车配套生产零部件的企业。主要产品有制动毂、轮毂、钢箍制动毂、轮毂总成、制动盘、轮边、制动钳体、端盖、侧盖、转向器壳体、主减速器壳、离合器壳体、缸体、飞轮、飞轮壳、齿轮室、缸盖、齿轮箱、油底壳、涡轮壳等。国内主要为中国重汽、中国一汽、东风汽车、北汽福田、陕汽集团、北奔重汽、安凯车轿、北汽集团、福田康明斯、无锡康明斯、潍柴动力、长沙熙迈、福田雷沃重工等企业配套生产铸件及成品；产品同时也出口到北美、欧洲、东南亚等地区的BOSCH、DANA、MERITOR、KNORR、WABCO、CONMET、WEBB、KIC、GUNITE、ADR、DEXTER、MAT、AUTOZONE、ADVANCE、SATA、LOMBARDINI等国际知名公司。2014年，公司销售额37亿元（图1.83）。

公司下设铸造事业部（拥有员工490人）、机加工一厂（拥有职工260人）、莱州鲁源汽车配件有限公司（控股75%）、大连鸿源制造有限公司（合资子公司）、浩泰公司（全资子公司）、山东浩信德精密机械有限公司、康迈信公司等分公司。年产飞轮壳9万件，制动毂50万件，柴油机部件50000吨，轮毂、缸盖30万件，轮端总成18万件，与德国采埃孚股份有限公司合作的高端铸件40万套，制动毂装配2.4万件，涡轮壳铸件7000吨，具有年产铸件36万吨的生产能力。

公司先后装备了德国全自动HWS造型线4条、气冲线两条、震压造型线7条、冷芯盒设备、热芯盒设备、美国英达中频感应电炉、机器人、数控加工中心以及检测设备仪器。

图 1.83　浩信集团厂区部分设备

（10）山东湖西王集团铸业有限公司 公司于2007年开始生产汽车车桥零部件，并成立“山东湖西铸业有限公司”。2008年正式更名为“山东湖西王集团铸业有限公司”。

公司装备了静压造型线两条、树脂砂生产线一条、德国ABP一拖二6吨中频感应电炉、德国爱立许砂处理系统、冷热芯盒制芯机等国内外先进的铸造设备以及德国OBL直读光谱仪、德国蔡司和瑞典海克斯康三坐标测量机、划线机、低温冲击试验机等检测设备。同时，装备了日本“马扎克”等数控加工中心、机床（图1.84、图1.85）。

图1.84 静压自动造型线

图1.85 熔炼

主要产品有桥壳、变速箱壳、支架、过桥箱、减速箱壳体、缓冲底座、机器人部件等300多个品种。主要为铁路、汽车、农机、工程机械配套。除了国内汽车制造企业外，主要出口到卡特彼勒、约翰迪尔、纽荷兰、爱克、克拉斯等国外知名公司以及采埃孚、美驰、德纳等企业，产品销往欧美及亚太15个国家和地区。公司形成了年产高强度灰铁、球铁、低温球铁等铸件6.5万吨的能力。

（11）山东宏马集团 2011年6月，与西班牙球墨铸铁铸造有限公司合资创建“淄博贝尼托金属制品有限公司”。主要生产汽车制动毂、轮毂、刹车盘、市政工程下水井座（盖）。

（12）山东省农业机械用铸造件 进入21世纪以后，山东省农业机械，特别是民营农机行业取得了飞速发展，形成了福田、时风、兖拖、莱动、泰柴等大型农机集团公司。据不完全统计，全省拖拉机等农业机械生产企业数十家，年产拖拉机、农机三轮、播种机、农业植保机械等近百万辆，走在了全国前列。农机（包括与农机配套的柴油机）的发展有力地带动了农机铸造业的发展。全省为农机配套生产铸件的企业数百家，主要集中在潍坊、济宁、烟台、聊城等地区。

1.6.3.3 工程机械用铸件

（1）日照宏冠机械制造有限公司 主要为临工等工程机械生产企业配套生产轮架、差速器、轮毂、托架等几大系列产品。与山东大学进行院企合作，提升了企业的铸造技术与工艺水平。进入21世纪后，先后装备了日本东久自动造型生产线、数控机床、数控加工中心以及ABM自动造型生产线。主要铸件材质是高强度灰铸铁与球墨铸铁（图1.86）。

2010年公司投产日本东久造型线一条

2011年公司采购数控机床与加工中心数台

图 1.86　公司部分装备

（2）山东国力重工机械有限公司　公司于 2010 年开始，装备了“V 法”铸造半自动生产线。采用高炉铁水直接生产工程机械用配重铁的短流程工艺。主要为美国卡特、日本三菱等公司配套生产配重铁。年产量达 10 万吨。

1.6.4　球墨铸铁

进入 21 世纪后，山东省球墨铸铁的生产技术、工艺及推广应用均有较大发展。成功开发研制出铸态 QT900-5 高强度球墨铸铁、等温淬火球墨铸铁（ADI）以及高韧性球铁、低温球铁等。盖包球化处理、喂丝法球化处理、喂丝孕育、随流孕育及型内孕育等工艺被开发应用；球铁专用生铁、高纯生铁逐步推向市场，使球墨铸铁的生产应用达到了一个新的阶段。

高强度球墨铸铁在柴油机上的应用取得了长足的进步。①单缸柴油机（主要是农机及小型工程机用柴油机）曲轴，全省产量 60 多万支。配套厂家除了供应外省柴油机厂以外，省内主要为时风集团、莱阳动力机械厂、泰安柴油机厂等配套，主要材质是铸态珠光体基体。大都采用黏土湿型砂，垂直分型挤压造型自动生产线以及铁模覆砂造型线等。主要生产企业分布在聊城、临沂、滨州、泰安等地。②汽车、拖拉机、工程机械柴油机曲轴，主要为四缸、六缸柴油机曲轴。四缸柴油机曲轴主要为莱动、常州柴油机厂、扬州柴油机厂、云南内燃机厂等配套。四缸曲轴主要材质为 QT700-3、QT800-2，材料组织以正火热处理珠光体为主，部分企业试制开发成功等温淬火球墨铸铁（ADI）曲轴。六缸曲轴主要为大型客运汽车、载重汽车用柴油机配套，省内主要为潍坊柴油机厂、中国重汽等配套曲轴，省外主要为玉林柴油机厂、大连柴油机厂、朝阳柴油机厂、无锡柴油机厂、上海柴油机厂等配套球墨铸铁曲轴。材质为 QT800-3、QT800-5、QT900-2、QT1000-2、QT900-5 等牌号高强度球墨铸铁。大都采用合金化（加入 Cu、Mo、Sn 等合金元素）与热处理相结合的强化技术工艺。四、六缸曲轴的生产能力达几十万支。最大的生产企业为山东天润曲轴有限公司，其曲轴生产能力居世界前列。除此以外还有滨州海德曲轴有限公司、滨州东润机械有限公司、潍柴铸造厂、中国重汽铸造厂等企业。主要采用气冲、静压等造型线以及铁模覆砂造型线造型。③船用柴油机曲轴。该类曲轴质量大都在数百千克到数吨之间，质量、体积均比较大。采用 QT700-3 及 QT800-2 材质。主要为船用及柴油发电机组生产厂、潍坊柴油机厂、淄博柴油机厂、济南柴油机厂、玉林柴油机厂等配套生产曲轴。主要生产企业有潍柴铸造厂、淄柴铸造厂、青岛旭锐丰铸造有限公司、安丘曲轴厂等。主要采用树脂砂造型。

高韧性铁素体基体球墨铸铁在沟槽、管件及水表壳上的应用。这类铸件质量大都在几十克至几十千克之间，以铁素体基体为主。进入21世纪以后基本都采用铸态铁素体生产工艺，由原来的手工、半手工发展为以黏土砂脱箱挤压自动造型线为主，另外还有热芯盒、冷芯盒制芯等工艺技术。大都采用了喂丝法球化处理、随流及喂丝法孕育处理。主要产品分为两类：一类是起连接密封作用的刚性接头、挠性接头、机械三通等管件和沟槽式法兰；另一类是起连接过渡作用的弯头、三通、四通、异径管、盲片等管件。另外还有球墨铸铁水表壳。全省球铁沟槽管件、水表壳生产能力达近40万吨。济南玫德集团发展成为国内乃至世界最大的球铁沟槽、管件生产企业。另外还有山东亿佰通机械股份有限公司、日照铸福实业有限公司、山东莱德机械有限公司、临沂水表厂等企业。

高韧性球墨铸铁在汽车、拖拉机桥壳、变速箱上的应用有了较大的发展。主要为中小吨位载重汽车后桥壳、农用汽车后桥壳、中大型马力拖拉机后桥箱体、变速箱体等配套。主要材质为QT400-18、QT400-15等，铸态铁素体基体。生产企业主要分布在潍坊、聊城等地。

低温球铁得到发展，主要为高铁、风电配套生产变速箱体、风电轮毂、风电底座等铸件。主要生产企业有莱州新忠耀机械有限公司、山东龙马重科有限公司、豪迈集团铸造公司、四方机车工厂铸造厂、滨州长星集团以及禹城宝利来铸造有限公司等企业。

（1）莱州新忠耀机械有限公司 该公司成立于2003年11月，是以专业生产低温球墨铸铁件为主的企业。为高铁及其他轨道交通车辆配套生产低温球墨铸铁件，也是山东省首家生产此类铸件的企业。机械性能分别达到了-20℃冲击功≥12J，抗拉强度≥400MPa；-40℃冲击功≥12J，抗拉强度≥400MPa；-50℃、-60℃下冲击功≥12J，抗拉强度≥400MPa。主要产品有齿轮传动箱体、牵引电机壳体、牵引电机环盖、电机端盖、转子压板等。主要为中国北车南车集团、庞巴迪、IGW、安杰达、阿尔斯通等公司配套铸件（图1.87）。

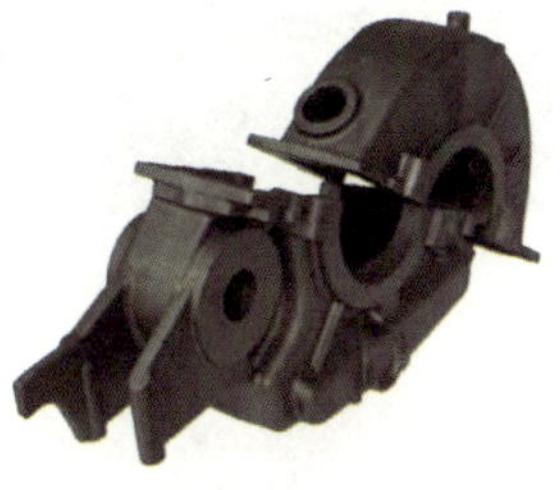

齿轮传动箱体

牵引电机壳体

牵引电机环盖

电机端盖

转子压板

图1.87 公司部分产品

受中国铸造协会的委托，起草并制定了《轨道交通用低温铁素体球墨铸铁件》（ZXB/T 0102-01-2014）行业标准；主持制定了《低温铁素体球墨铸铁件》国家标准。共开发新产品 2000 多种，获 37 项国家专利，其中发明专利 4 项。同时获得了“中国轨道交通低温球铁铸件生产基地”“山东省低温高韧性铸钢（铁）工程技术研究中心”“山东省低温冲击铸铁材料应用工程实验室”“德国铁路局 DB 的 HPO 认证”等资质认证。

公司拥有整套先进的检测设备（图 1.88）。

马扎克五轴加工中心

马扎克卧式加工中心

威亚立式加工中心

威亚卧式加工中心

威亚卧式数控车床

威亚立式数控车床

直读光谱分析仪

万能拉力试验机

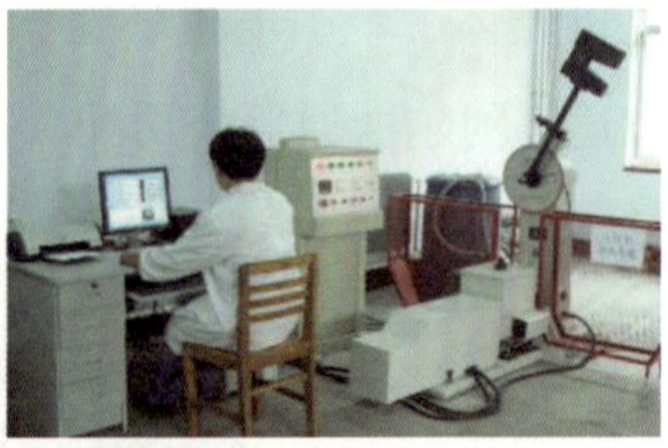
低温冷冲试验机

便携式三坐标

三坐标测量机

超声波测厚仪

图 1.88　公司检测设备、仪器

除此以外，公司还为农机、汽车、机床配件以及海洋石油钻探机械、风电机械、制冷压缩机、船用发动机等配套生产各类铸件（图 1.89）。

泵、阀体铸件

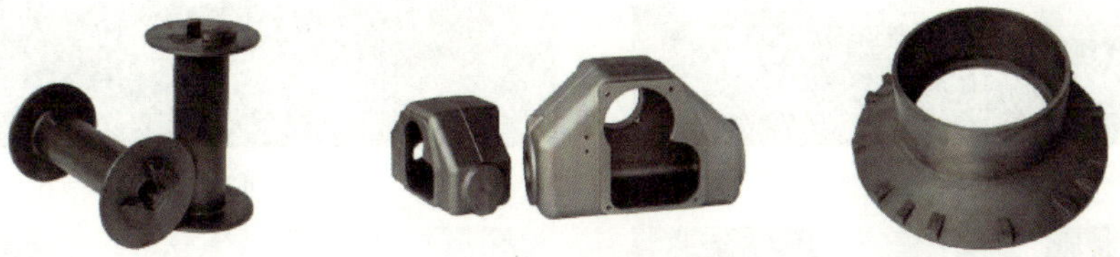

工程机械铸件

（海洋）石油机械铸件

船舶机械铸件

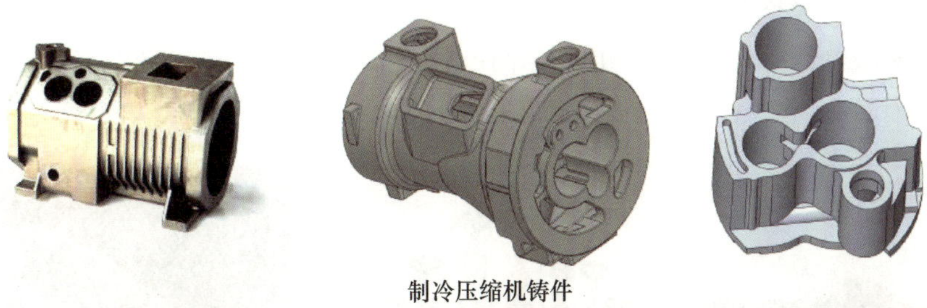

制冷压缩机铸件

高速列车关键零部件铸件

图 1.89　公司部分产品

（2）山东莱德机械有限公司　公司成立于 2003 年 3 月 5 日，历经了人工地摊式造型、简单机械造型、垂直分型挤压造型线、全自动造型线等发展阶段。主要产品为沟槽管件、管道分支连接件（机械三通）、钢塑管、阀门、管路、泵、阀、智能控制系统等。铸件材质主要为铁素体球墨铸铁。到 2016 年，公司形成了年产球墨铸铁件 10 万吨的规模，拥有了莱德机械、夵达机械、莱德管阀三大基地（图 1.90）。

夯达416B垂直造型线

夯达416B垂直造型线

夯达砂模架造型线

夯达砂模架造型线

图 1.90　公司部分设备

公司产品于 2006 年开始出口到德国等多个国家，陆续通过了美国 FM 认证、UL 认证等。荣获“山东省沟槽管件工程技术研究中心”“山东省名牌产品”称号，取得了 10 多项国家专利。

（3）山东亿佰通机械股份有限公司　公司于 2002 年 8 月成立。主要产品有刚性接头、挠性接头、机械三通和沟槽法兰弯头、三通、四通、异径管、盲片等。铸件主要材质为高韧性球墨铸铁，年产量达 10 万吨（图 1.91）。

消防沟槽管件

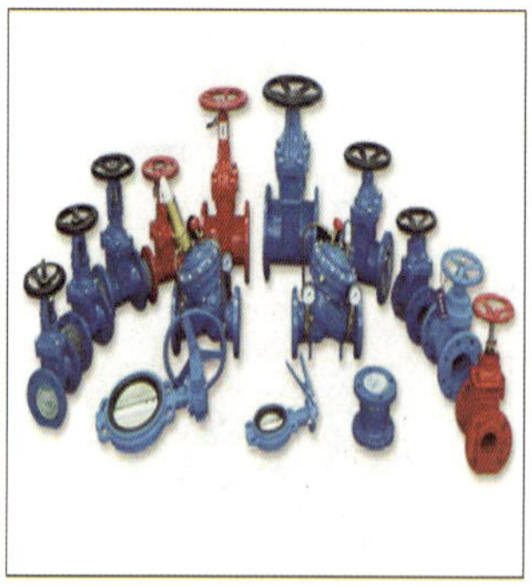

阀门

张拉锁

图 1.91　公司部分产品

装备了脱箱垂直分型自动生产线 4 条、中频感应电炉 8 台。公司先后通过了国内三标认证，美国 FM、UL、CE 认证，CCCF 认证，获国家专利 10 多项。

（4）日照铸福实业有限公司　公司系与 602 研究所合作创立。拥有 206m³ 高炉两座，水冷金属型离心铸管生产线 5 条，热模法离心铸管线 8 条，消失模生产线 3 条，以及树脂砂和 V 法生产线、

10t 中频感应电炉两座、7t 中频感应电炉 3 座、45m 连续退火炉 1 座。公司主要采用短流程工艺生产球墨铸铁离心铸管，年产球墨铸铁管 20 余万吨。产品除了销往国内各大城市外，还远销至美国、韩国、伊拉克、澳大利亚、阿联酋、日本等国家和地区。

（5）临沂市铸宝水表有限公司　公司主要产品为 15-200# 水平系列、垂直系列水表壳，插入式水表外壳，旋翼式水表外壳、超声波水表外壳系列、表壳压盖、水表附件以及空调活塞、汽车配件等铸件。材质主要为高韧性球墨铸铁（图 1.92）。

铸宝公司厂容厂貌

覆膜砂铸造生产线

水平分型脱箱自动造型生产线

超声波水表外壳

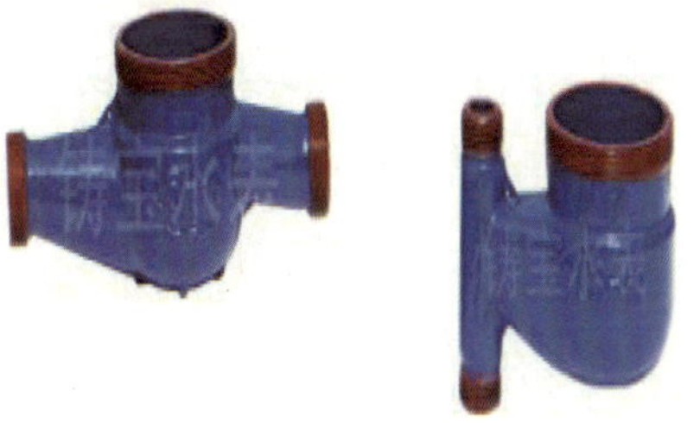

小口径水表外壳

大口径水表外壳

图 1.92　公司部分装备及产品

公司年产水表外壳以及各类球墨铸铁铸件 2000 万件（套）。公司装备了覆膜砂自动生产线、消失模生产线、黏土砂水平分型脱箱造型流水线、中频感应电炉等。先后荣获“山东省省级先进企业”“质量管理奖”等荣誉。

（6）豪迈集团铸造公司　公司于 2008 年 3 月收购了“光大内燃机有限公司”，成立豪迈铸造项目部。主要产品有内燃机铸件、压缩机类铸件、风电类铸件、通用机械类铸件。铸件材质有球墨铸铁、低温球墨铸铁、灰铸铁、铸钢等。公司具备了年生产单件球墨铸铁件 100 吨，年产 10 万吨铸铁件，年产 1 万吨铸钢件的生产能力。

公司拥有树脂砂混砂机 10 台，单台最大混砂能力 100 t /h；中频电炉 10 台，单台最大容量 40t；1 台 30 吨 FL 精炼炉、1 台 30 吨 VOD 真空精炼炉；ARL 瑞士产光谱仪，Leco 氮、氧、氢分析仪，炉前快速热分析仪以及各种检测设备。

2014 年 5 月 19 日荣获第 12 届中国国际铸造博览会最高奖——优质铸铁件特别金奖（图 1.93）。

图 1.93　优质铸件特别金奖

（7）山东龙马重科有限公司　公司成立于 2009 年。主要产品为风力发电设备用铸件（风电轮毂、机舱、机座、主轴、制动盘、轴承座等核心部件）、大型矿山机械和机床设备核心铸件等，单件铸件从几千克到百吨级，最大球墨铸铁单件可达 160 吨。铸件材质为球墨铸铁、低温球墨铸铁、高强度灰口铸铁。

公司总投资 20 多亿人民币，形成了年产 10 万吨大型铸件、10 万吨高端精密铸件和 3 万吨铸件加工能力。

公司风电铸件产品主要为金风科技、远景能源、西门子、中车集团、大唐华创、明阳风电、湘电集团、华仪风能、海装等知名企业配件生产 8MW 以下的风电设备铸件。

2015 年，为西门子生产的 3.0kW 风电轮毂荣获中国铸造协会“优质铸件金奖”。

公司从 2015 年开始，通过“人才引智”，引进了国际顶尖铸造技术专家——西班牙籍朱熹巴（Joseba）先生为技术总监；德国籍明克勒（Minkner）博士为质量总监。

公司拥有型砂、力学、理化实验室，装备了无损探伤、激光跟踪、3D 扫描等检测设备仪器 280 多台（套）。

公司生产的薄壁、高强度风电轮毂、底座、定转子支架等铸件达到了世界先进水平。

（8）诸城市华欣铸造有限公司　公司成立于 2000 年 6 月。主要产品为高铁、汽车、工程机械、采油装备、大型农业机械配套铸件。主要客户有福田汽车、中国重汽、江淮汽车、诸城汽车、诸城义和车桥、上海大众、杭州叉车集团、大庆油田、美国 EQI 公司等。铸件材质为球铁、灰铁、铸钢等（图 1.94）。

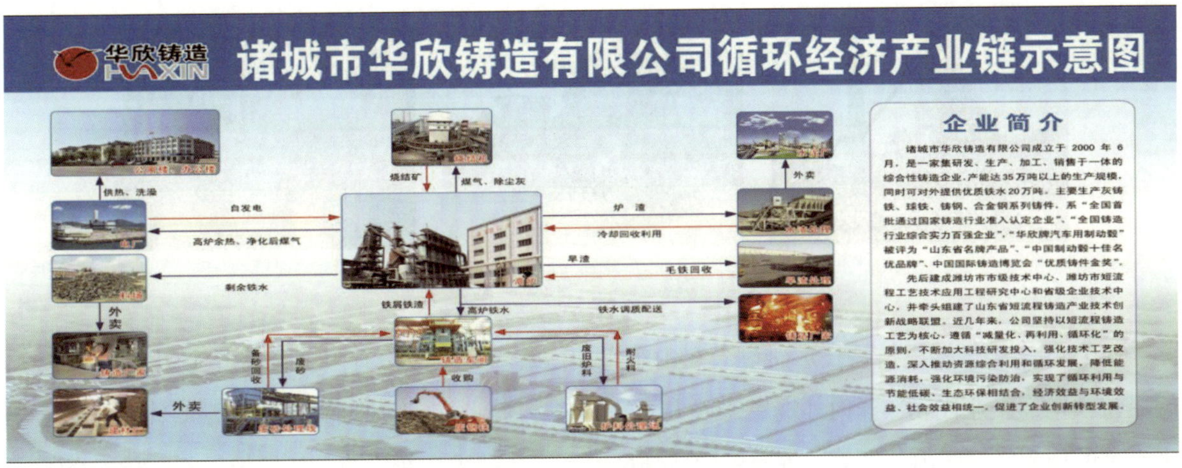

图 1.94　循环经济产业链示意图

公司采用高炉短流程工艺生产铸件。铸造年生产能力达 35 万吨以上。同时，可对外提供“短流程”优质铁水 20 万吨。

1.6.5　蠕墨铸铁

蠕墨铸铁的研究与应用在 20 世纪末沉默了十多年，而此时正是国外工业发达国家蠕墨铸铁生产技术、工艺水平飞速发展时期，美、英、法、德、日等国及欧洲和世界铸造组织分别制定了标准，其在汽车内燃机上的应用已比较普遍，并有较高的水平，中国已明显落后。

进入 21 世纪后，山东省蠕墨铸铁的研究与应用进入了新的历史发展时期，蠕墨铸铁的应用领域扩展到 5.5 米以上炼焦炉护炉设备等冶金行业；大吨位载重汽车柴油机机体、缸盖、齿轮箱（汽车行业）；铁路机车用制动盘；自行研制或引进国外先进的蠕墨铸铁控制、检测系统。普遍装备直读光谱仪，金相图谱仪，超声、磁粉及射线等探伤仪器；炉前热分析；材料试验机；三坐标测量仪等检测设备、仪器。分别采用了树脂砂造型、覆膜砂型芯、真空负压造型、消失模铸造、铁模覆砂、静压自动造型线、挤压造型线等工艺装备。在此期间蠕墨铸铁的推广应用达到了新的高潮，年产量达到 13 万吨以上。蠕墨铸铁的生产技术、蠕化率范围达到了国内外先进水平。主持起草制定了《蠕墨铸铁件》和《蠕墨铸铁金相检验》两项国家标准，在山东召开了两次全国蠕墨铸铁技术研讨会。

（1）原山东省淄博蠕墨铸铁股份有限公司（现山东智汇蠕墨新材料科技股份公司） 公司致力于蠕墨铸铁的推广应用，联合中冶鞍山焦耐院在炼焦行业全面推广蠕墨铸铁，经过多年的努力，到 2002 年全国新建炼焦炉护炉设备铸件全部采用蠕墨铸铁件，同时将蠕墨铸铁焦炉护炉设备推广销售到美国、德国等十几个国家。该厂蠕墨铸铁件的产量达到了年产 10 万吨，其中出口率达到 30%，产量居全国同行业首位，该厂在国内首创“用高炉铁水热装中频电炉短流程生产蠕墨铸铁件”技术，项目通过了山东省科技成果鉴定（图 1.95）。

图 1.95　公司短流程装备

2005 年，全国蠕墨铸铁技术研讨会在山东省淄博蠕墨铸铁股份有限公司召开（图 1.96），全国蠕墨铸铁生产企业代表、国内外蠕墨铸铁方面的知名专家到会，会议回顾了我国蠕墨铸铁二十多年来走过的历程，对国内外蠕墨铸铁应用的新领域，生产新技术、新工艺、新检控手段进行了交流。

图 1.96　2005 年全国蠕墨铸铁技术研讨会

2006—2008 年，山东省淄博蠕墨铸铁股份有限公司与清华大学合作研制了用微机控制、热分析法等蠕墨铸铁稳定生产控制系统。项目通过了省科技成果鉴定，项目的实施，使蠕墨铸铁的生产在中国首次实现了蠕化率的稳定可控，达到了国内先进水平。

2008—2010 年，山东省淄博蠕墨铸铁股份有限公司主持制定了《蠕墨铸铁件》（GB/T 26655—2011）和《蠕墨铸铁金相检验》（GB/T 26656—2011）两项国家标准（图 1.97）。

图 1.97　全国第二届蠕墨铸铁技术研讨会及两项国标审定会

（2）山东潍坊柴油机厂（简称“潍柴”） 2005 年开始系统研究开发蠕墨铸铁在大型柴油机铸

件上的应用。初期采用冲入法生产球铁时的欠处理工艺，试制出蠕化率 70% 以上的试块。2007 年与德国 OCC 公司合作生产蠕墨铸铁 WD615 缸体，将德国 OCC 公司的热分析仪与国内喂丝供应厂家的首个蠕化处理站实现互联互通，在国内首创了喂线 + 热分析技术生产蠕墨铸铁大功率柴油机铸件的先河。2010 年，潍坊柴油机厂整合国内外蠕墨铸铁技术资源，开发了具有自主知识产权的蠕化处理用包芯线，打破了蠕化处理包芯线依托进口的行业状况；同时，建立了喂丝工艺参数与原铁水状态间的数学模型，形成了具有自主知识产权的高端蠕墨铸铁件成套生产技术，并应用于 Baudouin 高端发动机机体的生产。从 2013 年起，潍柴进入了蠕墨铸铁件生产技术与开发应用高峰时期，潍柴集团先后在集团铸锻工业园建造了 5 ～ 15L 以上柴油机蠕墨铸铁缸体及联体缸盖批量生产平台；安丘厂区建造了全系列柴油机蠕墨铸铁单体缸盖批量生产平台；滨海园区建造了 15L 以上的蠕墨铸铁缸体批量生产平台 3 个，质量水平基本满足了 WP5/WP7/WP9/WP12/WP13/ 博杜安等多个大功率系列柴油机产品的升级要求。单件蠕墨铸铁件质量从 20kg 到 4500kg（图 1.98）。

潍柴集团是由国营企业改制而成的股份制企业，上市公司。

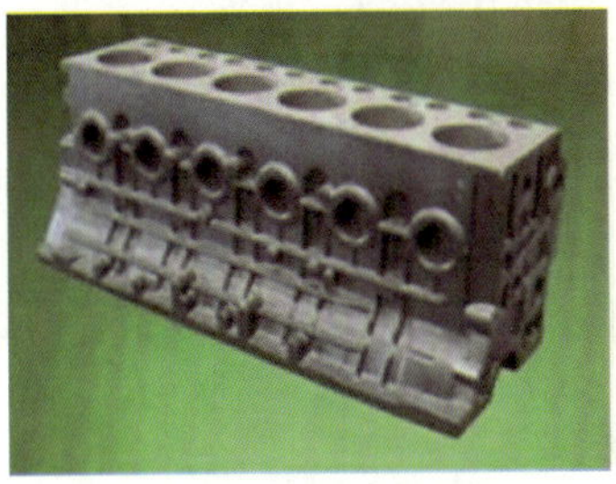

WP10系列气缸体

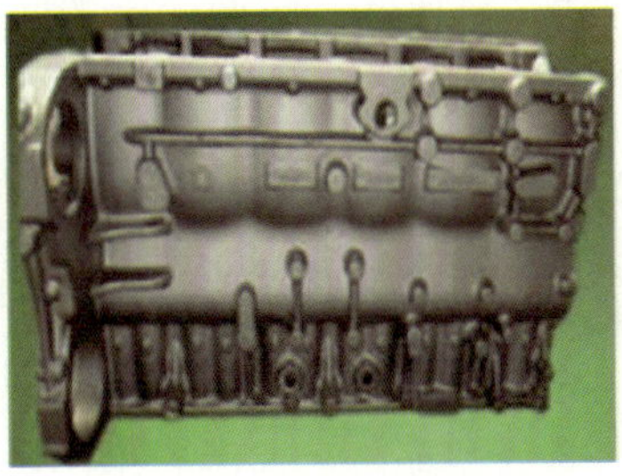

WP9系列气缸体

WP12系列气缸体

WP10系列气缸盖

WP9系列气缸盖

WP10系列齿轮室

图 1.98　潍柴部分蠕铁产品

（3）中国重汽集团济南动力有限公司铸锻中心　2009 年开始研究开发 GJV-450 蠕墨铸铁发动机铸件，采用稀土镁合金冲入法。2010 年，随着中国重汽与德国曼公司合作，引进了 OCC 公司的蠕墨铸铁生产工艺控制系统，采用计算机自动分析、喂丝法蠕化处理及孕育、热分析法蠕化率检测等工艺技术，批量生产了重型汽车柴油机曲轴箱（气缸体），材质为 RUT450，最小壁厚 4mm，蠕化率稳定地达到 80% 以上。2012 年实现了大批量流水线生产，达到了年产 8 万台（套）、2.5 万吨蠕墨铸铁件的能力，是国内最早实现大批量流水线生产大马力汽车用发动机蠕铁缸体的企业，产品质量及工艺水平达到了欧洲同类产品的水平（图 1.99、图 1.100）。

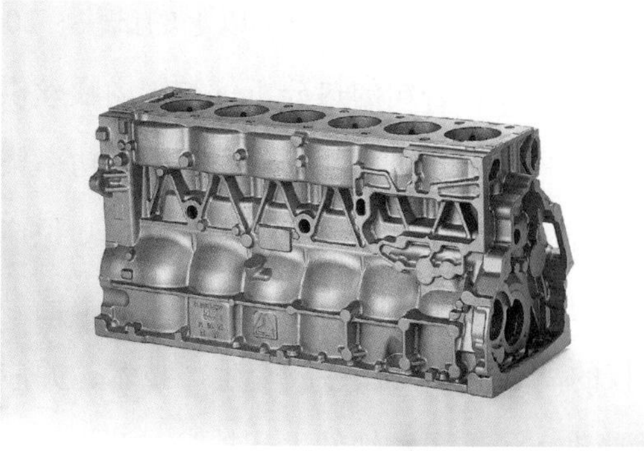

图 1.99　MC11/13 发动机缸体

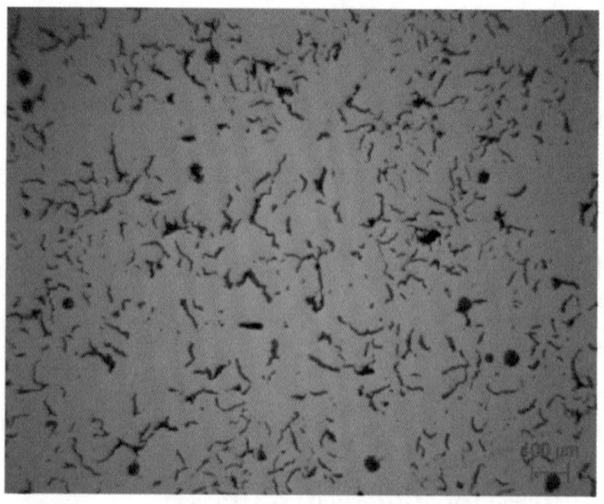

图 1.100　本体金相

（4）淄博柴油机厂　开发成功蠕墨铸铁气缸盖，并迅速应用到公司所有型号大型柴油机缸盖上。采用喂丝法蠕化处理，蠕化率≥ 85%。蠕铁牌号为 RuT300。

1.6.6　铸钢及精密铸造

进入 21 世纪后，中、大型铸钢件，高强度、高韧性铸钢件，特殊用途的合金铸钢件等都取得了长足的发展。

多家铸钢企业开始装备 30 ～ 200 吨中、大型精炼炉；200 吨及以上的铸钢退火炉大型电弧炉；采用改性水玻璃砂、树脂砂生产大型铸钢件工艺技术。成功生产出世界上最大的 19500 吨自由锻压机配套用动梁及世界最大的 80000 吨模锻机配套件；为轨道交通及高铁配套生产制动盘、机构件等；为工程机械、冶金矿山机械、汽车及船舶等行业配套生产铸钢件。中、大型铸钢件的产量及性能处于全国的前列。全省年产 5000 吨以上铸钢件的企业见表 1.17。

表 1.17　山东省 2000 年后铸钢件年产量超过 5000 吨的企业

序号	企业名称	材质	精炼炉	配套行业
1	中国重汽济南铸锻中心	碳钢、低合金钢		汽车
2	济南恒泰机车有限公司	碳钢、低合金钢	LF	机车
3	青岛平度三合山精铸有限公司	碳钢、低合金钢	LF	机车、汽车、出口
4	青岛四方机车铸锻有限公司	碳钢、低合金钢		机车、风电
5	青岛海纳重工	碳钢、低合金钢	LF	矿山、石油、出口
6	青岛三星精铸有限公司	碳钢、低合金钢		汽车、装载车、出口
7	青岛华冶铸钢有限公司	碳钢、低合金钢		矿山、起重
8	青岛新利铸钢厂	碳钢、高合金钢		矿山、建筑
9	青岛正大铸造有限公司	合金钢		耐热、耐磨、耐蚀
10	滕州市汇金重型机械有限公司	碳钢、低合金钢		船舶、矿山
11	山东鑫利精密铸造有限公司	碳钢、高合金钢		
12	滕州市永乐矿山机械有限公司	碳钢		冶金、电解铝、阳极爪

续表

序号	企业名称	材质	精炼炉	配套行业
13	莒县莒州金属材料有限公司	碳钢、高锰钢		矿山、工程机械、出口
14	莒县越重机械有限公司	低合金钢		机械工程、斗齿
15	海洋经纬达传动有限公司	碳钢		起重机、汽车、出口
16	烟台星普工业有限公司（韩资）	低合金钢		挖掘机、出口
17	山东信远集团铸钢有限公司	碳钢、高合金钢		电力、泵、出口
18	烟台恒邦集团泵业分公司	低合金钢	VOD、LF	泵、化工
19	威海恒利特钢有限公司	碳钢、高合金钢		海洋、矿山
20	威海双轮铸钢事业部	碳钢、不锈钢	AOD	水力、船舶、石油
21	山东金英机械铸造有限公司	碳钢		石油
22	博兴华胜机械制造有限公司	高锰钢		矿山、冶金
23	山东金阳集团	碳钢		冶金、阳极爪
24	邹平鑫利源铸造有限公司	碳钢		冶金、阳极爪
25	中铝山东工程技术有限公司	耐热、磨钢，高锰钢	LF	矿山、水泥
26	淄博大力矿山机械有限公司	碳钢、高合金钢		矿山、建材
27	淄博大亚机电科技有限公司	碳钢、低合金钢	LF	船舶、机床
28	山东冶金机械厂	碳钢		船舶、机床
29	淄博时代铸造有限公司	碳钢		冶金、阳极爪
30	山东富安重型机械厂	碳钢	LF	水泥、压力机
31	山东旗开重型机械有限公司	碳钢、低合金钢		矿山、电力
32	淄博生建机械厂	碳钢、低合金		矿山、泵
33	博山腾龙泵业有限公司	合金钢		泵
34	淄博元绪冶金机械有限公司	低合金、不锈钢	LF	冶金
35	淄博铭润精密铸造有限公司	合金钢		汽车、泵
36	博山黑山路桥机械有限公司	碳钢、高锰钢		矿山
37	诸城龙祥钢业有限公司	碳钢、低合金钢	LF	冶金、锻压、机床机械
38	山东坚龙机械装备有限公司	不锈钢、低合金钢	AOD	阀门、船舶、出口
39	潍坊华龙铸造有限公司	碳钢		汽车桥
40	高密同力铸钢有限公司	碳钢、低合金钢		矿山
41	山推铸钢有限公司	碳钢、低合金钢		推土机
42	山东金盛合金有限公司	不锈钢		炼镁罐
43	小松铸钢有限公司（日资）	碳钢、低合金钢		挖掘机、出口
44	山东瑞浩机械有限公司	碳钢		冶金、出口
45	肥城利邦机械制造有限公司	碳钢		工程机械
46	肥城石横特钢机制公司	碳钢		冶金

续表

序号	企业名称	材质	精炼炉	配套行业
47	山东德泰机械制造有限公司	低合金钢		重型汽车
48	山东乾泰精密机械有限公司	碳钢		矿山、汽车
49	山东东方金丹特种钢有限公司	耐热钢		电力、锅炉
50	山东东方锅炉风帽铸造有限公司	耐热钢		锅炉
51	临清迅力精密铸造有限公司	碳钢		汽车
52	山东金山锅炉风帽铸造有限公司	耐热钢		锅炉
53	山东顺享鑫水机械有限公司	低合金钢		矿山、船舶
54	莱芜大众机械铸造有限公司	碳钢、低合金钢		推土机、矿山
55	鲁中矿山铸造有限公司	低合金钢		矿山、煤矿
56	临沂蒙凌工程机械股份有限公司	碳钢		工程车、汽车
57	临沂炬新特钢有限公司	耐磨钢		矿山机械
58	临沂天阔铸造有限公司	耐磨钢		矿山机械
59	临沂圣龙特钢有限公司	耐磨钢		矿山机械
60	山东海诺机械（美驰）有限公司	碳钢		汽车
61	德州联合石油机械有限公司	低合金钢		石油、化工机械
62	德州长虹机械制造有限公司	低合金钢		阀门、泵
63	东营东星机械制造有限公司	合金钢	LF	橡胶、石油、水电
64	东营恒胜石化机械有限公司	碳钢		石化
65	东营东方合金铸造厂	合金钢		石化、能源

年产铸钢件超过5000吨的企业，由1999年的14家增加到60多家。据不完全统计，铸钢企业增加到783家，产量由20世纪末的年产18万吨，增加到80万吨，其中出口15万吨。钢水的精炼从无到有，铸件质量不断提升。铸钢件产品服务于各行业，山东省铸钢生产企业主要分类见表1.18。

表1.18 山东省铸钢生产企业分类

序号	企业类型	数量（家）
1	砂型铸钢	315
2	铸钢、铸铁同时生产	137
3	精密铸造（碳钢、高合金钢）	221

续表

序号	企业类型	数量（家）
4	专业铸钢泵、阀门	31
5	配套矿山机械	28
6	配套铁路	15
7	汽车行业	12
8	船舶行业	11
9	石油机械行业	7
10	独资企业	6
合计		783

在铸钢飞速发展的同时，出现了一批特色铸钢产业集群。如：淄博博山地区以生产泵类、矿山设备用铸钢件产品为主的小型铸钢件生产企业集群，企业数量达47家；聊城莘县的耐热钢企业集群；临沂地区的抗磨锤头铸钢件企业集群；济宁地区的汽车铸钢件、金乡县的不锈钢铸件、济南地区的汽车铸钢件、邹平县电解铝用阳极爪铸钢件、威海地区船用铸钢件等企业集群。

山东省有代表性的铸钢企业有：青岛德纳重工、诸城龙祥钢业、中铝山东工程技术有限公司、青岛三合山精密铸造有限公司、临沂天阔铸造有限公司、临沂蒙凌工程机械有限公司、济南重汽铸锻中心。

（1）济南铁路大厂 主要产品为轨道交通、铁路用转向架导框体、轴箱体、前盖、牵引杆、前从板座、后从板座、冲击座、连杆、缸体等铸件。材质以碳钢、低合金钢为主。

2007年，公司铸造车间与锻造车间合并改制为非国有控股的“济南恒泰机车车辆机械有限公司”。2008年，新上精密铸造生产线、酚醛树脂砂生产线、炉前直读光谱仪等装备仪器，生产美国标准、欧盟标准等铁路货车轴箱体、导框体等重要铸钢件。达到年产精密铸钢件2000吨，树脂砂铸钢件5000吨的生产能力。

2009年，恒泰公司成立济南恒泰机车车辆机械有限公司铸锻分公司。在原生产能力的基础上，普通水玻璃砂铸钢件生产能力达到8000吨。

2013年，恒泰公司在山东齐河注册成立全资子公司——山东恒泰铁路装备有限公司。投资建设10吨真空精炼炉、德国3D砂型打印等技术装备。采用水玻璃砂、树脂砂、壳芯等生产工艺，生产缓冲器、车钩、高锰钢道叉等重要铸钢部件。具有年产铸钢件10000吨，铸铁件12000吨的生产能力。

先后通过了欧盟UTC/CN、美国AAR、俄罗斯GOST等标准体系认证。产品出口到欧盟、非洲、东南亚和西亚等30个国家和地区。出口货车机车铸件产品涵盖了几乎所有车型。

（2）诸城龙祥钢业有限公司 公司成立于2002年1月（公司前身为诸城市龙祥耐磨铸钢厂）。生产大型或特大型铸钢件。主要产品为大型压力机部件、大型冶金用渣罐、大型压力机及机床、齿圈等（图1.101）。

19500吨压机上横梁半体

6300吨压机底座

韩国POSCO 30m^{3}渣罐

台湾地区产15m^{3}渣罐

图 1.101　公司部分铸钢件产品

产品广泛用于锻压、冶金、造船、电站、航空、航天、军工等国民经济各部门和国防建设领域，并出口到韩国、日本、德国、美国、俄罗斯、印度、越南等国家和地区。

公司拥有200吨LF精炼炉、60吨电炉、10米数控立式车床、8米滚齿机、φ260数控镗床、30m数控龙门铣等。具备了一次性冶炼600吨钢水、浇注单件重400吨钢锭、单件重400吨成品铸钢件的生产能力。基本满足了宽厚板轧机、万吨金属挤压机、万吨航空模锻压机、万吨锻造油压机等重大核心装备对配套铸钢件的一体化、大型化的极限制造要求。先后为中国二重80000吨大型模锻项目、江苏国光19500吨大型自由锻压机项目、山东豪迈科技公司的212硫化机项目、青岛锻压国产电动8000吨大型压力项目等重点项目配套生产重点铸钢件（图1.102）。

80000吨模锻压机

10000吨摩擦压力机

212轮体硫化机

图 1.102　公司配套铸钢件的部分大型设备

（3）中铝恒成铸造（中铝山东工程技术有限公司热加工事业部） 进入 21 世纪后，公司工艺、技术、装备水平、产品质量、生产规模等取得了长足的进步。从 2006 年到 2015 年，先后装备了 65 吨、50 吨大型桥式起重机，2 条消失模生产线，120 吨的大型电炉，60 吨的钢水真空精炼炉，7m × 11m × 4m 的 200 吨全自动退火炉（图 1.103）。

图 1.103 公司部分装备和产品

公司铸造车间经过 60 多年的奋斗，创造了辉煌的业绩，形成了自己独特并享誉全国乃至世界的系列产品。

形成了 Mn13、Mn13Cr2、Mn14、Mn17、Mn18、Mn23、Mn25 等系列抗磨高锰铸钢件。2002 年为印尼制造了亚洲较大的 Mn13 铸钢滚筒件；2006 年为印尼制造了亚洲较大的高锰钢惰轮；2014 年为南非制造了净重 14 吨、21 吨的 Mn14、Mn18 的上锥套和下锥套，达到了国内领先水平。高锰钢产品远销海内外。

与此同时，开发生产了高合金耐热钢铸件及不锈钢铸件。具备了生产单件重 30 吨 316L 高级不锈钢铸件的能力。成功开发生产了水平圆盘真空过滤机、立式圆盘过滤机、自动立式过滤机、转鼓真空过滤机等系列过滤机；用于氧化铝焙烧、冷却的窑机系列产品；用于氧化铝、水泥矿石粉磨的磨机系列产品等。产品多次获省、部级奖励。

（4）山推铸钢有限公司 2005 年 10 月 12 日，山推股份与日本小松 KCX 共同出资 1000 万美元成立“山推铸钢有限公司”。2006 年 3 月山推铸钢有限公司正式投产。公司生产的铸钢件首先满足山推股份公司每年生产 12000 台推土机所需关键铸钢件的需求，其余出口到日本等国。

公司采用碱性酚醛树脂砂工艺。装备了 1.5 吨电弧炉、两台 5 吨中频电炉、两台意大利 IMF 的翻转起模机、意大利 50 吨混砂机及国产 10 吨、25 吨、40 吨混砂机等。

公司拥有瑞士光谱分析仪、三坐标检测仪、SINOVATION 三维设计软件、CAE 模拟软件等先进检测仪器和设计开发软件。

（5）青岛三合山精密铸造有限公司 2002 年 3 月企业正式更名为“青岛三合山精密铸造有限公司”。公司以生产高、中、低碳钢及各类合金精密铸钢件为主，同时生产球墨铸铁件。年产量 3 万吨。产品主要配套于铁路、轨道交通、工程机械、汽车配件、桥梁工程和矿山机械等多个行业（图 1.104）。

图 1.104 公司部分装备

铸件销往全国各地并出口到英国、法国、美国、德国、捷克、西班牙、印度、匈牙利、波兰等国家。主要为中车旗下各铁路局、车辆段、轨道交通公司，中国重汽、山推、山工、NACCO、BOMBARDIER、BT、BTRE、Wabtec、JCB、LIEBHERR、SIEMENS、Alston 等公司配套生产铸件，是铁道部“铸钢件生产厂家”及“客车轴箱定点生产厂”。

公司从 2005 年到 2015 年分别通过了“阿尔斯通审核认证”“庞巴迪认证”“美国铁路协会（AAR）认证”“法国铁路（SNCF）认证”“德国铁路（DB）认证”“铁道部 16.17 型车钩钩缓配件认证”“铁道部道路桥梁支座认证”“国际铁路工业标准（IRIS）体系认证”“铁路产品认证中心 CRCC 认证”。

（6）淄博大力矿山机械有限公司 2007 年企业改制。2011 年，在原有水玻璃砂生产铸钢件的基础上投资400万元，新上了一条年产5000吨铸件的消失模生产线。主要生产高锰钢、中铬铸钢及高铬铸铁件。为公司生产PSFL高细立轴破碎机等矿山机械配套铸件。多次获得山东省科技奖励。

（7）莱芜煤机铸钢车间 进入21世纪，公司在原铸造车间生产能力的基础上，装备了树脂砂生产线、5吨电弧炉、1吨中频电炉、抛丸清理设备以及德国斯派克光谱分析仪等设备仪器。主要生产多元低合金耐磨铸钢、超高锰钢、耐热钢以及ZG40Cr等多种中、低合金铸钢件。其中二通、三通管件，刀臂等合金钢铸件出口到德国等国家。年产各种铸钢件1200吨。

1.6.7 有色金属铸件

进入21世纪后，滨州地区电解铝行业从无到有，从小到大，其产量迅猛增加。电解铝行业的发展有力地带动了小轿车铝轮毂行业的发展，涌现出盟威集团、创新集团等多家应用电解铝液热装电加热保温炉短流程、低压铸造铝轮毂的企业集团。

山东渤海活塞集团的车用内燃机铝合金活塞的产量与质量均为亚洲前列，济南慧成铸造有限公司的摩托车发动机用铝合金壳体、铝合金压铸件、铝合金重力铸造件广泛用于汽车、摩托车、高铁机车、游艇、发电机、工程机械等多个领域。莱州新安达铸造用金属模生产的铝合金铸件批量出口到英国、菲律宾、意大利等国家和地区。

（1）济南慧成铸造有限公司 2001年，公司改制成立“济南轻骑铸造有限公司”，次年由济南轻骑铸造有限公司和济南轻骑股份有限公司共同出资在章丘注册成立“济南慧成铸造有限公司”。

2003年搬入章丘福安路51号新厂区，同时改制为民营控股公司。当年，铸件月产量达到400吨，并开始批量出口。2007年，月产量突破700吨，实现翻倍增长。

公司装备了日本东芝、东洋、宇部等公司160～2000吨压力铸造机数十台，数控加工设备百余台以及光谱分析仪、三坐标测量仪、无损探伤仪、金相显微镜等先进的生产及检测设备。公司主要生产铝合金压铸件、重力铸造件、低压铸造件及机械加工件。产品广泛用于汽车、摩托车、高铁机车、游艇、发电机、工程机械等多个领域，远销到美国、法国、德国、日本、韩国等国家。

（2）莱州新安铸造产业 公司成立于1999年，固定资产6000万元，年产铝铸件2000吨，是集重力铸造铝合金铸件、机械加工及产品装配于一体的综合性生产企业。拥有铝合金重力铸造生产线、数控加工中心、数控车床等加工设备100多台（套）。主要产品为：汽车发动机铝合金配件及齿轮变速箱等零部件，产品出口到英国、菲律宾、意大利等国家和地区。

公司引进了当时最先进的重力倾转铸造机和日本正英熔解炉、英国光谱分析仪等设备、仪器。采用金属型生产铝合金铸件。

1.6.8 可锻铸铁件

进入21世纪后，山东省可锻铸铁行业进入衰退过程，逐渐被球墨铸铁所替代，仅有山东省最大的可锻铸铁生产企业玫德集团及山东合太恒科技股份有限公司等少数企业可锻铸铁件产量处于持平状况。

玫德集团致力于新技术的应用与开发，工艺装备水平和生产规模日新月异。从推广使用CAD、CAE计算机辅助设计开始，2001年引进OBLF光谱仪，同年在全国可锻铸铁行业首家通过ISO9000、美国FM等体系认证。2005年采用了OA管理系统，实现了网上办公，同年42个品种的球铁沟槽管件通过了美国UL、FM认证。公司的冲天炉安装了环保除尘系统，尾达标排放。2009年通过了德国DVCW产品认证审核。参与了《卡箍式柔性管接头》等五项国家标准的制定，主持制定了《可锻铸铁件》《可锻铸铁金相检验》两项国家标准。2014年通过了CCCF认证现场审核，30个消防产品通过美国UL认证。

公司从20世纪末的手工造型制芯、冲天炉熔炼、箱式退火窑退火、冲入法球化处理，到2016年全部使用潮模自动造型线造型，其中多数为东久、迪砂等先进的自动造型线，应用冲天炉+中频电炉双联熔炼，球铁生产全部采用喂丝法处理。可锻铸铁石墨化退火热处理全部采用隧道窑，并装备了水冷外热风长炉龄冲天炉及自动浇注机。2015年，铸件总产量28.63万吨。其中可锻铸铁件12.6万吨，球墨铸铁件12.3万吨。注册商标达102个国家，产品销售到130多个国家和地区。公司对所有的隧道窑、冲天炉、浇注区、砂处理区等的排放进行除尘、脱硫、脱硝治理，实现尾达标排放。

2000—2015年累计出口创汇近30亿美元。先后获得“全国铸件出口龙头企业”“中国玛钢管件知名品牌”“中国轻工业500强”“第五届中国行业最具影响力品牌”“国家认定企业技术中心”荣誉称号，累计获专利、成果200多项。从2005年开始至今，一直是全球最大管件生产厂家。

1.6.9 青岛市铸造行业

进入21世纪后，青岛市机械工业系统所属各企业深化改革，加快企业改制重组。青岛动力机厂结束与台商的合资，2003年按法定程序破产。青岛捷能动力集团公司2004年改制为民营股份制有限公司。青岛电站阀门厂2003年改制为国有全资有限公司，2009年与青岛铸造机械集团公司合并，组建青岛海纳重工集团公司。

为适应激烈的市场竞争，加快经济结构调整，青岛市机械工业系统各企业根据青岛城市建设发展的要求，陆续迁出市区，搬迁至市郊或青岛周边地区。各企业结合搬迁，加强技术改造和产品结构调整，逐步将企业产品的毛坯铸件外包给专业铸造厂生产。机械制造业的改革发展和生产的专业化要求，为青岛铸造业的振兴发展带来了新的动力。青岛四方机车厂、青岛纺织机械厂等大型国有企业在改制改革中，将原有企业直属的铸造车间（分厂）改建为独立的铸造（有限）公司，除为本企业产品提供铸件外，还接受市场订单。青岛海纳重工集团公司借助企业搬迁，发挥企业传统技术优势，成立特铁事业部，开发消失模铸造，生产特种铸铁、高锰钢、碳钢等铸件为本企业产品配套。青岛市郊和周边地区一些乡镇适应市场需求，抓住机遇，大力发展铸造业，为机械制造提供配套服务，带动本地经济发展。青岛北部平度市明村镇、田庄镇致力于铸造企业和铸造机械企业的建设，经过多年的发展，形成了产业规模和地区特色。

成立于1985年的青岛三合山精密铸造有限公司具有较强的经济实力和较大的生产经营规模。该公司拥有砂型铸造、精密铸造、机械加工、模具制造、热处理及理化试验、计量检测中心等配套设施、设备，拥有中频熔炼炉，电弧炉，15吨燃气热处理炉，5吨燃气热处理炉，90kW、180kW、230kW、260kW箱式电阻热处理炉，滚筒，悬挂式抛丸机等铸造设备200余台套，以及加工中心、数控机床、铣镗床、立车、卧式镗床等各种加工设备200余台套。2015年生产高、中、低碳钢及各类合金钢铸件3万吨，产品为铁路机械、轨道交通机械、工程机械、汽车、桥梁工程和矿山机械等多个行业配套。

成立于2006年的青岛连山铸造有限公司，是为轨道交通、石油管件、公路桥梁配套的民营铸造企业，拥有较强的研发能力，铸钢采用水玻璃、树脂砂工艺，铸铁采用黏土砂、树脂砂工艺。企业目标是做大做强，2016年申报了高新技术企业。

成立于2003年的青岛和德隆机械有限公司是国家高新技术企业。该公司采用树脂砂、黏土砂、覆膜砂工艺铸造灰铸铁、球铁阀门铸件，产品95%出口。该公司重视科技立企，加强科技研发，每年都有科技创新项目立项。截至2016年，企业申请专利23项，获国家专利授权11项。

青岛市平度明村镇、田庄镇部分铸造企业概况一览表（一）（2015年）见表1.19。

表1.19 青岛市平度明村镇、田庄镇部分铸造企业概况一览表（一）（2015年）

企业名称	成立时间	注册资金（万元）	占地面积	建筑面积（m^2）	主要铸造设备	员工人数（人）
青岛南阳三城机械有限公司	2007年（中韩合资）	30（美元）	60亩①	12000	750kg中频电炉3台，抛丸设备5台	180
青岛环隆铸造有限公司	2008年	1000	100亩	40000	1000kg、500kg中频电炉各2台，抛丸设备7台	180
青岛恒海精密铸造有限公司	2006年	50	26亩	7000	1000kg、500kg中频电炉各2台，抛丸设备6台	120
青岛三合山精密铸造有限公司	1985年	—	300亩	120000	中频熔炼炉，电弧炉，15吨燃气处理炉，5吨燃气处理炉，90千瓦、180千瓦、230千瓦、260千瓦箱式电阻热处理炉，滚筒，悬挂式抛丸机等200余台	1300
青岛铭超机械有限公司	2003年	300	55亩	20000	750kg中频电炉2台，抛丸设备12台	200

续表

企业名称	成立时间	注册资金（万元）	占地面积	建筑面积（m^2）	主要铸造设备	员工人数（人）
青岛连山铸造有限公司	2006年	11000	120亩	40000	3000kg中频电炉1台，2000kg中频电炉8台，抛丸设备15台	510
青岛乾骞机械有限公司	2013年	—	80亩	12000	1000kg中频电炉6台，抛丸设备5台	60
青岛润成车辆配件有限公司	2003年	500	55亩	12000	1000kg中频电炉4台，抛丸设备6台	150
青岛林州铸造机械有限公司	2010年	50	20亩	5000	500kg中频电炉2台，抛丸设备6台	50
青岛和德隆机械有限公司	2003年	22（美元）	50亩	8000	750kg中频电炉4台，抛丸设备3台	120
青岛昊天铸钢有限公司	2001年	300	28亩	8000	500kg中频电炉4台，抛丸设备3台	200
青岛盛泰铸造有限公司	2004年	200	20亩	8000	300kg、500kg、1000kg中频电炉各1台，抛丸设备3台	100
青岛天地铸造有限公司	1991年	3000	30亩	10000	750kg电炉3台，500kg电炉1台，吊钩清理机2台，履带清理机1台	130
青岛齐力铸钢有限公司	2004年	50	17亩	5000	400kg中频电炉2台，履带抛丸设备2台	100
青岛裕东机械有限公司	2003年	100	21亩	10000	500kg、350kg中频电炉各2台，吊钩抛丸设备1台，履带抛丸设备3台	110
青岛祥鸿机械有限公司	2002年	50	17亩	7000	350kg中频电炉1台、500kg中频电炉2台，履带抛丸设备3台	140
青岛同力拨叉有限公司	1998年	50	26亩	7000	500kg中频电炉4台，履带抛丸设备2台	110
青岛明皓机械有限公司	2002年	50	20亩	7000	350kg中频电炉3台，履带抛丸设备4台，吊钩抛丸清理机1台	150
平度市丰祥铸钢有限公司	1990年	50	7亩	3000	350kg、500kg中频电炉各1台，履带抛丸设备2台	50
青岛市平度天顺机械厂	2012年	50	8.5亩	3500	350kg中频电炉2台，履带抛丸设备2台	36

续表

企业名称	成立时间	注册资金（万元）	占地面积	建筑面积（m^2）	主要铸造设备	员工人数（人）
青岛浩通达机械有限公司	2012 年	1000	20 亩	4000	150kg、500kg 中频电炉各 2 台，抛丸设备 2 台	50
青岛天雨辉金属制品有限公司	2012 年	1000	10 亩	3500	750kg 中频电炉 1 台，抛丸设备 1 台	45
青岛隆实机械有限公司	1995 年	120	14 亩	4000	500kg 中频电炉 2 台，履带抛丸设备 2 台	110
青岛兴伟精铸有限公司	2000 年	100	35 亩	7000	500kg 中频电炉 2 台，履带抛丸设备 2 台	140
青岛昊盛拨叉有限公司	2008 年	50	13 亩	4000	350kg 中频电炉 2 台，履带抛丸设备 1 台	50
青岛云峰铸钢有限公司	2002 年	20	18 亩	3500	500kg 中频电炉 2 台，履带抛丸设备 4 台	100
青岛堃鑫精密铸造有限公司	2003 年	50	12 亩	6000	350kg 中频电炉 2 台，履带抛丸设备 2 台	60
青岛福源泉机械配件厂	2012 年	50	7 亩	2000	350kg 中频电炉 4 台，履带抛丸设备 2 台	45
青岛旭泰精铸有限公司	1997 年	400	75 亩	20000	500kg 中频电炉 2 台，履带抛丸设备 2 台	200

① 1 亩 ≈666.7 平方米。

青岛市平度明村镇、田庄镇部分铸造企业概况一览表（二）（2015 年）见表 1.20。

表 1.20　青岛市平度明村镇、田庄镇部分铸造企业概况一览表（二）（2015 年）

企业名称	总产值（万元）	主要产品	工艺技术	产品产量（吨）	产品适用范围	出口情况
青岛南阳三城机械有限公司	3700	铸件	真空覆膜砂铸造、V 法真空铸造	2400	工程机械、重型汽车、轨道交通配件	95% 出口到韩国、日本
青岛环隆铸造有限公司	4500	铸钢、铸铁件	覆膜砂、水玻璃工艺	5000	工程机械、重型汽车、轨道交通配件	10% 出口
青岛恒海精密铸造有限公司	5000	铸钢件	覆膜砂工艺	6000	工程机械、重型汽车配件	20% 出口
青岛三合山精密铸造有限公司	40000	铸钢件	砂型铸造、精密铸造	30000	铁路配件，轨道交通、工程机械、汽车配件，桥梁工程、矿山机械	—

续表

企业名称	总产值（万元）	主要产品	工艺技术	产品产量（吨）	产品适用范围	出口情况
青岛铭超机械有限公司	4000	铸钢件	水玻璃工艺	5000	重型汽车配件、建筑稳定配件等	35% 建筑稳定配件出口到日本
青岛连山铸造有限公司	12000	铸钢件、铸铁件	水玻璃、树脂砂工艺（铸钢），黏土砂、树脂砂工艺（铸铁）	8000	轨道交通、石油管件、公路桥梁配件	—
青岛乾骞机械有限公司	—	铸钢件	消失膜工艺	5000	工程机械配件	—
青岛润成车辆配件有限公司	3000	铸钢件、铸铁件	水玻璃工艺（铸钢），覆膜砂工艺（铸铁）	2500	重型汽车、工程机械、轨道交通配件	—
青岛林州铸造机械有限公司	2600	铸钢件、铸铁件	水玻璃工艺（铸钢），熔模铸造工艺（铸铁）	3000	重型汽车、工程机械、轨道交通配件	—
青岛和德隆机械有限公司	3500	铸铁件	灰铸铁、球铁件采用树脂砂、黏土砂、覆膜砂工艺	3200	阀门铸件	95% 出口
青岛昊天铸钢有限公司	3000	—	铸钢采用水玻璃工艺	1000	汽车配件、变速箱配件	—
青岛盛泰铸造有限公司	2000	铸铁件	灰铸铁、球铁件采用实型铸造工艺、树脂砂多层铸造	2000	AVK 阀门配件	—
青岛天地铸造有限公司	2500（销售收入）	铸铁件	黏土砂铸造，覆膜砂砂芯	2600	酒店设备配件	90% 出口到美国
青岛齐力铸钢有限公司	1200	铸钢件	水玻璃工艺	600	汽车变速箱配件	
青岛裕东机械有限公司	2000	铸钢件	水玻璃工艺	820	农机配件	给在中国的意大利、德国、福田等企业供货
青岛祥鸿机械有限公司	1700	铸钢件	水玻璃工艺	1000	农机配件	—
青岛同力拨叉有限公司	1300	铸钢件	水玻璃工艺	700	汽车配件、农机配件	10% 出口到韩国

续表

企业名称	总产值（万元）	主要产品	工艺技术	产品产量（吨）	产品适用范围	出口情况
青岛明皓机械有限公司	1500	铸钢件	水玻璃工艺	1000	汽车配件、农机配件	25% 通过外贸出口到德国
平度市丰祥铸钢有限公司	600	铸钢件	水玻璃工艺	700	汽车配件、农机配件	—
青岛市平度天顺机械厂	350	铸钢件	水玻璃工艺	450	汽车配件、农机配件	—
青岛浩通达机械有限公司	2000	耐热钢铸件	覆膜砂、硅溶胶精铸工艺	350	军工配件	—
青岛天雨辉金属制品有限公司	500	铸铁件	黏土砂工艺	600	酒店炉具配件	产品加工出口到南非
青岛隆实机械有限公司	700	铸钢件	水玻璃溶膜铸造工艺	700	汽车配件、农机配件	—
青岛兴伟精铸有限公司	1500	铸钢件	水玻璃铸造工艺	1000	汽车配件、农机配件	—
青岛昊盛拨叉有限公司	1000	铸钢件	采用水玻璃工艺	600	汽车变速箱配件、农机配件	—
青岛云峰铸钢有限公司	1200	铸钢件	水玻璃工艺	100	机械配件	95% 产品出口
青岛堃鑫精密铸造有限公司	2000	铸钢件	水玻璃工艺	1600	船用锁具占 65%，农机配件占 35%	船用锁具全部出口
青岛福源泉机械配件厂	500	铸钢件	水玻璃工艺	800	汽车配件、农机配件	—
青岛旭泰精铸有限公司	2200	铸钢件	水玻璃工艺	2000	汽车配件、矿山机械配件	—

青岛“绿色铸造”的兴起和发展

自国家“十二五”规划实施以来，“绿色、低碳、可持续发展”成为国家战略和基本国策，随着公众环境意识的不断提高及国家环保政策法规的进一步完善，绿色低碳成为铸造行业发展的必然趋势。绿色铸造作为一个全面考虑环境影响、能源利用效率的铸造生产模式，代表了铸造业未来发展的趋势。青岛铸造业顺应了这个发展趋势，积极促进铸造企业的清洁、环保、安全、节能和两化深度融合，推进行业向绿色铸造转型升级、健康有序持续发展。

绿色铸造产业园　2011 年 11 月 16 日，青岛市机械工业总公司与莱西市政府签订协议，在莱西姜山镇建设华通高新装备产业园，主要从事特钢铸造、铸造机械、整机装备、新能源装备等高新装备的制造。2014年，经过有关专家的多方论证，逐渐聚焦于绿色铸造范畴，在中国铸造协会指导下，推出了中德合作绿色铸造产业园区建设方案，确定在华通高新装备产业园打造以一个研究院（中国铸造协会铸造研究院）、两个中心（全球接单中心、技师培训中心）、三个示范工厂（数字化特钢、数字化铸铁、数字化铸铝）和十家企业（十家顶级中德铸造装备企业）为基本架构的“中德绿色铸造示范产业园”。产业园一期特钢铸造项目占地255亩，建设面积75000m^2，总投资5.4亿元人民币。产业园二期将进一步提升绿色铸造产业水平，复制铸钢工厂模式，完善绿色铸造装备产业链。整个产业园项目于2020年完成后，将形成比较完整的绿色铸造产业体系，成为“中国绿色铸造数字化产业升级基地、全球铸造行业贸易和技术合作平台、国际化铸造人才交流中心、现代制造服务业示范园区”。

产业园一期特钢铸造项目于2012年9月奠基，2013年6月正式开工建设。至2015年年底，特钢项目累计完成投资3.535亿元人民币，由建设阶段迈入试生产阶段。入驻产业园一期项目的青岛德铸特钢有限公司于2013年9月正式注册，注册资本5000万元，聘请德国铸造专家乔森·霍夫先生为总经理。该公司拥有集模具制作、冶炼精炼、砂型铸造、热处理、粗精加工为一体的完整铸钢零部件生产链条，国际水平的实验、检测中心、实训基地，具有生产超低碳不锈钢、奥氏体不锈钢、双相不锈钢、马氏体不锈钢、耐高温合金钢等特殊材质铸钢件及钢锭产品的能力，产品符合ASTM、DIN（EN）、SWE、ROST等国际先进标准，满足耐高温、耐低温、耐腐蚀、耐磨损、高强度等特殊性能要求，应用在高效清洁发电装备、矿山冶金装备、海工装备、石油化工装备等高端装备领域。

青岛德铸特钢有限公司拥有10吨及30吨电弧炉，10吨中频感应炉及配套VOD精炼炉、LF钢包炉等精炼设备；大件造型安装80吨双臂移动连续式混砂机、振实台、移动式烘干机等设备；中小件造型采用树脂砂造型线，其设备组成有60吨双臂连续式混砂机、振实台、翻转起模机、流涂机、烘干机等设备。另外，根据生产规模及能力，配套安装了60吨燃气热处理窑、100吨抛丸清理室、150吨桥式起重机等大型设备以及旧砂再生等设备。全面达产后年产4万吨高端铸钢件及特种钢锭。铸件最大单件质量为100吨（图1.105）。

2015年11月13日，青岛德铸特钢有限公司成功浇注第一批铸件。浇注的铸件以青岛捷能汽轮机常规汽轮机后汽缸上下半以及配套产品持环为主，采用碱酚醛树脂砂造型工艺。砂型（芯）强度高、成型性好、热稳定性好、透气性好，可以大大减少铸件的粘砂、夹砂、砂眼、缩孔、裂纹等缺陷，使铸件表面光洁、棱角清晰、尺寸精度高。同时，造型效率高，提高了生产率和场地利用率，缩短了生产周期，减轻劳动强度，大大改善了劳动条件和工作环境。旧砂回收再生也比较容易，可以达到90%～95%的再生回收率。

2016年3月，青岛德铸特钢有限公司试生产新材质ZG4Cr9Si2耐热钢取得成功。ZG4Cr9Si2作为铬硅马氏体型耐热钢，以其750℃以下耐氧化的特点，多用于阀门、内燃机进气阀、轻载荷发动机的排气阀等相关领域。该型铸钢件对生产工装、人员操作水平有较为苛刻的要求。该公司在试生产过程中，采用 EBT-Eccentric Boottom Tapping 偏心底电弧炉和 LF-Ladle furnace 钢包精炼炉双联冶炼法，通过电弧炉氧化精炼、挡渣出钢，钢包渣洗、气体稀释、搅拌、喂线和加热（调温）等一系列工艺措施，为产品的品质提供了有力保障，验证了德铸特钢公司战略发展方案的可行性，为德铸特钢公司全面投产，向国内领先、世界一流的绿色铸造和高端铸钢件生产基地的目标迈开了坚实的一步。

2016 年 5 月 19 日，在第十四届中国国际铸造博览会上，青岛德铸特钢有限公司参展的 330MW 超临界机组止回阀铸钢件获得“优质铸件金奖”。

铸钢车间

造型车间

砂处理线和自动造型线

环保除尘设备

生产的铸钢件

图 1.105 青岛德铸铸钢有限公司部分装备及产品

绿色铸造产业发展基金 2016 年 1 月 6 日，由青岛华通国有资本运营（集团）有限责任公司、青岛国际投资有限公司、华欧资本（中国）管理有限公司三家企业共同签署协议，设立中德绿色铸造产业发展基金，通过引进具有国际投资经验的管理机构，引入中外社会资本，促进青岛铸造企业的国际化合作进程，提高青岛市产业基金的国际化运作水平。

绿色铸造产业发展基金主要投资青岛的绿色铸造、节能环保和新能源新材料等行业，为青岛市发展绿色铸造企业提供资金方面的支持。此次合作将利用青岛市政府的产业引导基金优惠政策，探索和实践以“产融结合”促进绿色铸造发展的新模式，合作发起中德绿色铸造产业基金，投资于绿色铸造。中德绿色铸造产业发展基金的签署，将进一步加强德国企业与青岛企业的合作，促进德国高端项目在青岛的落地，建立德国企业与中国企业发展绿色铸造的联系，推动青岛市在实施“一带一路”倡议的过程中与欧盟关系的发展。

加强战略合作　2015 年 11 月 17 日，青岛华通机电国际有限公司（QME）与河北宏强科技有限公司签署战略合作框架协议，双方将通过“绿色铸造样板点”示范性工程的建设，进行长期、紧密合作，建立合作共赢的战略合作伙伴关系。河北宏强科技是一家集企业管理与运营、研发、制造、销售和服务为一体的产品解决方案供应商，拥有较丰富的国际化中高端铸造产品生产队伍和市场拓展的经验。QME 是一家具备绿色铸造市场支撑、国际高端铸造技术专家团队支撑和全覆盖设备支撑的现代国际一流铸造整体解决方案供应商，致力于绿色铸造理念研究与创新，推动中国铸造行业产业的绿色铸造转型。通过战略合作，河北宏强科技将建成节能减排、绿色（低碳）环保、优质高效、可持续发展的绿色铸造企业，铸造产品定位于国际化高端市场；同时打造中国中高端铸造行业职业技术培训基地，为 QME 和铸造行业输送专业技能人才，推动中国绿色铸造的可持续发展。QME 以绿色铸造理念和技术为基础，集合国际高端铸造技术专家团队，从产品定位、企业规划、工艺设计、设备选型、设备制造、数字化工程、运行服务到融资合作，为宏强科技完成“可运营、可示范、可引导、可复制、可升级”的“绿色铸造样板点”示范性企业的建设。

绿色铸造国际孵化器　2015 年 4 月，青岛绿色铸造国际孵化器管理有限公司在青岛揭牌成立。绿色铸造国际孵化器以绿色铸造科技型创业企业为服务对象，搭建中德合作平台，旨在成为全球知名的“绿色铸造”建设装备制造业中高端国际产业孵化器、产业链顶端的整合者和价值链中高价值的创造者（表 1.21）。

绿色铸造国际孵化器是孵化企业的技术与科技创新基地，严格地以 2013 年以来新成立的中德合资合作企业，具有德国基因的高科技、绿色、新型企业为入孵标准，同时吸引和邀请了中德两国多位国际、国内铸造行业的知名学者与专家加入。孵化器集聚于德国铸造装备、工艺技术高端企业资源，完善价值链体系，通过进一步整合中国国内、德国等高端装备、技术人才和企业资源，结成绿色铸造联盟，逐步转型服务，为客户提供绿色铸造工厂“交钥匙工程”解决方案。莱西华通高新装备产业园是企业技术成果孵化的生产基地。

绿色铸造国际孵化器按照“实施产业发展战略、营造创新创业环境、培育企业核心业务、提升中小企业实力、提供集约式空间服务功能”的宗旨，充分贯彻实施绿色铸造产业发展创新战略，进一步营造创新创业环境、减轻企业负担，解决目前中德合资合作中小企业面临的共性问题。同时，帮助企业突破发展过程中的种种瓶颈，在提供集约式空间服务的基础上，整合现有政府扶持、产业联盟、公共技术平台及专家顾问等公共资源，提供包括物业、公关、行政、翻译、财务、法律、投融资在内的一系列专业服务，并根据企业不同的发展阶段提供针对性的阶梯式服务，让入孵合资合作企业专注于主要业务。孵化器聘请了德国著名的铸造专家、原德国维斯塔斯马格德堡铸造有限公司总经理霍夫先生担任企业发展顾问，为入孵企业介绍和引入德国合作伙伴和德国技术。通过孵化器的平台已为企业与德国RWP铸造模拟软件公司、德国铸造研究院（IFG）、德国铸造专家软件有限公司（IPS）、德国G.U.T集团公司建立了合作关系。

表1.21　青岛绿色铸造国际孵化器管理有限公司入驻企业情况一览表（2015年）

序号	企业名称	法定代表人	成立时间	注册资本（万元）	备注
1	青岛卓唯绿色铸造服务有限公司	于彦齐	2015.1.21	920	—
2	上海绿铸投资合伙企业（有限合伙）	刘永年 郭建清	2015.1.29	—	—
3	尼欧迪克（青岛）除尘设备有限公司	黄　宏	2006.8.11	600	中德合资
4	青岛福沃绿色铸造技术有限公司	马小维	2014.10.22	1000	—
5	青岛绿铸装备智能制造有限公司	张灵泉	2012.11.26	500	—
6	青岛德铸特钢有限公司	张灵泉	2013.9.23	5000	—
7	昆格瓦格纳（青岛）机械有限公司	吴寿喜	2014.12.5	3000	中德合资
8	中国铸造协会绿色铸造研究院	—	2015.4.16	—	社团机构
9	中国铸造协会绿色铸造工作委员会	—	2014.9.6	—	社团机构
10	青岛市铸造协会	—	2015.12.18	—	社团机构

举办中德绿色铸造高峰论坛　2014年9月16日至18日，由中国铸造协会、德国铸造研究院联合举办的“2014首届中德绿色铸造高峰论坛”在青岛举行（图1.106、图107）。青岛市政府副秘书长王卫平，中国机械工业联合会副会长、中国铸造协会常务副会长张立波，德国铸造研究院负责人霍斯特·沃尔夫等100多名中德专家学者、业界嘉宾、企业高管出席了论坛。

图1.106　2014年首届中德绿色铸造高峰论坛

2015年9月14日，中国铸造协会在青岛举办了第二届中德绿色铸造高峰论坛。全国铸造行业的专家学者、企业家、企业高管200余人参加了论坛。来自德国铸造协会、德国机械工程师协会、德国弗莱贝格工业大学、德国TDM公司、德国IPS专家软件公司等机构、企业的德国铸造业的专家参加了论坛。与会人员围绕如何发展绿色铸造、如何构建绿色铸造体系、绿色铸造企业标准体系和开展绿色评价的方法等进行了探讨。15 位中外专家在论坛上进行了主题演讲。

图 1.107　第二届中德绿色铸造高峰论坛会场

此次高峰论坛是我国绿色铸造领域首次举办的大型峰会。与会领导、专家分别围绕“中国铸造业两化深度融合”“德国绿色铸造之节能减排”“德国专家铸造工艺报告”“我国绿色铸造企业发展现状及分析”等产业热点和技术前沿话题展开研讨。中德专家学者以圆桌对话的形式，共同就“中德铸造 4.0”和“铸造行业节能、减排、职业安全、职业教育”等主题进行了探讨，并与参会嘉宾进行了互动交流。

论坛进行中，中国铸造协会绿色铸造工作委员会与深圳平安大华汇通财富管理有限公司签署了中国绿色铸造发展基金合作协议。中国铸造协会（CFA）与德国铸造研究院（IFG），青岛市机械工业总公司（QME）与德国瑞务普模拟技术有限公司（RWP）、德国弗劳恩霍夫研究院分别签署了中德友好合作项目协议。青岛机械技工教育集团被中国铸造协会命名为“中国铸造行业教育培训基地”。

2 铸造设备与仪器篇

山东省铸造设备的生产始于1954年，最初以仿制苏联和美国进口设备为主，然后根据我国铸造行业发展的需求，走出了一条仿制、改造、自主研发铸造设备的发展之路。山东省相关企业、科研院所研发和生产的铸造设备包括黏土砂设备、树脂自硬砂设备、制芯设备、铸件落砂清理设备、熔炼及浇注设备、特种铸造设备、消失模铸造设备、检测设备及仪器等，不仅满足了山东省铸造行业生产的实际需要，而且对我国铸造行业的发展做出了应有的贡献。

2.1 造型与制芯设备

2.1.1 造型机、造型线及其辅助设备

砂型铸造是铸件生产的主要工艺方法，由砂型铸造工艺生产的铸件占到铸件总产量的80%以上，而由黏土砂铸造工艺生产的铸件占到砂型铸造工艺生产铸件总量的50%～60%。黏土砂流动性差，紧实困难，且只有紧实才能获得相应的强度。基于这些特点，在所有砂型铸造造型设备中，黏土砂造型设备结构最复杂，品种数量最多，且自成体系。

造型设备可分为造型机和造型线。造型机主要是完成铸型成型及起模等工艺过程。所谓造型生产线，就是根据生产铸件的工艺要求，将造型机和辅机按照一定的工艺流程，用运输设备联系起来，并采用一定的控制方法所组成的机械化、自动化造型生产系统，并在该系统中进行造型、下芯、合型、浇注、冷却、落砂等工作，完成铸件成型的全过程。

青岛铸造机械厂1960年试制了235G和233造型机，Z145A震压造型机出口到越南、朝鲜等发展中国家，1964年开发了Z114脱箱震压造型机，1958年至1965年开发了234、271型造型机。1975年，济南铸造锻压机械研究所研发了ZB148B造型机（图2.1）。1976年，青岛铸造机械厂承接了由济南铸造锻压机械研究所设计的XZB148B气动微震压实造型线的安装制造任务，并在山东拖拉机厂、天津拖拉机厂投入使用。该机械化造型线由上箱造型机、下箱造型机、上箱输送线、下箱输送线、分箱机、翻箱机、落箱

图 2.1　ZB148B 气动微震压实造型机

机、合箱机、压铁机、捅箱机、环形铸型输送机等组成。XZB148B 型气动微震压实造型线的试制成功，开创了我国自行设计和生产造型自动线的历史。1979 年，青岛铸造机械厂与济南铸造锻压机械研究所联合，改型设计了 XZB148C 型气动微震压实造型线。该造型线将原来的 4 台主机改为 2 台，将全气动控制改为气、电联合控制。

1987 年，青岛第二铸造机械厂研发生产了 X426 和 X427 水平分型造型生产线。

20 世纪 80 年代初，气流冲击造型技术在瑞士 GF 公司和德国 BMD 公司相继研制成功，1983 年在铸造生产中得到了实际应用，与此同时，1983 年济南铸造锻压机械研究所研制出了砂箱尺寸为 500mm × 400mm × 200mm 的气流冲击造型试验机，1985 年设计出了 Z458A 气流冲击造型机（图 2.2），1986 年为广东顺德柴油机厂制造了气流冲击造型生产线（图 2.3）。

图 2.2　Z458A 气流冲击造型机

图 2.3　气流冲击造型生产线

静压造型技术由日本新东工业株式会社于 1976 年发明并在 1979 年投入铸造设备市场。1985 年我国开始引进静压造型技术。2001 年，济南铸造锻压机械研究所与德国 HWS 公司合作为扬州动力柴油机公司引进了一条静压造型生产线并开始了静压造型生产线的设计研发工作，实现了德国 HWS 静压造型机和我国生产的造型线辅助机械的联合配线（图 2.4）。

2006 年，我国生产的静压造型机投放市场。济南铸造锻压机械研究所生产的 XZ4412 型静压造型生产线生产率达到了每小时 120 型。2014 年，济南铸造锻压机械研究所为山东康迈信机械有限公司生产了砂箱尺寸为 1200mm × 800mm × 350mm/350mm 的静压造型线，其工艺布置如图 2.5 所示。

图 2.4　HWS 造型机配国产辅机的静压造型线

图 2.5　国产静压造型生产线

潍坊机床二厂有限公司始建于1951年，是原机械工业部定点生产砂箱、铸型输送机的专业厂家，1975年开始生产铸型输送机，1983年开始生产砂箱和铸型输送小车，其主要产品有造型线用砂箱、小车，XZ系列气动微震压实造型线及各种造型线辅机，BLT、JYB系列鳞板输送机及各类非标板式输送机。BL型鳞板输送机1986年获山东省科技进步奖三等奖，XZ458A气流冲击自动造型线研制项目获1991年机械电子工业部科技进步奖二等奖。

青岛双星铸造机械有限公司2009年开发了DSZ326水平分型造型机。该造型机采用独特设计的垂直射砂方式，整体工作能耗和当时同类产品相比降低了40%～60%。

青岛华鑫集团、青岛滨海金成铸机、青岛精丰铸机制造有限公司等企业为铸造企业提供单机造型机等设备并在铸造生产中得到了应用。

2.1.2 制芯设备

潍坊晟林铸造机械有限公司是山东省较早开展制芯设备开发和生产的企业。山东省从事制芯设备生产的企业还有龙口德瑞斯金属制品有限公司、济南林青铸造技术有限公司、青岛华鑫集团、青岛精丰铸机制造有限公司等，主要产品为冷芯盒制芯机、热芯盒制芯机、壳芯机及三乙胺发生器等。济南林青铸造技术有限公司2012年为世界最大的球墨铸管生产厂研制了DN1000冷芯盒射芯机，2013年研制了可满足DN110～DN2600铸管承口砂芯生产、一次射砂能力为1500kg的LQ2600制芯机。

2.2 » 砂处理设备

2.2.1 黏土砂混砂机

混砂机是黏土砂处理系统的核心设备，按结构特征可分为辗轮式混砂机、辗轮转子式混砂机、固定底盘转子式混砂机、旋转底盘转子式混砂机等。

2.2.1.1 辗轮和辗轮转子式混砂机

青岛铸造机械厂1955年仿制苏联产品生产了S112辗轮式混砂机，1959年试制成功了S125摆轮式混砂机。20世纪60年代，我国的混砂机以S114（从美国引进）和S116（从苏联引进）辗轮式混砂机为主，这两种混砂机是仿制Simpson混砂机20世纪30年代至40年代的产品，一次混砂量为400～600kg，每小时混砂10～12批次，生产率为4～7t/h。1963年3月，青岛铸造机械厂生产的S111A、S114A辗轮式混砂机等设备首次出口到国外。1964年青岛铸造机械厂引进了西德GL6滚筒式连续混砂机并进行测绘和仿制。

1966年，济南铸造锻压机械研究所和青岛铸造机械厂联合为中国第二汽车制造厂开发了双碾盘连续式混砂机，同时济南铸造锻压机械研究所组织开展了国产辗轮混砂机的研究工作，研发了S116A辗轮式混砂机样机。该混砂机采用了弹簧加压机构、气压定量加水装置以及回转雾化加水机构。

1974 年，济南铸造锻压机械研究所研制成功了 S1114（包括 SB1114 和 SZ1114）辗轮式混砂机。同年，山东工学院为潍坊发动机厂设计了一条砂处理生产线，采用了由山东工学院设计研发的辗轮转子式混砂机、双盘冷却机和由山东省机械工业学校设计研发的 Y33 系列带式输送机等设备。全套设备由青岛第四铸造机械厂生产。辗轮转子式混砂机的盘径为 2500mm，行星转子采用齿轮传动，生产率为 $60m^3/h$。

1975 年，山东工学院组织研发了一套混砂机试验装置，该装置可以根据需要装配成辗轮式混砂机、辗轮转子式混砂机以及转子式混砂机，以方便开展混砂机基本参数、结构参数、混砂效率及质量的试验研究。借助该设备，青岛第四铸造机械厂与山东工学院联合开展了辗轮混砂机参数的试验研究，得到了大量的试验数据，为各类混砂机研制提供了可靠的理论依据，并在此基础上开发了 S1110、S1116、S1120 辗轮式混砂机。该系列辗轮式混砂机采用了液力耦合器、硬齿面齿轮、集中润滑、表面冷硬铸铁辗轮、辗轮弹簧加压装置、底盘镶嵌辉绿岩铸石、刮板表面堆焊碳化钨硬质合金等新技术。

1977 年，由济南铸造锻压机械研究所和青岛铸造机械厂联合开发的 S1114 辗轮式混砂机和 S1314 辗轮转子式混砂机通过了技术鉴定，并在 1978 年全国科学技术大会上获得了奖励。

1978 年，济南铸造锻压机械研究所和山东工学院共同提出和起草了《辗轮式混砂机基本参数》（JB 2656—1979），并于 1979 年正式颁布实施。1978 年 9 月，由济南铸造锻压机械研究所与山东工学院组成了新系列混砂机联合设计组，按照模块化、系列化的原则，先后设计并研制了 S11 系列辗轮式混砂机（图 2.6）和 S13 系列辗轮转子式混砂机（图 2.7）2 个系列共计十几个品种的产品。其中，S1118 辗轮式混砂机获得 1982 年广西壮族自治区科技进步奖三等奖，由山东工学院主持研究的“混砂机基本参数的试验研究及 S1122、S1133 混砂机研制”项目获 1991 年山东省科技进步奖一等奖。

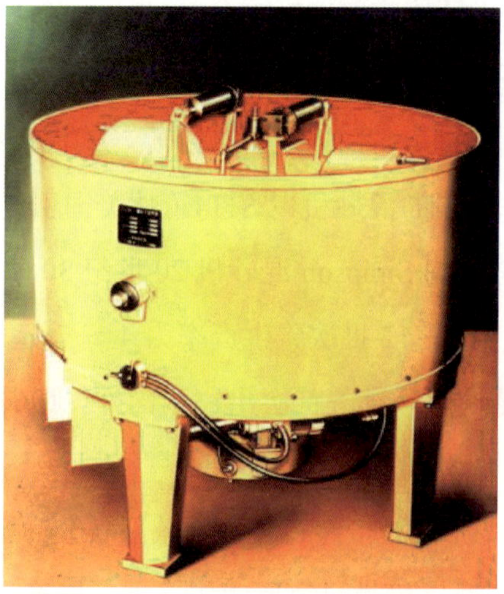

图 2.6　S11 系列辗轮式混砂机

图 2.7 S13 系列辗轮转子式混砂机

1980 年青岛铸造机械厂与济南铸造锻压机械研究所联合开发了 S1330 辗轮转子式混砂机并在洛阳第一拖拉机厂得到了应用，其一次混砂量为 2.8t，生产率为 80t/h。1983 年该项成果获机械部科技成果奖三等奖。

2.2.1.2 固定底盘转子式混砂机

随着造型机械化、自动化以及铸造生产专业化水平的不断提高，造型工部的用砂量不断增加，辗轮式混砂机生产率低的弱点日渐凸显，铸造行业对开发大生产率混砂机的需求愈加强烈。20 世纪 70 年代初国外开始大力发展无辗轮转子混砂机，到 20 世纪 80 年代初，西欧各国转子式混砂机几乎完全取代了辗轮式混砂机。我国自 20 世纪 70 年代初开始探讨试用转子式混砂机。1985 年至 1986 年，济南铸造锻压机械研究所开发了 S15 系列逆流转子式混砂机和 S16 系列行星转子式混砂机（图 2.8）。S15 系列逆流转子式混砂机利用多层叶片的逆向运动带动混合料分层逆向流动，利用物料间产生的强烈碰撞、剪切、摩擦及混合作用实现混砂。S16 系列行星转子式混砂机利用混砂转子绕主轴公转和自转时叶片对砂子的抛击、搅拌作用，使物料间产生强烈的碰撞、剪切、摩擦、混合作用以达到混砂的目的。

图 2.8 S16 系列行星转子式混砂机

图 2.9　S14 转子式混砂机

1985 年开始，青岛第四铸造机械厂与天津大学、山东工业大学合作研发了 S14 系列转子式混砂机（图 2.9）。该混砂机采用低速回转的主轴带动刮板推动物料形成峰谷起伏的环流，为转子供料，中速回转的转子对型砂进行冲击、剪切，利用砂子间的碰撞、剪切、摩擦、混合作用达到混砂的目的。该系列混砂机有 S1410、S1412、S1416、S1420、S1425 等多个品种，其成果于 1996 年获得国家科技发明奖三等奖。

1994，年青岛铸造机械厂引进了荷兰吉米柯（GEMCO）公司的砂处理成套技术，经技术转化生产了 AMW28 转子式混砂机，并于 1995 年获得了国家级新产品称号。

2.2.1.3　旋转底盘转子式混砂机

济南铸造锻压机械研究自 1998 年开始旋转底盘转子式混砂机的研发工作。首先研发了盘径为 2200mm、生产率为 50 ～ 60t/h 的 S1822 旋转底盘转子混砂机（图 2.10），1999 年制造出样机，2000 年在实际生产中得到应用。2001 年开始研发盘径为 2500mm、生产率为 70 ～ 90t/h 的 S1825 混砂机，2002 年在山西三联铸造有限公司静压造型生产线砂处理系统中得到了应用。2006—2007 年研发了盘径为 2900mm、生产率为 90 ～ 120t/h 的 S1829 混砂机。2012—2015 年研发了盘径为 3200mm、生产率为 160 ～ 200t/h 的 S1832 混砂机（图 2.11）。该系列混砂机偏心布置了两个反向旋转的高能转子，同时底盘带动物料一起旋转，形成高速差的物料流动和连续的物料位置变化，最大限度地消除了混合区域死角；采用中心卸料结构，缩短了卸料时间；型砂混制时间短，生产率高，体现出了强力高效的特点。

图 2.10　S1822 旋转底盘转子混砂机

图 2.11 S1832 旋转底盘转子混砂机

2015 年，济南铸造锻压机械研究所开发了大型混砂机带载考核试验平台（图 2.12），可对生产率在 160t/h 以下所有规格的混砂机进行带载可靠性试验。

图 2.12 混砂机带载考核试验平台

由济南铸造锻压机械研究所主持制定的《高效转子混砂机技术条件》（GB/T 28689—2012）和《粘土砂混砂机安全要求》（GB 28759—2012）于 2012 年颁布实施，制定的《粘土砂混砂机可靠性试验方法》（JB/T 11558—2013）于 2013 年颁布实施。其中，《粘土砂混砂机安全要求》获得济南市 2014 年国家标准制定奖，《高效转子混砂机技术条件》获得 2015 年中国机械工业科技进步奖三等奖。

青岛天汇铸造机械有限公司引进德国爱立许底盘旋转式高效转子混砂机技术，开发了 THQS1822 底盘旋转式高效转子混砂机（图 2.13），混砂机盘径为 2200mm，一次加料量 1800kg，生产率为 40 ～ 60t/h。

图 2.13　THQS1822 底盘旋转式高效转子混砂机

2.2.2　其他黏土砂处理设备

青岛铸造机械厂 1954 年生产了 20m^3/h 移动式松砂机（图 2.14），1955 年生产了 121 型带式松砂机和 6 ～ 25m^3/h 筛砂机。

图 2.14　20m^3/h 移动式松砂机

青岛生建机械厂 1956 年生产了普通筛砂机、振动筛、焦炭筛。1960 年生产了松砂机，设计制造了 S914 型电磁分离滚筒。1965 年试制成功了 QD-17 型三辊磁选机和 QD-003 型电磁振动给料机。

1974 年，山东工学院与青岛第四铸造机械厂开始合作研制 S8340 双盘搅拌冷却机（图 2.15）。1975 年双盘搅拌冷却机在潍坊发动机厂砂处理生产线上得到了应用。之后又陆续开发了 S8380、S83120、S83160 等多个型号的双盘搅拌冷却机。1986 年由山东工学院与青岛第四铸造机械厂联合研发的 S8340、S8380、S83120 系列双盘搅拌冷却机获得了山东省科技进步奖三等奖，1987 年 S83 系列双盘搅拌冷却机获得山东省优秀新产品奖二等奖。

1974 年，山东工学院开始研发三回程滚筒烘砂装置（图 2.16），并与青岛第四铸造机械厂共同试验开发了 S623、S625 两种产品。三回程滚筒烘砂装置以三层套装在一起的滚筒为承载构件，湿砂在三层滚筒形成的间隙内迂回运动，砂子和滚筒之间、砂子和热气流之间进行热交换，水分汽化后被气流带走，砂子被烘干。这种烘砂装置热能利用率高、烘砂效果好、占地面积小，成为国内广泛应用的烘砂装置，并出口到部分东南亚国家，取得了良好的社会及经济效益。1989 年 S623A 微机控制三回程滚筒烘砂装置获山东省科技进步奖二等奖，1996 年 S62 系列三回程滚筒烘砂装置获教育部科技进步奖三等奖。

图 2.15　S8340 双盘搅拌冷却机

图 2.16　三回程滚筒烘砂装置

山东省机械工业学校和青岛第四铸造机械厂于 1982 年开始合作研发 S45 系列直线振动筛砂机（图 2.17）、S42 系列螺旋给料机、Y33 系列皮带输送机和 Y37 系列片击式破碎机（图 2.18）等砂处理设备。

图 2.17　S45 系列直线振动筛砂机

图 2.18　Y37 系列片击式破碎机

青岛第四铸造机械厂于 1993 年研发了覆膜砂生产成套设备并在多家企业应用。1995 年和清华大学合作研制了 C1812 型砂性能自动控制系统，1998 年通过了由教育部组织的技术鉴定并获得国家级新产品奖。

济南铸造锻压机械研究所于 2000 年开发了型砂性能在线检测装置，并在中国第一拖拉机厂第二铸铁厂、扬州动力机厂、安徽巢湖铸造厂等单位得到了应用。

1999 年，山东建筑大学、山东工业大学和青岛天工机械厂联合进行树脂旧砂热法再生技术的研究，其研究成果沸腾式树脂旧砂热法再生装置在多家企业获得了应用，并于 2002 年获得了山东省科技进步奖二等奖，2006 年获得教育部科技进步奖二等奖。2007 年，山东建筑大学与青岛第四铸造机械厂合作进行了黏土旧砂再生技术研究，完成了成套设备研发，其成果于 2011 年获得了山东省科技进步奖三等奖。

在铸造设备的发展进程中，青岛第五铸造机械厂也曾生产过黏土砂混砂机以及输送、定量等砂处理机械。在山东省平度市有青岛天汇铸造机械有限公司、青岛天工机械有限公司、青岛五洋铸机有限公司、胶东铸造机械厂、青岛源邦机械制造有限公司、青岛飞航铸机有限公司等多家企业生产黏土砂处理设备，形成了铸造砂处理设备生产的产业集群。

2.2.3 树脂砂设备

1990 年，青岛第四铸造机械厂在济南柴油机厂的大力支持下，对济南柴油机厂引进的德国自硬树脂砂混砂机及旧砂再生系统成套设备进行消化吸收，开发了自硬树脂砂混砂机（图 2.19）、螺旋振动破碎再生机（图 2.20）、沸腾式旧砂冷却床（图 2.21）、流态化中压压送装置（图 2.22）等自硬树脂砂生产设备，其成果于 1994 年获得了山东省科技进步奖一等奖。

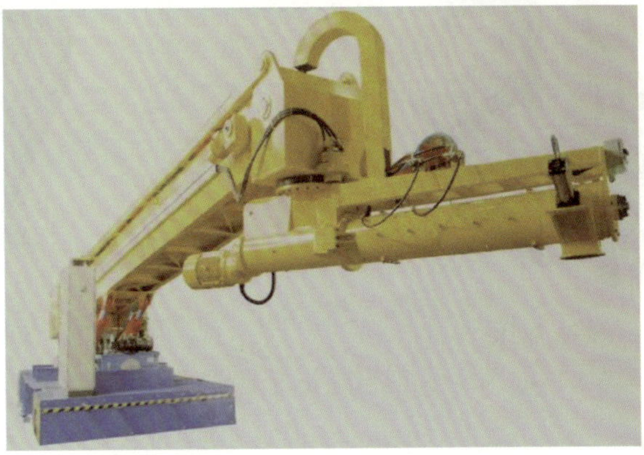

图 2.19　自硬树脂砂混砂机

图 2.20　螺旋振动破碎再生机

20 世纪 90 年代，济南劲松铸造机械有限公司对济南第一机床厂引进的日本自硬树脂砂设备进行了国产化并在部分企业得到了应用。

1995 年，德国 FAT 公司总经理考察济南二机床集团有限公司，对济南二机床的生产制造能力非常赞赏。为了更好地开拓中国市场，双方决定成立合作公司。

1996 年，济南二机床集团有限公司引进了当时代表自硬树脂砂造型及再生先进水平的树脂自硬砂设备及制造技术，成立了铸造设备公司，开始了济南二机床铸造装备的发展之路。1996 年 10

月承接了中国贵航集团树脂砂再生线树脂砂混砂机及造型设备生产任务。1996 年年底，开发了 DS25 自硬树脂砂双臂连续式混砂机（图 2.23）并在戚墅堰机车车辆厂铸造车间得到了应用。1999 年开发了 5t/h 自硬树脂砂单臂连续式混砂机（图 2.24）。

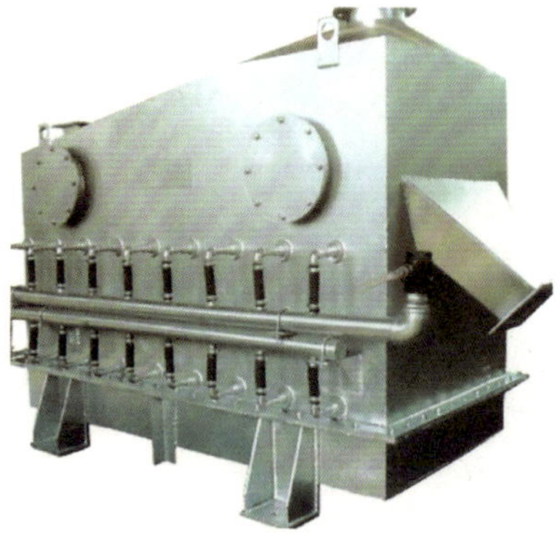

图 2.21　沸腾式旧砂冷却床

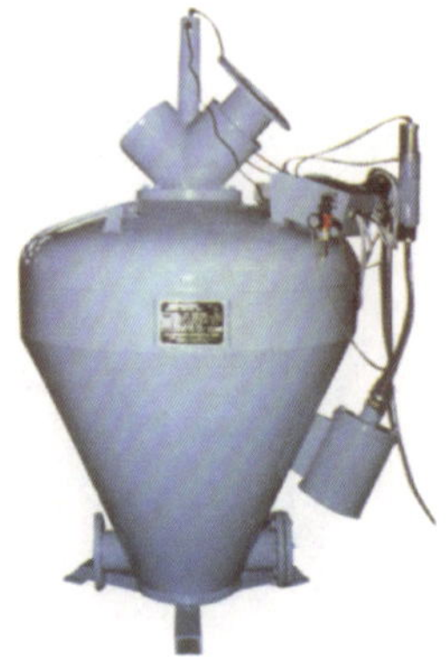

图 2.22　流态化中压压送装置

图 2.23　DS25 自硬树脂砂双臂连续式混砂机

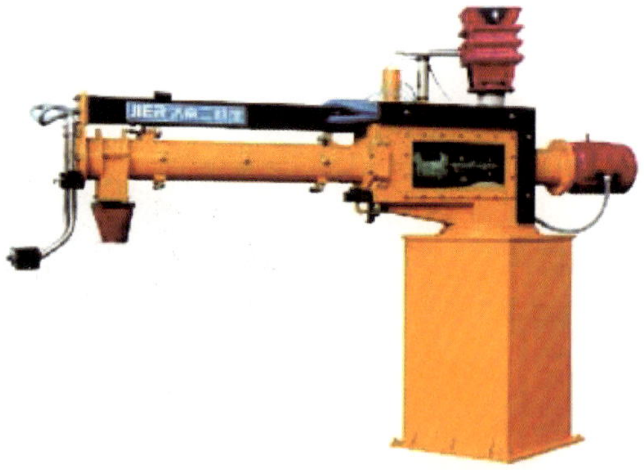

图 2.24　5t/h 自硬树脂砂单臂连续式混砂机

1997 年，山东省机械工业学校和青岛第四铸造机械厂合作开发了离心转子再生机。

济南二机床集团铸造设备公司 2000 年研制了碱性酚醛树脂砂混砂机。2001 年开发了移动式自硬树脂砂连续混砂机（图 2.25）。2002 年开发自硬树脂砂自动化造型生产线，包括快速造型圈、翻转起模机、翻转流涂机、合箱机械手等设备（图 2.26）。2003 年开发了自硬砂摩擦再生机（图 2.27），承接了中国第二重型机械集团公司进口设备的安装及部分配套设备的制造任务。2004 年开发了移动升降式自硬树脂砂混砂机（图 2.28）、自动合箱机、PEP-SET 树脂砂工艺混砂机等，承接了碱性酚醛树脂砂工艺造型制芯及砂再生成套设备。2005 年，承接了完整的自硬树脂砂造型线，开发了液压推型机、液压转运推型小车等产品。2006 年开发了 60t/h 自硬树脂砂连续式混砂机，以总承包商身份完成了日本大晃青岛独资企业铸造项目整体交钥匙工程。

2007 年，研发了碱性酚醛树脂砂热法再生生产线，旧砂再生灼烧减量降低到 1.0% 以下。承接了缅甸大功率柴油机铸件生产线项目，并相继有产品出口到韩国、印度、泰国等多个国家。

图 2.25　移动式自硬树脂砂连续混砂机

图 2.26　自硬树脂砂自动化造型生产线

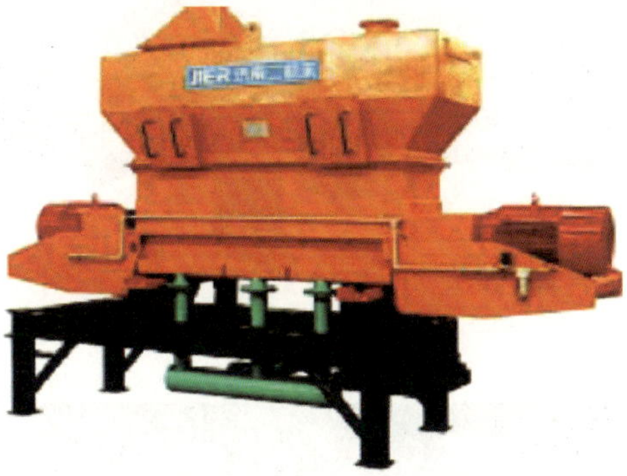

图 2.27　自硬砂摩擦再生机

图 2.28　移动升降式树脂砂混砂机

济南二机床集团铸造设备公司 2008 年研发了用于铝合金铸件生产的造型制芯生产线及砂再生成套设备。2009 年，研发了系列水玻璃砂工艺连续式混砂机，其生产能力从 5t/h 到 60t/h，并得到了市场的认可。

济南二机床集团铸造设备公司 2010 年开发了破碎机、再生机、冷却器、气力输送装置等 30t/h 自硬树脂砂再生设备及再生线（图 2.29）。2011 年开发了大直径重载翻转起模机，其直径为 4.5m、承受载荷为 20 吨，与重载流涂机组成了国内铸型尺寸最大的自硬树脂砂造型生产线（图 2.30）。2012 年开发了用于风电等大型铸件生产的重载荷造型振实台，台面尺寸为 4000mm × 3000mm，载荷为 80 吨（图 2.31）。2013 年，开发了 100t/h 双臂连续式混砂机。2014 年，开发了最大载荷为 20 吨的自硬树脂砂振动落砂破碎一体机（图 2.32）和无箱造型全自动合箱机（图 2.33）。

济南二机床集团铸造设备公司 2015 年承接了自动化铁路机车配件生产线建造任务，开发了自动套箱、移箱、合箱等设备。2016 年开发了完整的水玻璃砂湿法再生工艺旧砂再生线，该线包括双级洗砂机、振动脱水筛等新产品，同时开发了升降式双臂连续式子母混砂机（图 2.34）。其注册商标“JIER 牌铸造机械”被认定为山东省名牌产品。

图 2.29　30t/h 自硬树脂砂再生设备及再生线

图 2.30　重型自硬树脂砂造型生产线

图 2.31　80t 造型振实台

图 2.32　20t 落砂破碎一体机

图 2.33　无箱造型全自动合箱机

图 2.34　升降式双臂连续式子母混砂机

在铸造设备的发展进程中，青岛地区还有青岛天汇铸造机械有限公司、青岛天工机械有限公司、青岛五洋铸机有限公司、胶东铸造机械厂、青岛源邦机械制造有限公司、青岛飞航铸机有限公司、青岛创美机械科技有限公司等多家企业生产树脂砂设备，形成了树脂砂设备区域联片生产的格局。

2.3 » 熔炼与浇注设备

2.3.1　冲天炉及加配料设备

青岛青力环保设备有限公司前身为始建于 1958 年的胶县农机修造厂，1988 年开始从事冲天炉的研发与制造。1990 年，研发了温差式冲天炉并通过了技术鉴定（图 2.35），获得国家专利授权

（专利号：ZL91.2.21353.1）。该炉用低位小炉胆将高位大炉胆的第一次预热空气进行二次加热，使入炉风温达到了250℃以上，平均出铁温度达到了1487℃，总铁焦比为1∶9。

图 2.35　WCRL-n 型温差式冲天炉技术鉴定会

1992年，在第一代温差式供风冲天炉的基础上，对热风炉胆做了技术改进，研发了整体翻边法兰，克服了角焊缝在热应力作用下容易开焊的弊端，同时对温差式热风管进行了改进，大大降低了冲天炉的送风阻力。1993年开发了水冷无炉衬长炉龄冲天炉（专利号：ZL93.2.317782），该冲天炉可连续熔炼工作30天以上。

1995年，青岛青力环保设备有限公司通过中国兵器工业总公司天津分公司为泰国SME公司制造了一套外热风冲天炉，随后为天津夏利汽车公司更换了原日本生产的4t/h外热风冲天炉换热器，并根据该厂的生产条件进行了技术改造和参数优化，为山东省肥城吉明美集团公司更换了原日本产冲天炉炉身、换热器、旁通管等主要构件，并在此基础上完成了15t/h外热风水冷无炉衬冲天炉的开发设计。

2004年，青岛青力环保设备有限公司先后与德国的科特纳和美国的EC&进行技术合作，开发了水冷薄炉衬冲天炉产品。与常炉衬和无炉衬冲天炉相比，在熔化带砌筑有耐火材料以稳定凝渣，以自生炉衬的方式形成薄炉衬，既可以在开炉初期大量减少炉内热量的散失，快速提高炉温，又能在水冷作用下，保持耐火材料炉衬稳定在一定厚度，从而保持长时间熔炼过程中熔化带炉径的稳定，以稳定工艺参数和炉况，并可通过选用适宜的耐火材料等级，使冲天炉完成两班以上的连续熔炼。同年开发出了全系列冲天炉、电炉加料系统及炉后配料系统。

2006年，青岛青力环保设备有限公司开发了顶置式外热风冲天炉通过了技术鉴定（图2.36），并获得国家专利授权（专利号：ZL 2006 20122084.7），首台产品应用于本溪钢铁实业发展有限公司鹏程分公司。2008年，旁置式外热风冲天炉通过了技术鉴定（图2.37）。外热风冲天炉可大量使用废钢、钢铁切屑、炼钢渣铁等低质炉料熔炼高质量铁水。

图 2.36　顶置式外热风冲天炉科技成果及新产品鉴定会

图 2.37　旁置式外热风冲天炉科技成果及新产品鉴定会

青岛中智达环保熔炼设备有限公司成立于 1990 年，是一家熔化工部成套设备、环保除尘设备、炉后配加料设备、浇注设备的生产企业。1993 年开发了 FDRL-n 型封闭叠加式热风冲天炉，并获得了国家专利授权（专利号：ZL9324155.6）。1999 年 8 月开发了冲天炉湿法除尘系统，外热风长炉龄冲天炉获得国家专利授权（专利号：ZL200820021564.3）。2001 年 1 月开发了长炉龄水冷冲天炉。2004 年开发了专门熔化钢屑及生铁屑的 GHRL-n 型高温还原热风冲天炉，并获得国家专利授权（专利号：ZL200420001337.6）。

20 世纪 90 年代，青岛第五铸造机械厂和山东省机械工业学校合作开发了生产率为 8t/h 及以下系列冲天炉及单轨加料机、爬式加料机、铁料翻斗等配套设备。

2.3.2 感应电炉

青岛电炉厂成立于 1969 年，是山东省最早生产感应电炉的企业。1981 年研制的无芯工频感应电炉 GWL-0.12-50 及三相 - 单相平衡调压转换装置通过了青岛市机械局组织的鉴定并先后荣获青岛市科委颁发的科技成果奖二等奖和优质新产品奖。1983 年开发了 SDT 三相 - 单相转换调压平衡装置并获国家经委颁发的金龙奖。2004 年研发了 GWMS-1.5 三相无芯工频感应熔镁炉及其配套系统、QRM-1.5 插板式镁合金熔化保温炉，生产了 GWLF 系列非铁坩埚铝合金熔化电炉等。

山东荣泰感应科技有限公司成立于 1997 年 7 月，原名为潍坊荣泰热处理设备有限公司，2004 年 9 月更名为山东荣泰电炉制造有限公司，2012 年 6 月更名为山东荣泰感应科技有限公司。公司成立之初至 2001 年主要以销售可控硅、水套、电热电容、电抗器、控制板、中频变压器、脉冲变压器等中频炉配件为主。2001 年研发了可控硅零压扫频式中频电源 KGPS100 ～ 2000kW/2500 ～ 5000Hz，并陆续推出了用于钢铁熔化的中频熔炼炉设备，用于不锈钢熔化的高周波中频熔化炉和用于铜铝等有色金属熔化的中频熔化保温炉产品。2007 年开发了 3t/2000kW 钢壳中频熔炼炉，2014 年开发了双供电 5 吨一拖二中频电炉，2015 年研发了 6000kW 可控硅串联谐振电源。

山东神州电炉有限公司成立于 2005 年，主要生产容量为 1 吨至 30 吨电炉产品及功率从 250kW 至 18000kW 的中频电源。2013 年研发了高效节电大功率可控硅串联谐振中频感应熔炼系统，2016 年该产品被列入山东省首台（套）重大技术装备推广应用指导目录。

山东华信电炉制造有限公司、潍坊顺诚电炉制造有限公司等企业生产的电炉及电炉配套产品在铸造生产中得到了应用。

2.3.3 熔化工部其他设备

1954 年，青岛铸造机械厂生产了 5 马力碎铁机。1986 年，国家机械工业部指定威海工友铸造机械有限公司（原威海市铸造机械厂）等 4 家单位为铁水包、浇包等产品的定点生产企业。威海工友铸造机械有限公司在济南铸造锻压机械研究所的技术支持下于 1986 年生产了 1 吨铁水包，并先后推出了 0.5 吨、5 吨和 10 吨浇包产品。1991 年，在济南铸造锻压机械研究所的技术支持下研发了 35 吨电动铁水包，1995 年对浇包用系列减速机进行了优化设计，2009 年为中信重工机械有限公司设计制造了采用两级蜗轮蜗杆和一级螺旋齿轮传动的 75 吨电动球铁包。2008 年以来在全国铸造机械标准化技术委员会熔炼与浇注分技术委员会的指导下，先后完善了浇包产品的技术条件参数并参考了安全标准的制定。

青岛青力环保设备有限公司自 2003 年先后研发出了铁水包、钢水包、球化包、茶壶包、脱硫包等全系列浇注包产品。2004 年为中钢邢台轧辊有限公司设计制造了 60 吨球化包。

青岛中智达环保熔炼设备有限公司、青岛凯捷铸造机械有限公司等也提供浇注包等相关产品。

2.4 » 落砂与清理设备

2.4.1 落砂设备

1955 年山东省机械工业厅青岛机械厂（原青岛铸造机械厂的前身）生产了 NP12 型振动落砂机，1958—1965 年开发了 2.5 吨、7.5 吨振动落砂机。

1986—1990 年济南铸造锻压机械研究所设计出了落砂机系列产品，其中有苏州机床厂制造的有效负荷 4 吨、激振力 156.8kN、电机功率为 2×5.5kW 的 L124A 型电机驱动双轴惯性振动落砂机，潍坊第二机床厂制造的 L156 型双轴惯性振动落砂机，山东齐河机械厂制造的 L121、L122、L123、L124A、L124B、L128B、L1210、L1215 双电机驱动惯性振动落砂机和 L2505、L251A、L252、L253、L254 双电机驱动惯性输送式落砂机。1992—1993 年，济南铸造锻压机械研究所和齐河机械厂推出了 L1220、L1225、L1230 型双质体惯性振动落砂机。

1995 年，济南铸造锻压机械研究所推出了筒径 2.2m、长 8m、生产率为 30t/h、主机功率为 45kW 的 L3122 滚筒式落砂机。

2006 年，济南二机床集团铸造设备公司开发了用于大型铸件生产的系列重载荷、大台面单质体振动落砂机，最大载荷 40 吨，最大台面尺寸为 5.5m×4m（图 2.38）。

2.4.2 铸件表面清理设备

青岛铸造机械厂 1955 年生产了 0.65m^3 普通清理滚筒（图 2.39）、Q2014 喷丸器（图 2.40）、Q2014A 喷砂机（图 2.41）、700/700 清理滚筒、1000 型喷砂机（图 2.42）、1100 型喷砂机（图 2.43）、带有回转台的喷砂箱（图 2.44）。1956 年生产了钟型去毛刺滚筒（图 2.45）和 Q1112 清理滚筒（图 2.46）。1959 年生产了喷砂滚筒。1964 年引进日本新东公司 STB-2B 抛丸清理滚筒并在此基础上开发了 Q326 清理设备，最终定型为 QB3210 自动履带式抛丸清理机（图 2.47）。1965 年生产了 Q3110 型抛丸清理机（图 2.48）和 Q3525 型抛丸清理转台。1966 年生产了 Q265A 型喷丸清理室（图 2.49），1967 年生产了 Q3113 型抛丸清理滚筒（图 2.50）。1968 年生产了 Q7630 型抛喷丸联合清理室（图 2.51）和抛丸清理转台（图 2.52）。1970 年生产了 Q3515 型抛丸清理转台（图 2.53）。1971 年生产了 Q388 型单钩吊链式抛丸清理室（图 2.54）。1975 年生产了 Q2515 型喷丸清理转台（图 2.55）。1977 年与济南铸造锻压机械研究所联合进行抛丸器性能结构试验，并研制了 Q3023、Q3024、Q3025 高效抛丸器。1981 年生产了 Q378 吊链式抛丸清理室（图 2.56）和 Q383 型双行程吊链式抛丸清理室（图 2.57）。1989 年测绘生产了 Q6915 型钢板清理生产线并相继开发了

Q6920、Q6925、Q6930、Q6935、Q6940、Q6950 钢板清理生产线。1991 年开发了 H 型钢清理生产线。1992 年从美国潘邦公司引进并转化生产了 15gn 和 6gn 钢履带抛丸清理机，开发了圆弹簧及汽车板簧抛丸强化机。

图 2.38　重载荷、大台面单质体振动落砂机

图 2.39　0.65m^3 普通清理滚筒

图 2.40　Q2014 喷丸器

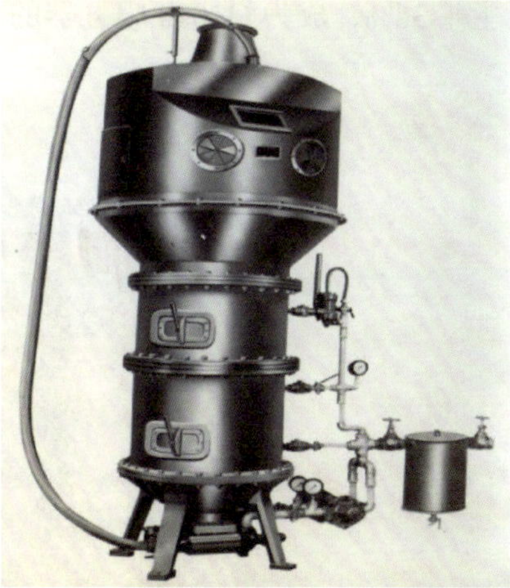

图 2.41　Q2014A 喷砂机

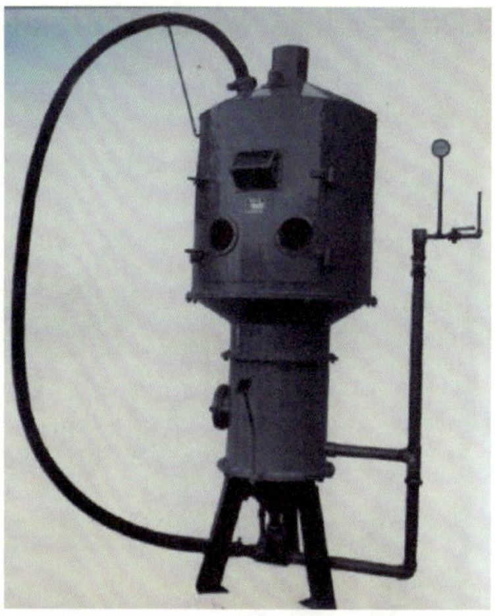

图 2.42　1000 型喷砂机

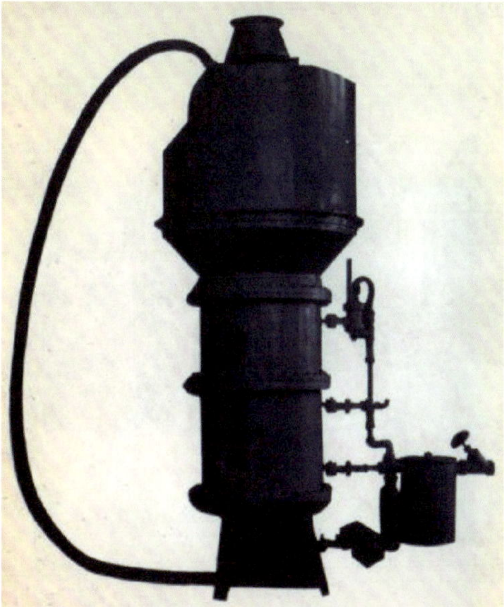

图 2.43　1100 型喷砂机

图 2.44　带有回转台的喷砂箱

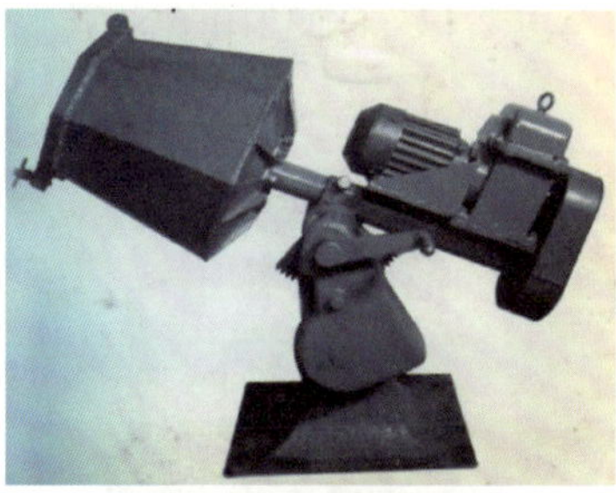

图 2.45　钟型去毛刺滚筒

图 2.46　Q1112 清理滚筒

青岛惠尔铸造科工贸有限公司1995年开发了Q57系列转盘吊钩式抛丸清理机，1997年开发了不粘锅抛丸清理强化机和Q3115倾斜式抛丸清理滚筒。1998年开发了线材抛丸清理机和液化气钢瓶清理机，2015年开发了振动输送式抛丸清理机。

山东开泰集团有限公司自2007年开始与济南大学共同开发抛丸清理、喷丸清理、强化处理等设备，并生产抛丸清理机械及抛丸清理设备配件等产品，其代表产品有管壁外径为16～2800mm的QGW系列钢管外壁高效抛丸清理机（图2.58）、QGT滚筒式抛丸清理机（图2.59）、QJ系列机械手式抛丸清理机（图2.60）、QWD网带式抛丸清理机（图2.61）、Q37系列吊钩式抛丸清理机、Q32系列履带式抛丸清理机、Q69系列钢板型材抛丸清理机（图2.62）、QH69系列H型材专用抛丸清理机（图2.63）、QGN系列钢管内壁专用抛丸清理机（图2.64）等。

20世纪80年代后期，济南铸造锻压机械研究所对喷丸器进行了理论分析和研究，于90年代初推出了容量为0.22m^{3}的Q0220型连续喷丸器及容量为0.25m^{3}的Q0250型间歇式喷丸器，较Q2014喷丸器提高效率50%，降低能耗38%，成为Q2014喷丸器的更新换代产品。

图2.47　QB3210自动履带式抛丸清理机

图2.48　Q3110型抛丸清理机

图2.49　Q265A型喷丸清理室

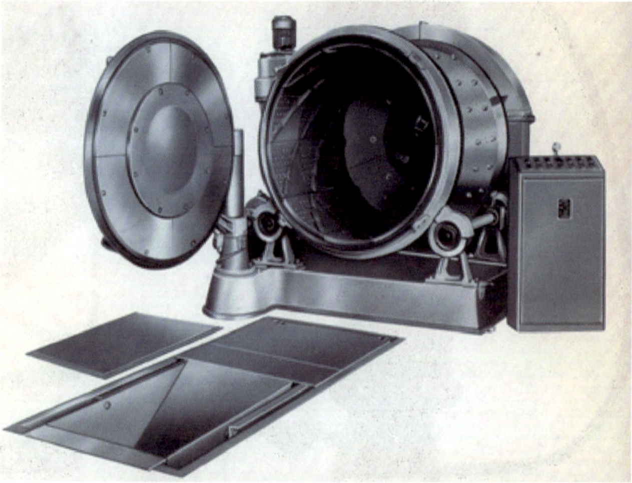

图2.50　Q3113型抛丸清理滚筒

图 2.51 Q7630 型抛喷丸联合清理室

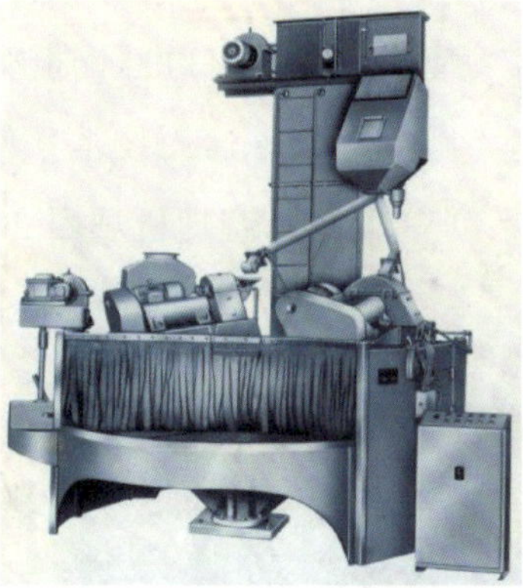

图 2.52 抛丸清理转台

图 2.53 Q3515 型抛丸清理转台

图 2.54 Q388 型单钩吊链式抛丸清理室

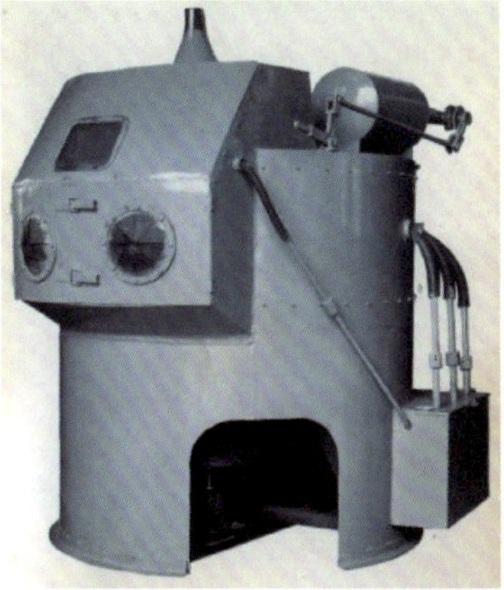

图 2.55 Q2515 型喷丸清理转台

图 2.56 Q378 型吊链式抛丸清理室

图 2.57 Q383 型双行程吊链式抛丸清理室

青岛双星铸造机械有限公司始建于1970年6月，最初名为青岛第三铸造机械厂，后更名为青岛华青工业集团铸造机械有限公司，2003年与青岛双星集团资产重组后更名为青岛双星铸造机械有限公司。所生产的QXY3000钢板型材表面自动预处理线1995年获国家科技成果奖。1990—2009年承担《抛喷丸设备通用技术条件》（JB 8355—1996）等8项行业标准的起草工作，所承担的QZ30系列整车抛丸清理机项目2006年获得青岛市科技进步奖三等奖。“双星”牌铸造机

图2.58　QGW系列钢管外壁高效抛丸清理机

图2.59　QGT滚筒式抛丸清理机

图2.60　QJ系列机械手式抛丸清理机

图2.61　QWD网带式抛丸清理机

图 2.62 Q69 系列钢板型材抛丸清理机

图 2.63 QH69 系列 H 型材专用抛丸清理机

图 2.64 QGN 系列钢管内壁专用抛丸清理机

械、“双星”牌清理机械在 2005 年、2008 年分别荣获“山东名牌”称号。2008 年双星机械开发了 QXY5000 钢板预处理线、400t 活动式抛喷丸清理设备和 Q76200 系列台车式抛喷丸清理机。400t 活动式抛喷丸清理设备所清理工件最大质量为 400 吨，设备配置的抛丸器能够进行横向、纵向二维运动，实现立体抛丸全面清理的自动工作模式。Q76200 系列台车式抛喷丸清理机台车最大承载能力为 200 吨，解决了超大型工件只能靠两台平车共同运载的难题，满足了国内铸造业对大吨位铸件清理的需求。2009年开发了脱脂清洗抛丸清理机和双抛头橡胶履带式抛丸清理机。脱脂清洗抛丸清理机彻底颠覆了传统的抛喷丸清理工艺，实现了化学清理与物理清理的完美结合。Q3220双抛头橡胶履带抛丸清理机是普通履带式抛丸清理机Q3210的更新换代产品，和Q3210相比成本增加了20%，但工作效率提高了1倍。

青岛黄河铸造机械厂始建于1963年，是原机械工业部定点生产抛丸清理设备的专业厂家，生产包括专利产品Q376B单钩式抛丸清理机、Q476升降式抛丸清理机、Q476B升降式抛丸清理机、Q476C双钩升降式抛丸清理机、Q478双钩升降式抛丸清理机、Q478C双钩升降式抛丸清理机在内的多个品种。

烟台一特铸造机械有限公司、烟台四方铸造设备工程有限公司等企业也提供部分铸件清理设备。

2.5 » 特种铸造设备

青岛生建机械厂1965年试制成功M1120熔蜡炉、12M9118旋转工作台等精密铸造设备。1982年，济南铸造锻压机械研究所借鉴国内低压铸造生产的经验，并参考英国狄莫（DIMO）公司VT型低压铸造机的结构及参数，开发了J452型金属型低压铸造机，1983年由天水铸造机械厂完成试制并通过鉴定。该机采用坩埚密封，坩埚容量为150kg。

1986年，济南铸造锻压机械研究所研发了J453型300kg金属型低压铸造机，由天水铸造机械总厂生产。该机合型机构采用悬臂式结构，不仅易于更换模具，同时使升液管和坩埚的使用维修更加方便。保温炉采用炉体密封型式，石墨坩埚、碳化硅组合炉衬，可节电20%～30%。液面加压系统采用微机中央控制单元，配以先进的检测和执行机构，确保系统具有良好的加压特性，对设定的升液、充型、结壳、增压和保压各阶段的加压速率实现自动跟踪，对气体泄漏能自动进行检测和补偿，并能生成压力-时间曲线。

1993年，济南铸造锻压机械研究所和灌南压铸机厂共同研制成功了J453F型300kg摩托车整体车轮专用低压铸造机，坩埚容量（铝液）300kg，模具尺寸为960mm×960mm×700mm，生产率为12～14件/小时。

1993—1994年，济南铸造锻压机械研究所和天水星火机床厂共同研制成功了新型J455型500kg金属型低压铸造机。该机采用了辐射式加热熔池保温炉，既消除了采用铁坩埚时铝合金被污染的问题，又克服了石墨坩埚寿命短的缺点，并且在工作位实现侧面加铝液，大大提高了低压铸造机的生产效率。采用四立柱式合型机构，带有可以吸收热膨胀的装置，合型精度高，导向杆磨损小。采用双油缸龙门式正顶出机构，可以根据模具需要，在开型的任何位置顶出铸件，缩短了生产周期，提高了生产率。保温炉传动机构采用电磁制动电机实现水平移动，运行平稳，定位准确。采用链轮-链条驱动，实现同步垂直升降，使升液管与模具浇口可靠密封。液压系统采用插装阀控制技术，提高了液压阀的抗污染能力。采用高低压双联叶片泵，降低了能耗，减少了功率消耗。电气控制系统采用PLC控制技术，使得低压铸造机的程序控制更便捷和多样化。液面加压系统采用PLC的CPU作为控制单元，A/D和D/A作为数模转换模块，提高了系统的可靠性。人机界面采用模拟显示屏，形象地显示加压过程及各节点的变化情况；液面加压的执行机构采用电动执行器，先导部分用电子式可逆微电机实现主阀口的开度反馈控制。

1997年，济南铸造锻压机械研究所研发了J454型400kg双升液管金属型低压铸造机。该机采用辐射式熔池保温炉，可以一模两件，生产摩托车用汽缸头，生产率大为提高。

1998年，济南铸造锻压机械研究所研发了通用型600kg砂型低压铸造机。该机采用碳化硅坩埚，炉体密封，主体设计是保温炉固定，砂箱平台水平移动变频调速，垂直升降采用双液压油缸驱动，运行平稳。液面加压系统采用计算机工作站作为上位机，能实时显示实际加压曲线，并对设定的加压曲线进行跟踪。为了提高液面增压速率，采用了双回路气控系统。

1999年，济南铸造锻压机械研究所研发了大型砂型/金属型两用低压铸造机，该机既可从事砂型低压铸造，也可实现金属型低压铸造。保温炉采用碳化硅坩埚，炉体密封，并具有熔化功能，解决了二次氧化造渣和铝液吸气等难题。该机用于生产高速列车用转向架齿轮箱体等复杂薄壁铝铸件，铸件净重可达200kg左右。

1998—1999年，济南铸造锻压机械研究所和日本本田金属技研技术合作，研发了J455A型500kg汽车用铝合金缸盖低压铸造机。该机具有三自由度取件机械手，可以完成伸缩、升降、旋转三个动作，结构紧凑，同时具有14路模具水冷和6路气冷通道，为铸件实现顺序凝固创造了有利条件，使得模具温度随着浇注过程，呈规律性变化，进一步缩短了生产周期，提高了铸件的内在质量。采用大屏幕彩色触摸屏工控机＋触摸屏人机界面，实现了液面加压过程和模具水冷气冷及机器动作程序三者的实时监控，并实时显示六点模具温度连续变化曲线，具有上下限报警功能，每一铸件的工艺参数均具有可追溯性，可以方便地调出或打印。保温炉为辐射式熔池保温炉，采用美国联矿铝合金专用浇注料和从日本进口的硅碳棒，提高了设备的可靠性。保温炉炉门侧面加铝采用气缸驱动式连杆机构，每浇注1～2个铸件，操作者通过脚踏开关使炉门自动打开，用浇勺添加与在制铸件质量相同的铝水，从而维持保温炉内铝液液位的基本恒定，确保了工艺参数的稳定。另外，该机采用了双安全棒机构，确保了下芯时的安全，同时在操作侧设有光电开关保护、开型安全限位机构等多项安全保护措施。

20世纪末，济南铸造锻压机械研究所和烟台路通精密合金有限公司联合研发了J458型800kg金属型低压铸造机。该压铸机采用了比例伺服控制的液面加压系统、多通道模温控制系统和长寿命辐射式熔池大容量保温炉等多项新技术，并将电控气动比例技术应用于低压铸造。采用工控机和PLC的D/A和A/D模块转换，完成两者的数据通信，实现了低压铸造加压过程的实时闭环反馈控制和工艺参数的计算机同步显示，压力控制精度达到了 ±0.0003MPa。

2000—2001年，济南铸造锻压机械研究所研发了JZ456型650kg大型双升液管金属型专用低压铸造机，其机器台面尺寸与1000kg低压铸造机相当，应用于中国三峡水电站输变电项目中的法兰、三通及四通罐体等一系列高难度大型铸件的生产中。

2004 年，济南铸造锻压机械研究所研发了 150kg 坩埚密封保温炉 +300kg 辐射式熔池保温炉双工位砂型低压铸造机，并在兰州长风机器厂获得了应用。

2005 年，济南铸造锻压机械研究所研发了 400kg 双工位砂型低压铸造机。该机采用辐射式熔池保温炉、炉体密封、保温炉固定并可倾转、龙门式砂箱平台、变频调速等技术。砂箱平台在电机的驱动下穿梭于 2 个保温炉之间，通过液压驱动的双油缸实现砂箱平台的平稳升降，使砂箱底部浇口与升液管端部进行密封与脱离。该机可以满足铝硅合金和铝铜合金在不同工位上交替生产，保温炉中的剩余铝液可以方便地倒出，改善了操作者的劳动环境。

2007 年，济南铸造锻压机械研究所研发了 150kg ＋ 300kg ＋ 400kg 三工位坩埚密封的吊挂式砂型低压铸造机。三工位共用一套微机液面加压系统，浇注时通过气路逻辑控制，完成自动切换。既可生产铝硅合金和铝铜合金铸件，也可进行镁合金铸件的生产。同时研发的 J456 型 650kg 双合型双升液管低压铸造机，具有 8 个静模抽芯和 2 个取件装置，两个模具各自独立，铝液充型时背压互不干扰，合型动作无须同步，联锁到位后只需同步浇注即可，在降低设备精度要求的基础上，提高了生产率，减少了设备投资和设备的占地面积。

2008 年，济南铸造锻压机械研究所研发了 JS452C 型和 JSZ300 型铝合金专用金属型 / 砂型多功能铸造机，可以实现金属型低压铸造和砂型低压铸造及金属型重力铸造。保温炉具有熔化功能，采用坩埚密封，可用于多品种多种合金多种工艺的试验研究和中小批量生产。同年研发了 J457 型 700kg 铝合金缸体专用低压铸造机，用于生产带有砂芯的缸体铝铸件，与压铸相比，设备和模具投资大为减少，可以满足多品种小批量生产的需要。

2009 年，济南铸造锻压机械研究所和重庆东热有限公司合作研发了 J4515 型 1500kg 双工位浸入式加热双室炉低压铸造机。该机是生产铝合金缸盖的专用低压铸造机，一个 1500kg 保温室通过两套液面加压系统和两个 400kg 加压室分别对应两台低压铸造主机。所有加热元件均为浸入式，提高了热效率。通过控制加压室的液位，实现了铝合金液的液面（喉口）悬浮，取消了升液过程，缩短了加压时间，提高了生产效率。工作中保温室可以正常进行二次除气、精炼，从而缩短生产准备时间，提高了低压铸造机的有效运转时间。同时研发了 J458 型 800kg 单工位浸入式加热双室炉低压铸造机，并应用于重庆秦安铸造有限公司。

2013—2014 年，济南铸造锻压机械研究所研发了由缸盖低压铸造机、500kg 熔池式保温炉、工业机器人工作站、移动式铝合金熔化保温炉和轻型平板输送机及液压升降机等组成的工业机器人控制的铝合金汽车缸盖用低压铸造生产单元。

1995 年，东营南里集团机电五金有限公司（1998 年停产）开始研发硅溶胶制壳工艺精密铸造设备，先后开发了蜡模、制壳、脱蜡、模壳焙烧等设备。

2000 年，东营市昌顺精铸设备有限责任公司开始研发生产硅溶胶工艺精密铸造设备，先后生产了换蜡缸液压蜡模成型机（图 2.65）、模壳干燥架（图 2.66）、蜡模粘浆机（图 2.67）、蜡模粘砂机（图 2.68）、蜡模浮砂机（图 2.69）、蒸汽模壳脱蜡釜（图 2.70）、燃油式模壳焙烧炉（图 2.71）、第一代振壳机（图 2.72）、第二代振壳机（图 2.73）。2006 年开发了电加热蒸汽发生器（一体）模壳脱蜡釜（图 2.74）、电加热模壳焙烧炉（图 2.75）、横杆悬链模壳干燥线（图 2.76）。2013 年开发了第三代振壳机（图 2.77）。2014 年开发了节能蓄热式燃气模壳焙烧炉（图 2.78）。2015 年开发了蜡液水分快速蒸发器（图 2.79）、三头六臂制壳机械手（图 2.80）、脉冲反吹除尘器（图 2.81）。2016 年开发了智能全自动电加热脱蜡釜（图 2.82）。2017 年开发了单悬链模壳干燥线（图 2.83）、免换蜡缸自动液压蜡模成型机（图 2.84）、高周波诱导感应熔炼炉（图 2.85）、免换蜡缸 C 型自动液压蜡模成型机（图 2.86）。

济南新洋精铸设备厂（济南精密铸造设备厂）是精密铸造设备的专业生产厂，致力于精铸设备和技术的研发与应用，可为用户提供从制模、制壳、脱蜡、蜡处理到型壳焙烧、振壳等全部工艺过程的各种工艺设备。

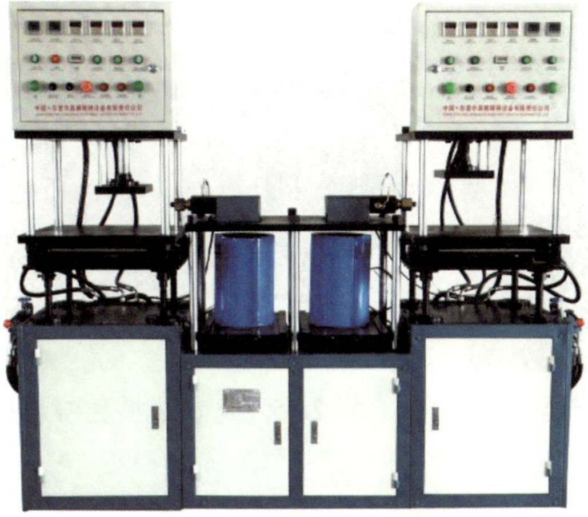

图 2.65　换蜡缸液压蜡模成型机

图 2.66　模壳干燥架

图 2.67　蜡模粘浆机

图 2.68　蜡模粘砂机

图 2.69　蜡模浮砂机

图 2.70　蒸汽模壳脱蜡釜

图 2.71　燃油式模壳焙烧炉

图 2.72　第一代振壳机

图 2.73　第二代振壳机

图 2.74　电加热蒸汽发生器（一体）模壳脱蜡釜

图 2.75　电加热模壳焙烧炉

图 2.76　横杆悬链模壳干燥线

图 2.77　第三代振壳机

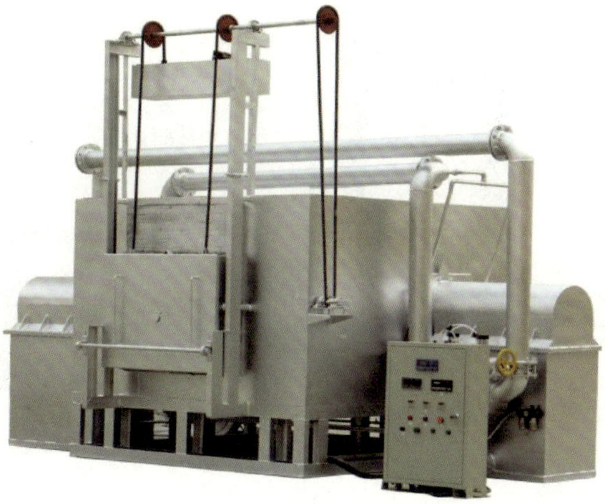

图 2.78 节能蓄热式燃气模壳焙烧炉

图 2.79 蜡液水分快速蒸发器

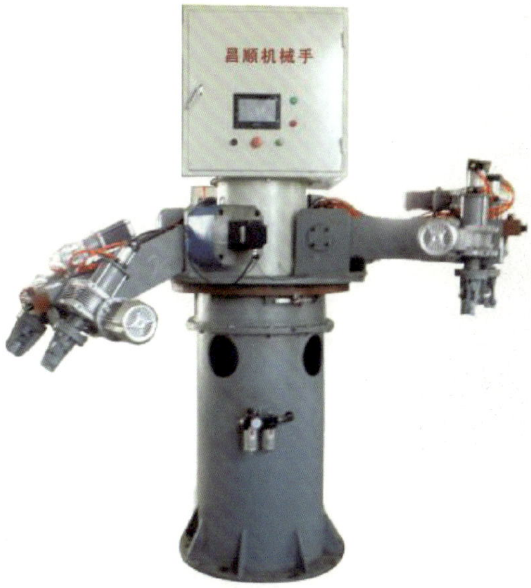

图 2.80 三头六臂制壳机械手

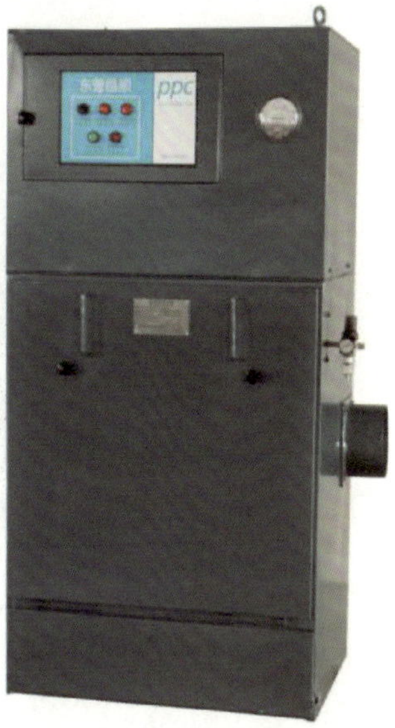

图 2.81 脉冲反吹除尘器

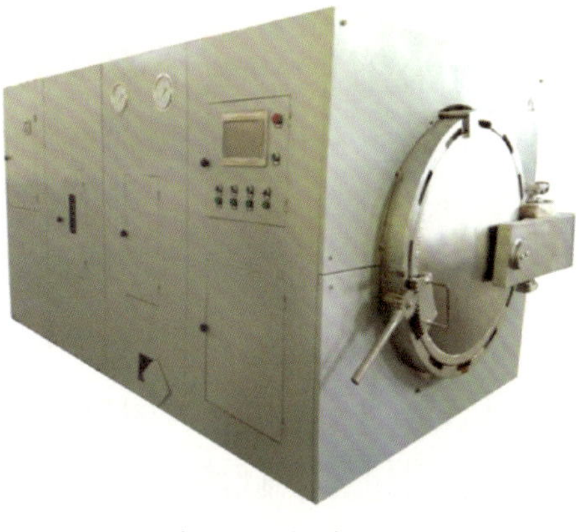

图 2.82 智能全自动电加热脱蜡釜

图 2.83 单悬链模壳干燥线

图 2.84　免换蜡缸自动液压蜡模成型机

图 2.85　高周波诱导感应熔炼炉

图 2.86　免换蜡缸 C 型自动液压蜡模成型机

2.6 » 环境保护设备

山东开泰集团公司自 2007 年开始生产布袋除尘器、旋风除尘器、静电除尘器（图 2.87）、滤筒式除尘器（图 2.88）等除尘设备。

青岛胶东铸造机械厂、青岛源邦机械制造有限公司、济南铸造锻压机械研究所、青岛飞航铸机有限公司、青岛盛美机械有限公司、青岛天通机械有限公司等企业也提供部分除尘设备产品。

2.7 » 消失模铸造设备

烟台四方铸造设备工程有限公司成立于 2001 年，2002 年 5 月为烟台宏源电力特种铸造厂设计制造开放式消失模铸造生产线并投入生产，2007 年 5 月在烟台黄务南车门老四方厂房建造了消失模铸造线工艺试验设备，2008 年 5 月为山西恒光精密铸造有限公司设计制造的年产 5000 吨铸件全自动消失模铸造生产线投入生产（图 2.89），2013 年 6 月开始生产消失模白区设备，2014 年 3 月为

图 2.87　静电除尘器

图 2.88　滤筒式除尘器

中国第一拖拉机厂（洛阳）铸造有限公司设计制造的年产 15000 吨铸件全自动消失模铸造生产线并投入生产（图 2.90）。该生产线配备了消失模尾气处理装置，实现了消失模铸造尾气的达标排放。

图 2.89　年产 5000 吨铸件全自动消失模铸造生产线

图 2.90　年产 15000 吨铸件全自动消失模铸造生产线

青岛双星铸造机械有限公司2006年研发了20型/小时真空密封造型生产线并于2008年被列入国家重点新产品计划（计划编号：2008GRC62033），2009年获青岛市关键技术重大攻关计划项目资助（项目编号：09-1-4-28-GX），同年获青岛市科技进步奖三等奖，获山东省技术创新优秀成果奖一等奖。

烟台一特铸造机械有限公司、烟台鑫海铸造机械工程技术有限公司、山东金阳集团、淄博通普真空设备有限公司等企业可提供消失模铸造白区、黑区全套或部分设备。

2.8 » 仪器仪表

济南时代试金试验机有限公司成立于1952年，1960年成为中国首家批量生产材料试验机的厂家。1962年生产了WE-600型液压式万能试验机（图2.91），该产品于1980年、1983年和1988年三次获得国家质量银质奖章。1963年开发了MW-4型木材万能试验机（图2.92）和TL-001型弹簧拉压试验机（图2.93）。1970年开发了PME-500A液压脉动疲劳试验机（图2.94）。1979年开发了MQ-800型四球摩擦试验机（图2.95），该机1980年被机械工业部评为设计与研制奖二等奖。1981年开发了YE-300型水泥压力试验机（图2.96），1991年该产品获得山东省优质产品奖，同年开发了GTY-300型弹簧压力试验机（图2.97）。1988年从日本岛津制作所引进了WAW-Y500型微机控制电液伺服万能试验机（图2.98），该机于1990年被评为国家级新产品。

1992年从日本岛津制作所引进了WDW-Y100E（AG-100E）型微机控制电子万能试验机（图2.99），该机1995年被评为国家级新产品。1993年开发了YAW型试验机（图2.100），1999年被评为国家重点新产品。1994年开发了MLE-5000型卧式锚链拉力试验机（图2.101）。1995年开发了国家“八五”重点攻关项目产品MRG-005型金属加工液攻丝扭矩模拟评定试验机（图2.102），该产品1996年被评为国家级新产品，1997年获国家科技进步奖三等奖。同年开发了用于汽车行业的LQD-25型电子式汽车离合器性能试验台（图2.103）。1996年为摩托车行业开发了PJW-10型微机控制轻合金车轮径向载荷疲劳试验机（图2.104），1998年开发了MWW−10型微机控制人造板万能试验机（图2.105）和MWD-10B型电子式人造板万能试验机（图2.106）。1999年开发了TPJ系列机械式弹簧疲劳试验机（图2.107）。

2000年开发了TYW-100型微机控制弹簧压力试验机（图2.108）、MMZ-180型微机控制电液伺服轴承试验机（图2.109）。2001年开发了YYW-1600型万向节传动动平衡试验机（图2.110）、YYW−16型圈带传动动平衡试验机（图2.111），引进了美国MTS控制技术研制成功了PWS-100A型电液伺服动静万能试验机（图2.112）。多年来还开发了WGG60−2A数显式光泽度计（图2.113）、MRS四球摩擦试验机磨斑测量系统（图2.114）、WDW-E100型微机控制电子万能试验机（图2.115）、带高温炉WDW-E100型微机控制电子万能试验机（图2.116）等产品。

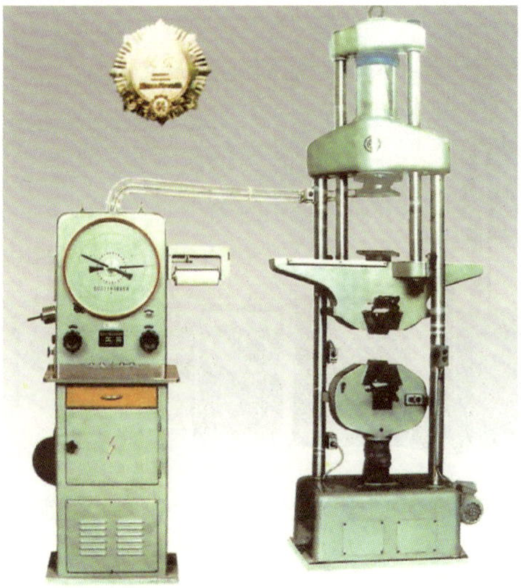

图 2.91 WE-600 型液压式万能试验机

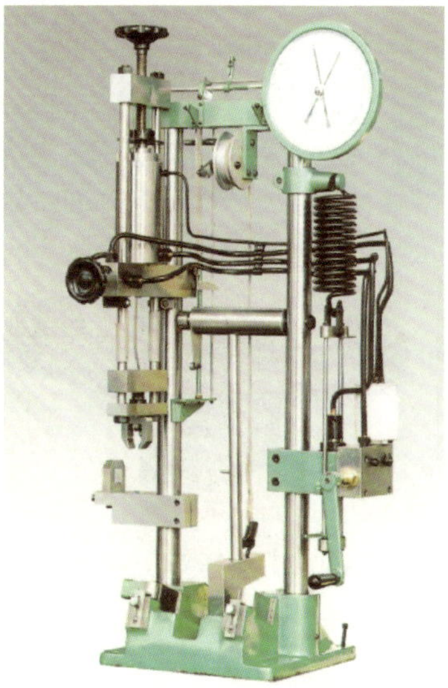

图 2.92 MW-4 型木材万能试验机

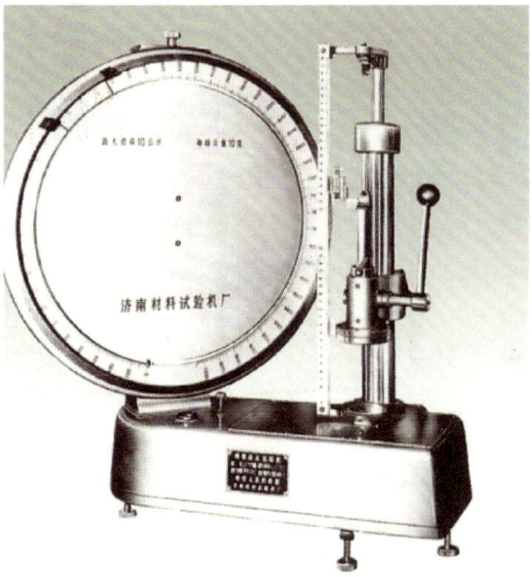

图 2.93 TL-001 型弹簧拉压试验机

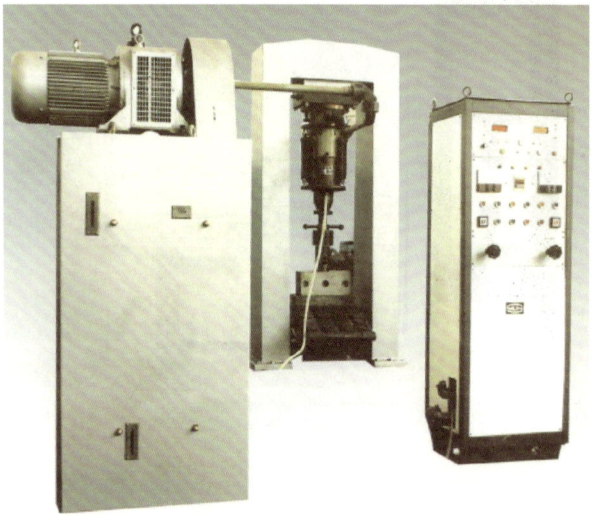

图 2.94 PME-500A 型液压脉动疲劳试验机

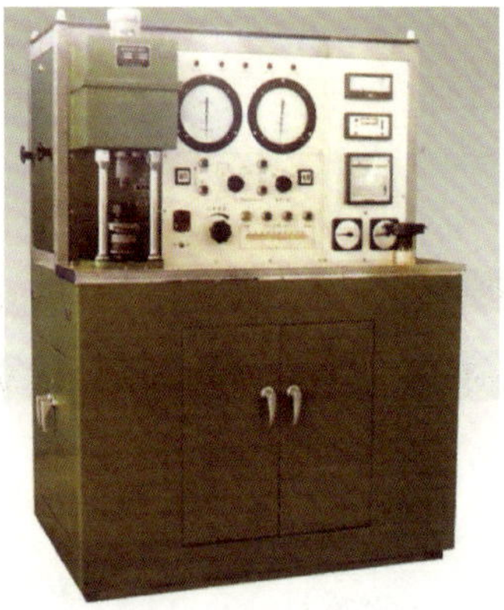

图 2.95 MQ-800 型四球摩擦试验机

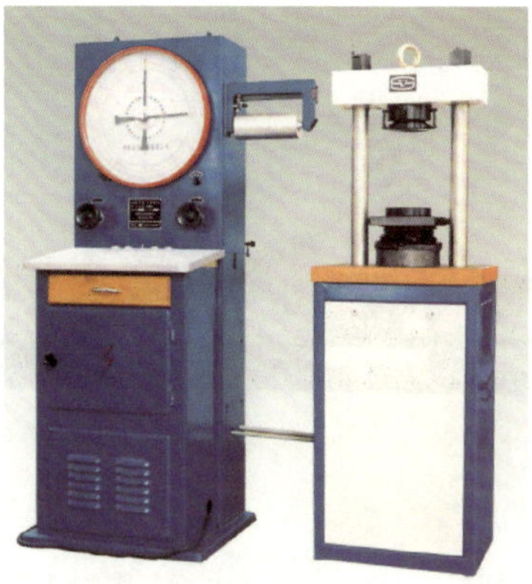

图 2.96 YE-300 型水泥压力试验机

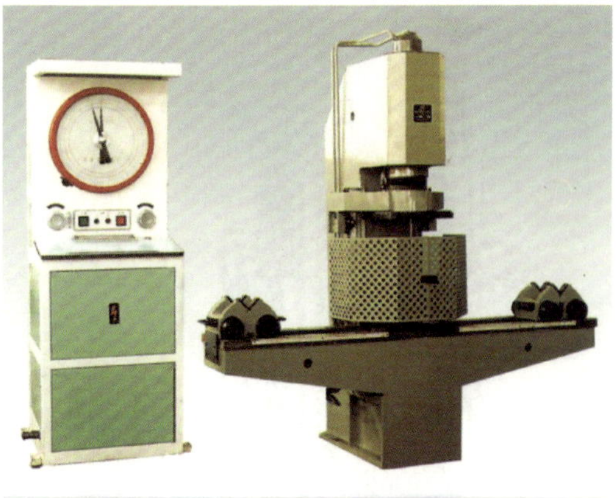

图 2.97　GTY-300 型弹簧压力试验机

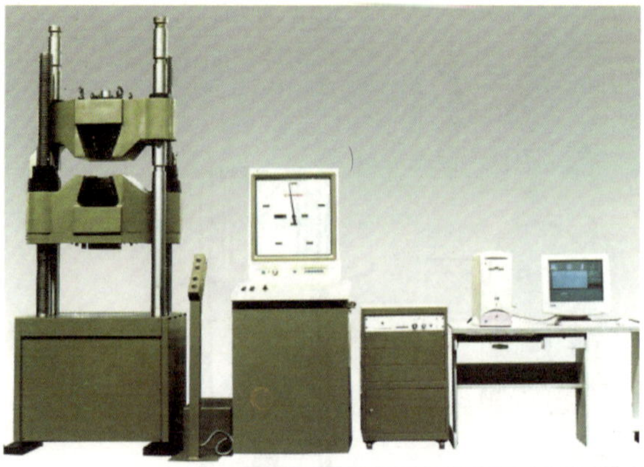

图 2.98　WAW-Y500 型微机控制电液伺服万能试验机

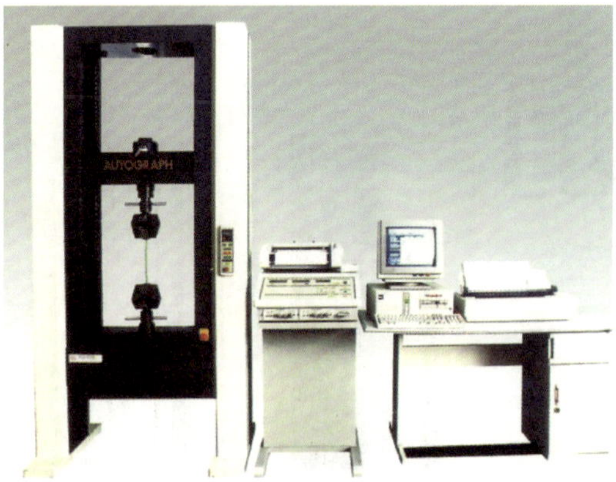

图 2.99　WDW-Y100E 型微机控制电子万能试验机

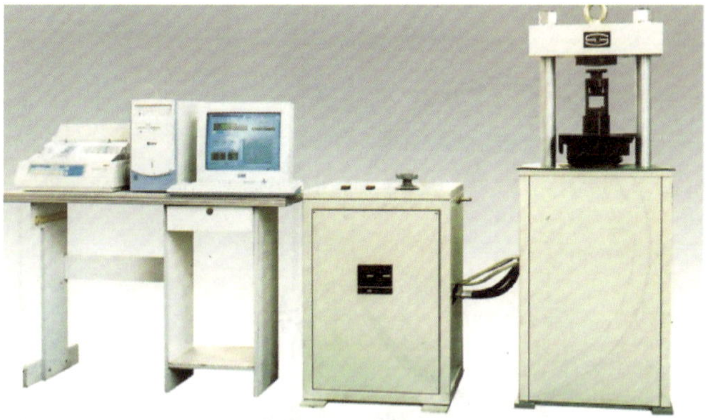

图 2.100　YAW 型试验机

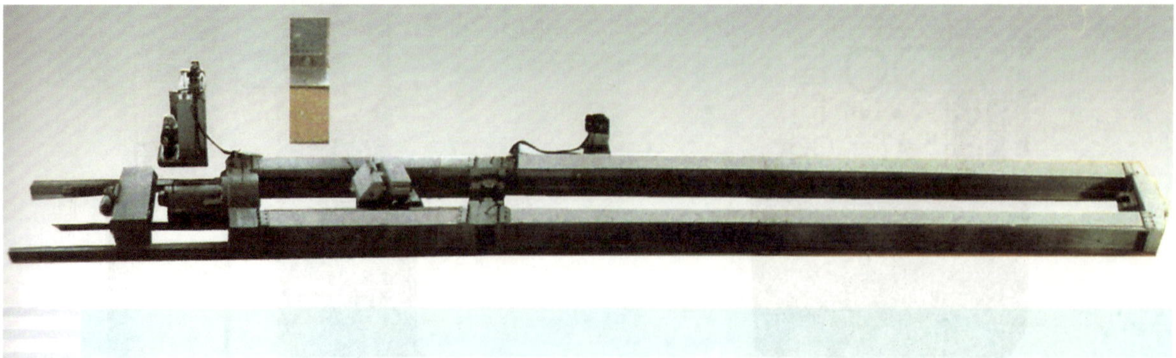

图 2.101　MLE-5000 型卧式锚链拉力试验机

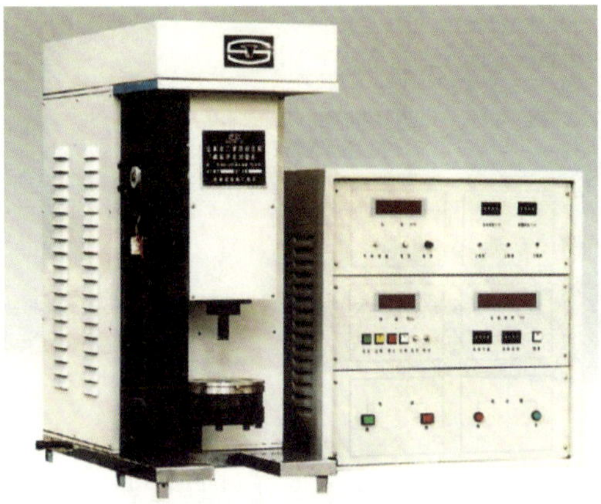

图 2.102 MRG-005 型金属加工液攻丝扭矩模拟评定试验机

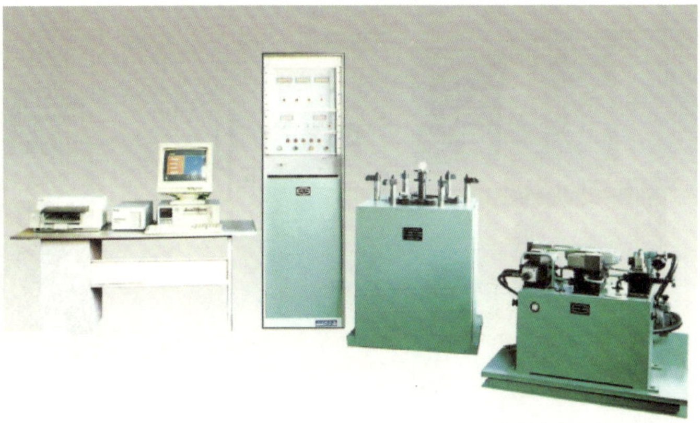

图 2.103 LQD-25 型电子式汽车离合器性能试验台

图 2.104 PJW-10 型微机控制轻合金车轮径向载荷疲劳试验机

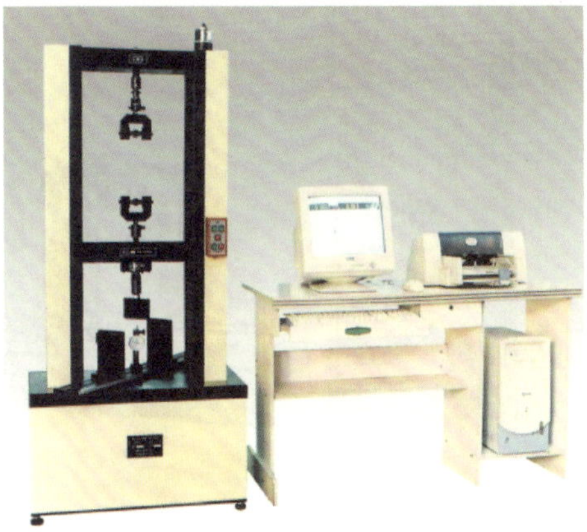

图 2.105 MWW-10 型微机控制人造板万能试验机

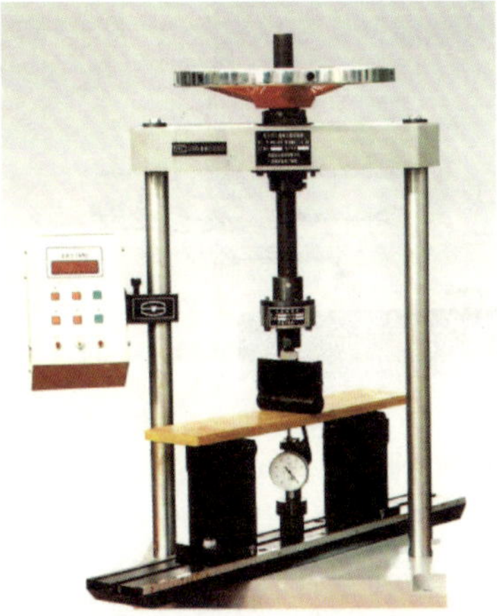

图 2.106 MWD-10B 型电子式人造板万能试验机

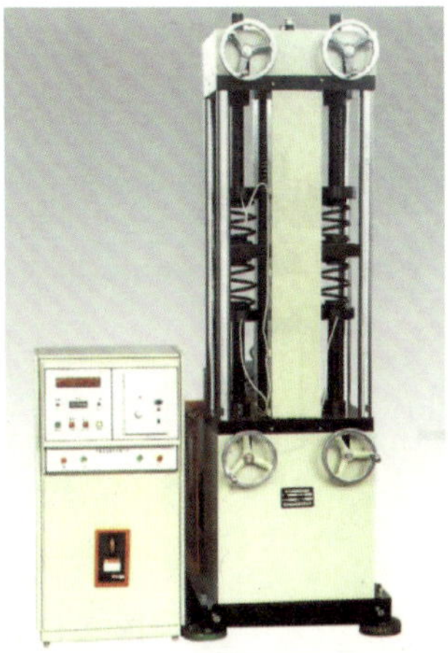

图 2.107 TPJ 系列机械式弹簧疲劳试验机

图 2.108 TYW-100 型微机控制弹簧压力试验机

图 2.109　MMZ-180 型微机控制电液伺服轴承试验机

图 2.110　YYW-1600 型万向节传动动平衡试验机

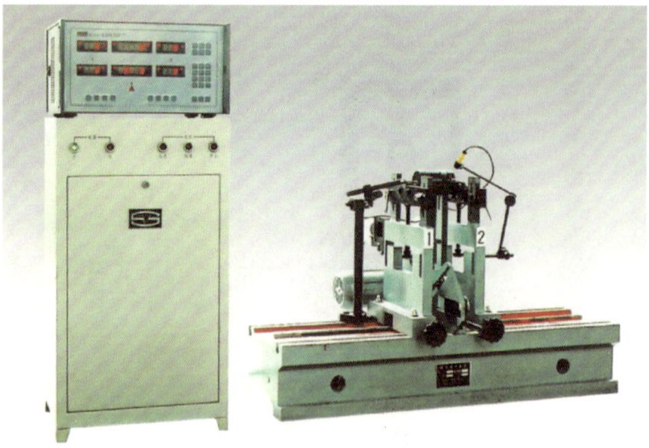

图 2.111　YYW-16 型圈带传动动平衡试验机

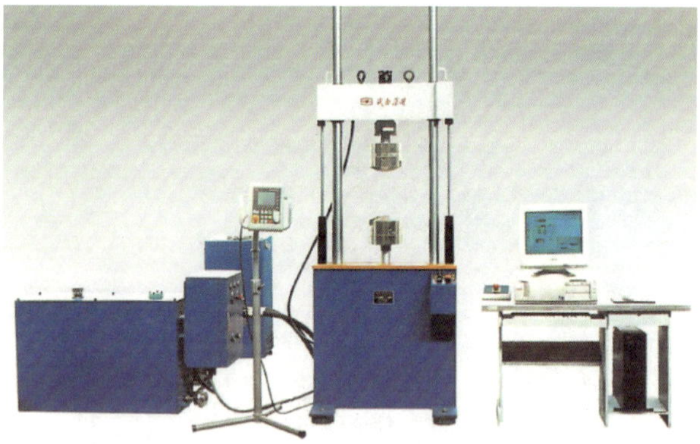

图 2.112　PWS-100A 型电液伺服动静万能试验机

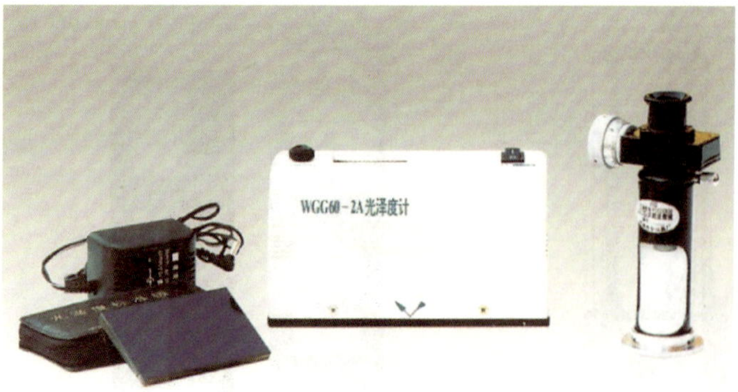

图 2.113　WGG60-2A 数显式光泽度计

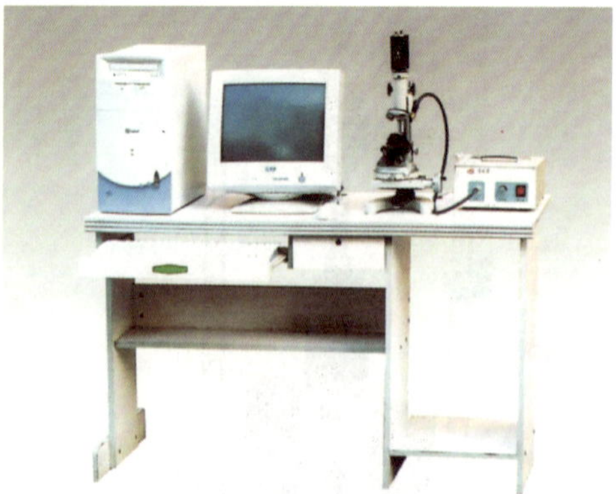

图 2.114　MRS 四球摩擦试验机磨斑测量系统

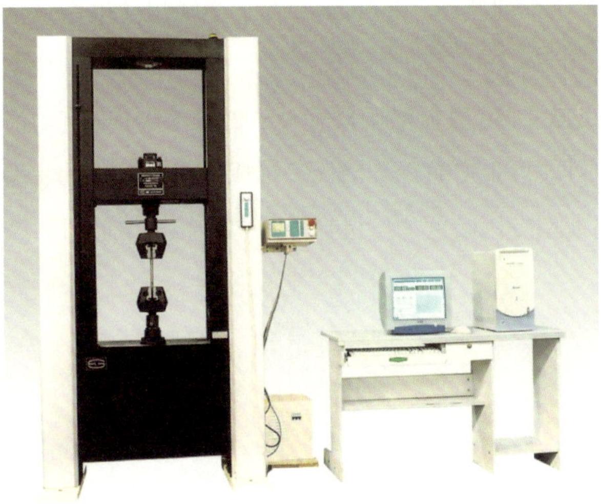

图 2.115 WDW-E100 型微机控制电子万能试验机

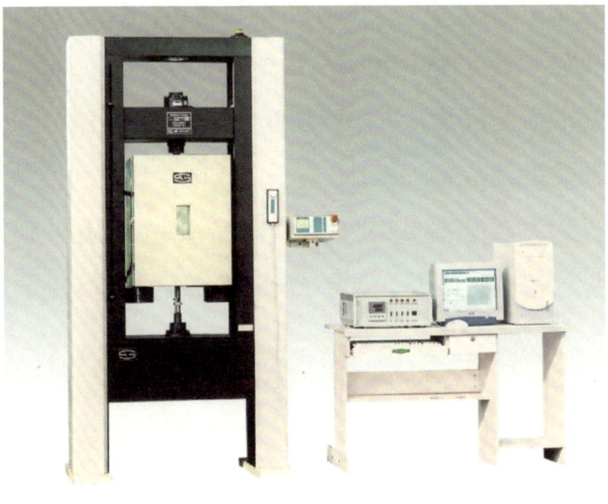

图 2.116 带高温炉 WDW-E100 型微机控制电子万能试验机

烟台东方分析仪器有限公司成立于 2000 年，拥有省级光谱仪及核心部件研发工程技术中心，先后开发了 DF-100、DF-200、DF-300、DF-400 系列直读光谱仪，DF-1000A、DF-1000E、DF-1000S、DF-2000 型 X 射线荧光光谱仪以及 ICP-OES 仪器等产品，并实现系列化生产。2011 年 DF-200 多基体直读光谱仪被山东省经信委评为“国内首台（套）”产品并列入《山东省高端技术装备新产品推广目录（第一批）》，2012 年 11 月 DF-200 直读光谱仪获山东省科技进步奖二等奖，2012 年 11 月 DF-1000X 荧光光谱仪获得烟台市科技进步奖三等奖。

莱州华银试验仪器有限公司成立于 1948 年，1961 年开始研制和生产硬度计并生产了国内首台 150A 洛氏硬度计。1962 年开发了 3000 型布氏硬度计，1963 年开发了维氏硬度计，1965 年开发了肖氏硬度计，1966 年开发了大型布氏硬度计、表面洛氏硬度计、三用硬度计。1970 年开发了门式布氏硬度计，1973 年开发了自动布氏硬度计、齿轮洛氏硬度计，1983 年开发了里氏硬度计，1985 年开发了果品硬度计，1986 年与日本明石制造所技术合作，开发了数显洛氏硬度计、电动洛氏硬度计。 1990 年开发了全自动洛氏硬度计，1994 年开发了在线自动检测硬度计，1998 年研制成功基准洛氏硬度计，1999 年开发了火车轮在线自动检测硬度计、显微维氏硬度计、数显小负荷布氏硬度计、塑料洛氏硬度计、数显表面洛氏硬度计、新型里氏硬度计。2000 年对 HV-5、HV-10、HBV-30A 布维硬度计进行了升级改造，2001 年开发了数显多功能电子加力布氏硬度计、数显小负荷维氏硬度计、数显维氏硬度计、数显多功能里氏硬度计，为中国航空工业总公司第 304 研究所研制成功基准里氏硬度计。2002 年开发了 3000C 型电子布氏硬度计、62.5 型数显小负荷布氏硬度计、50 型数显维氏硬度计、-5 型数显小负荷维氏硬度计。2003 年开发了 3000B 布氏硬度计、1000 型图像处理显微硬度计，2004 年开发了 HBV-30B 数显布维硬度计、HV-10A 小负荷维氏硬度计，2005 年开发了 HBV-30C 型数显布维硬度计，电子万能试验机系列产品。2006 年开发了 200HR-150 系列洛氏硬度计、HVS-1000A 数显显微硬度计系列、300HRSS-150 自动全洛氏硬度计，为中国计量科学研院研制成功基准布氏硬度计。2007 年开发了 200HRS-150 数显洛氏硬度计、200HRD-150 电动洛氏硬度计、300HR-150 电子洛氏硬度计系列产品。目前可生产布氏、洛氏、维氏、肖氏、里氏、邵氏六大系列五十多种硬度计产品，并可为用户研制大型专用硬度测量机械以及电子拉力试验机，摩擦、扭转、冲击、疲劳试验机等产品。

3 铸造材料篇

铸造材料泛指铸造生产过程中使用的各种原辅材料，如铸造生铁、原砂、黏土、涂料、树脂等，在铸造生产中占有十分重要的地位，铸造材料的发展与铸造业的整体进步密切相关。经长期发展，目前山东已是铸造大省，不仅铸件产量高，铸造材料的发展也处于国内领先地位。

中华人民共和国成立后很长一段时间，由于铸造水平落后，铸造材料的技术、生产水平也很落后，山东省内几乎没有专业的铸造材料生产厂，有的材料是借用其他行业的产品，如铸造用的生铁、焦炭、水玻璃都选用冶金、建材等行业的标准，铸造涂料大多是铸造厂自配自用。铸造材料的发展往往与当地相关资源有很大关系，资源的优势往往促进相关产品的发展，如生铁、树脂、原砂等，凭借着许多得天独厚的地理资源优势，省内很多铸造材料的专业生产起步在全国领先，如1958年建成投产的济南钢铁厂生产的生铁用于铸造，济南圣泉集团利用丰富的农作物秸秆生产糠醛的优势，20世纪80年代中期就开始生产呋喃树脂，现在已发展成为跨国集团公司。除生铁、铁合金等大宗材料外，铸造材料生产企业基本都是民营企业，厂家多、生产灵活、适应市场变化能力强，但发展过程中也存在生产规模小、效率低、产品档次参差不齐、环保问题突出等问题。

总体来说，经过长期发展，尤其是自20世纪80年代以来的快速发展，国内铸造技术、工艺取得了巨大进步，大量新技术、新材料、新工艺、新设备迅速普及，中国铸件产量得到了快速增长，居全球之首。与此同时，山东省铸造材料行业也经历了从小到大、从弱到强的变化，产品品种逐渐丰富，并取得了众多专利技术，很多产品技术水平达到国内领先或世界领先水平，有些铸造材料企业规模进入世界前列并大量出口，如济南圣泉集团股份有限公司、山东开泰集团等。今后铸造材料将朝着绿色、高效、节能减排的方向发展。

3.1 » 生铁

山东矿产资源赋存种类多、储量大，到1987年年底已发现各类矿藏109种，探明和开发的有煤炭、石油、天然气、铁、铜、铝、铅、锌、钴、钼、金、银、稀土、石墨、石膏、金刚石、菱镁矿、耐火土、硅藻土、高岭土、膨润土、熔剂灰岩、萤石、重晶石、大理石、花岗岩等70余种。其中煤炭、原油、黄金、铁矿石、耐火土等自然资源均在全国占有重要地位。

山东冶金工业历史悠久，源远流长，可上溯到距今四五千年前，举世闻名的“北辛文化”“大汶口文化”和“龙山文化”所处的新石器时代，就有了青铜冶炼和铜制器具。山东的冶铁业，早在春秋时期（公元前770年—前403年）就已开始发展。

（1）1949—1957 年

中华人民共和国成立后，党和政府把发展冶金工业摆到了重要位置，强调发展国民经济以重工业为基础。1949 年上半年，当时中共山东分局和山东省人民政府根据党中央的指示精神，接管了金岭铁矿、利国驿铁矿、玲珑铁矿、南墅石墨矿、“华轻”南定工厂、鲁丰瓷厂（今山东耐火材料厂）等厂矿，将它们收归全民所有，并立即召回工人，发放救济，平整场地，开工生产。经过三年（1950—1952 年）的生产恢复工作，企业生产逐步正常。在此基础上，于 1953 年开始进入了第一个五年计划时期（1953—1957 年）。在这段时间里，不仅使接管的几个老厂的生产得到了进一步发展，而且有计划地进行了续建和改扩建，同时还建立了郭店铁矿、洪山铝土矿、湖田石灰石等中小型矿山，并完成了对冶金工业中资本主义工业的社会主义改造任务。山东省委、省政府根据国家纪委、经委、冶金部的批示，1957 年 7 月 3 日决定成立济南钢铁厂（济钢集团有限公司前身）筹备处，并于当年 11 月动工兴建一座 84m^3 高炉。

济南钢铁厂的建设和生产是山东省铸造企业发展史上的一个里程碑（图 3.1）。

图 3.1　济南钢铁厂

（2）1958—1977 年

1958 年 5 月 1 日凌晨 2 时，济南钢铁厂 3 号高炉流出了第一炉铁水。炉前职工用第一炉铁水浇注了一幅山东省区域形状图，并铸上“山东第一炉铁”的字样，以示纪念。当天上午，在炉前举行了隆重的开炉典礼。

为满足机械装备制造业铸造生产的需要，除济南钢铁厂相继建成四座高炉外，省里又建成同类规模的张店钢铁厂、山东鲁南铁合金总厂。生产技术装备不断完善，通过采取精料、高风温、富氧鼓风、粉煤喷吹等手段，使高炉达到了高产、环保、低耗和优质的炼铁生产指标。20 世纪 70 年代，经原冶金工业部抽样、全国评比，本溪钢铁厂和济南钢铁厂分别获得铸造生铁金、银牌大奖。在原冶金工业部、省冶金工业总公司、大专院校、兄弟单位的大力支持下，国内外燃式热风炉、第一组高风温顶燃热风炉的建设与生产获得成功。热风炉自身预热法、高炉干式除尘蓄能反吹法分别获得国家发明奖三、四等奖。济南钢铁厂、张店钢铁厂获得部、省、市的多项技术革新成果奖励，主持起草了球墨铸铁生铁标准。张店钢铁厂的铸造生铁获得“鹰牌”知名商标。20 世纪 70 年代，为满足工业发展的急需，山东省又建成了一批地（市）、县级钢铁企业，如济南历城铁厂（现为济南庚辰铸造材料有限公司，是当今我国著名的球墨铸造生铁生产基地）、济南章丘小钢联、潍坊益都铁厂、青岛崂山铁厂、烟台小钢联牟平铁厂、诸往铁厂（后划归威海市，现为威海鑫山铸业有限公司）、临沂钢铁厂（现为临沂翔龙钢铁有限公司。该企业与有关专家合作，对煤基还原竖炉进行研发，生产直接还原铁、高纯生铁做出了重大贡献）、太安莱芜小钢联（后划归莱芜市，现为山东泰山钢铁集团）等企业，为国民经济的发展做出重大贡献。

（3）1978—2000 年

乘着改革开放的春风，山东各地的铸造企业进入了飞速发展时期，老企业创新、改造不断升级发展。各地又新建了一批民营企业，生产铸造生铁、球墨铸造生铁。冶、铸短流程工艺获得成功，为铸造业的提升、环保、节能、创新做出了贡献。

在国内庞大的铸造生铁市场和众多的铸造生铁生产企业中，山东有着举足轻重的地位。这里不仅市场庞大，更是铁厂众多（尤其是中小铁厂，以 128m^3 高炉为最多），这些铁厂铸造生铁的产量占据全国至少 70%。产品除了在山东本省销售外，也大量销往南方的江、浙、沪地区。多年来，山东铸造生铁已在国内树立起良好声誉，并越来越多地引起同行们的关注。

（4）2001—2015 年

进入 21 世纪，山东省炼铁产能不断增加，2004 年 2 月 8 日济钢 508m^3 炼铁高炉建成（图 3.2）。

图 3.2　济钢 508m^3 炼铁高炉

始建于1969年的济南历城铁厂，于2000年改制成立济南庚辰钢铁有限公司（图3.3），2009年12月，被中国铸造协会评为全国优质铸铁生产基地试点企业，2011年10月，“庚辰人参”荣获山东省著名商标，2015年4月，更名为济南庚辰铸造材料有限公司。2006年，公司控股莱州庚辰球墨铸铁有限公司，现已形成年产球墨铸铁用生铁160万吨的产能。

图3.3　济南庚辰钢铁有限公司厂区

莱州庚辰球墨铸铁有限公司，前身系莱州金仓铁业有限公司（前身为莱州鑫丰铁矿），始建于2002年6月，成立于2003年12月。2006年5月进行股权变更，由济南庚辰钢铁有限公司与中国海外科技实业有限公司兼并重组，成立莱州庚辰球墨铸铁有限公司。公司现在是烟台地区唯一一家铸造用生铁专业生产厂家，公司生产的“人参牌”铸造用生铁，结束了烟台地区不能生产铸造用生铁的历史，为周边地区及莱州市的刹车盘行业和机电产品的高附加值出口铸件的发展提供了充足的优质原材料。

当前我国铸造企业主要以中、小高炉生产的生铁为主要原材料。近几年来虽在高炉操作、工艺装备、环保、节能等诸多方面创新、提高，投入了大量的人力、财力，取得了很大成绩，但仍不能满足环保、节能、低成本和用户的要求，推广冶、铸双联短流程工艺，研发非高炉炼铁，采用国家提倡的环保新工艺直接还原法，特别是还原竖炉法，应引起业内人士的高度重视。

3.2 » 铁合金（球化剂、蠕化剂、孕育剂）

（1）1949—1957年

1950年我国用0.4%～0.6%的镁采用钟罩法试制成功球墨铸铁。济南铁合金厂1953年开始合金炉料的生产，主要生产各类硅系合金、锰系合金、多元合金、铝系脱氧剂、有色金属、冶金辅料等。

（2）1966—2000 年

山东省在稀土合金特别是蠕化剂和蠕墨铸铁的研究、生产和应用方面做了大量工作，呈现百花齐放状态，包括对稀土硅铁、复合合金产品、喂丝包芯线产品及无孕育蠕化剂的研究。山东省相继在淄博、威海、莱芜、泰安等地出现过大大小小的铸造铁合金生产加工企业，因设计生产规模小，产品单一，无研发能力和特色产品，现存企业屈指可数。

1986 年国家“七五”技术开发项目开展了“铸铁三剂”（球化剂、蠕化剂、孕育剂）的系列化、商品化研究，三个内容的课题分别由郑州机械所、山东省机械设计研究院（图 3.4）和沈阳铸造所负责完成。

图 3.4　山东省机械设计研究院

山东省机械设计研究院承担的国家“七五”技术开发项目“蠕墨铸铁蠕化剂系列化商品化研究”，1989 年通过国家机电部鉴定，荣获机电部科技进步奖三等奖。

山东省是我国研究和应用稀土合金最早的省份之一，是稀土硅铁合金处理铁水制得蠕墨铸铁的发源地，发现并大力开发利用了微山稀土矿和济宁钢厂两个稀土开发、生产基地。

济宁钢铁厂（当时又名济宁稀土材料厂），1979 年 4 月稳定工艺正式投产，开始进行包头和微山稀土精矿电弧炉冶炼稀土硅铁合金的工业试验，后又采用电弧炉炉外冲兑镁工艺，是山东省率先实现稀土镁类合金规模化生产的企业。1991 年 3 月，该厂进行技术改造，购置、安装中频炉，采用炉内配镁工艺生产稀土镁球化剂，于 4 月份稳定工艺并正式投产。

20 世纪 80 年代末期，北京农业工程大学和山东省机械设计研究院联合，采用粉末机械混合压制法分别制得块状稀土镁合金球化剂和稀土锌镁铝蠕化剂，以及蠕化率炉前调整剂，初步解决了金属元素的烧损、化学成分难以保证准确均匀的问题，也为稀土中间合金的生产寻找出一条节约能耗、简单易行的新途径。1989年，曲阜市铸造材料厂开始生产球铁孕育剂，2000年开始生产稀土镁合金。

20世纪90年代初期，山东枣庄铸铁三剂厂在国内首创等离子电弧炉冶炼稀土合金新工艺，并正常生产四五年。该工艺生产的稀土硅铁合金质量不但可与其他任何工艺生产的合金相媲美，而且每吨合金节电1000kW·h，对稀土富渣中的稀土回收率也较常规工艺高10%～15%，是一项值得大力推广的新工艺。

1990年，枣庄市化学冶金研究所，利用冶炼方面的优势，分别在枣庄市市区和郊区税郭镇建立等离子炉进行铬铁、钼铁和稀土硅铁的生产加工。同年，位于税郭镇的枣庄市稀土合金厂采用炉外冲兑镁工艺生产出稀土镁合金。

济南章丘稀土合金厂（1990年更名为山东华晨有限公司）于1986年成立（图3.5），1987年开始用地坑炉焦炭坩埚生产稀土镁合金，并与山东省机械设计研究院合作，共同承担了国家“七五”科技攻关项目“蠕墨铸铁蠕化剂化学分析标准样品的研制”，并于1989年通过国家机电部鉴定，荣获机电部科技进步奖三等奖。1990年8月章丘稀土合金厂与山东省机械设计研究院在山东省率先进行“中频感应电炉冶炼稀土镁类合金工业性生产研究”并于1991年6月通过省级技术鉴定。1994年12月完成的山东省稀土滚动发展规划项目“稀土合金系列产品生产技术开发”荣获山东省星火项目三等奖。山东华晨有限公司参与起草制定《稀土球墨铸铁用球化剂》（GB/T 28702—2012），2015年研发专利产品无孕育蠕化剂和薄壁无孕育蠕化剂。

图3.5　山东稀土铸造集团总公司（山东华晨有限公司）开业庆典

临邑县旭光铸造材料厂（山东旭光得瑞高新材料股份有限公司前身）1996年开始生产球化剂、孕育剂。

蠕化剂中使用的稀土硅铁一般采用电弧炉硅热法生产，20世纪80年代的济宁钢厂及20世纪90年代初期的济南市稀土合金厂都曾经用此法进行生产。蠕化剂则常用重熔配制法（俗称兑掺法），利用中频感应电炉熔炼。在稀土硅铁合金中分别配入镁块、钛铁、铜、锌、铝或硅、钙等来达到不同合金的成分要求，该工艺设备简单，操作方便，成分易于控制，被一些中小合金厂及自熔自用的铸造厂家广泛采用。许多新型蠕化剂的研制也都是通过此法达到工业化批量生产。社会上曾经出现过用焦炭地坑炉和柴油雾化燃烧炉来熔炼生产稀土合金，柴油雾化燃烧炉从河南引进山东，于2000年前后曾经风靡济南章丘市一带，许多从事稀土合金生产个体户，没有大负荷供电能力而采用此法生产。

（3）2001—2015年

随着铸造行业的不断发展和环境治理的要求，根据球化、蠕化处理（冲入法、盖包法到喂丝法）、孕育处理（冲入法、瞬时孕育、喂丝孕育等）方法的不同，山东省球化剂、蠕化剂、孕育剂等品种形成了系列化。

3.3 » 钢丸钢砂

（1）铸铁丸、铸铁砂

① 1966—1977年

1969年，在济南市红旗区（现为市中区），筹备成立了钢砂厂（当时国内除铁岭钢砂厂外没有其他生产钢砂的企业），起因是：当时为计划经济时期，由于国家政策原因，钢铁属于国家物资计划调拨，钢铁物资不能倒流，东北地区是钢铁生产基地，当时辽宁生产并运出的钢铁物资，不能再倒流到辽宁省铁岭，让铁岭钢砂厂用作原材料来生产钢砂，而铁岭钢砂厂只能采用来料加工方式生产钢砂，市场又急需抛喷丸清理用铸铁丸金属磨料，因此，筹备成立钢砂厂，以解急需。

1970年，由济南汽车制造厂、济南柴油机厂、山东水利厅（全国各地打井钻探用铸铁丸）、山东地质勘探大队、山东拖拉机厂、天津拖拉机厂、天津动力机械厂、北京内燃机厂发起，济南市红旗区派出45人的工人和技术人员团队去辽宁省铁岭钢砂厂学习铸铁丸生产技术，学习3个月回到济南后，在济南七里山正式成立“济南市红旗区劳动服务大队钢砂厂”，员工人数80人。

1971年新工厂投产，利用1.5t/h冲天炉，采用半埋在水中的高速离心滚子雾化铁液，落入水中成丸，捞出后，经燃煤滚筒干燥、摆动筛筛分和输送带式选圆，每月可生产规格为0.5～5.5mm的铸铁丸300吨，产品销售到河北省石家庄、江苏省南京市浦镇、湖北省武汉市汉口、贵州省贵阳市等铁路行业车辆制造工厂，用于金属表面抛丸清理。

1972年工厂改名为“济南红旗区钢砂厂”，员工约为300人。1974年1月改名为济南市中区钢砂厂。

② 1978—2000 年

1978 年 12 月济南市中区钢砂厂由区属企业升为市属集体所有制企业，改称“济南钢砂厂”。

1977 年济南钢砂厂生产的铸铁丸产品用于济南花岗石厂、平度大理石厂框架砂锯，切割汉白玉大理石石材，用于毛主席纪念堂的建设。

1979 年济南钢砂厂产品广泛用于济南华山、平阴、柳埠及莱州花岗石、大理石框架砂锯，对石材进行锯切加工。

1980 年济南钢砂厂在济南市红旗区下乡知青点的济宁市援建“济宁市市中区钢砂厂”。

1983 年济南钢砂厂在济南市历城区唐王乡帮助当地农民新建钢砂厂，采用冲天炉熔炼铁水生产铸铁丸。

1985 年济南钢砂厂搬迁到济南市市中区建设路南首，有 400 名员工，新上了 5 吨冲天炉，1986 年开始采用破碎机破碎铸铁丸生产铸铁砂。

20 世纪 80 年代后期，潍坊地区开始采用冲天炉生产铸铁丸，在济南唐王和潍坊杏埠、官家部采用白口铸铁丸与石灰混合装罐、燃煤炉加热、高温退火生产可锻铸铁丸，降低铸铁丸脆性，提高其使用寿命，但生产的可锻铸铁丸硬度较低，抛丸清理效率降低。1988 年淄博市周村区萌水镇周村钢砂厂开始生产白口铸铁丸、铸铁砂。

1995 年济南唐王、淄博周村，将马氏体基体的白口铸铁丸，采用 600 ～ 800℃退火工艺处理成珠光体基体 + 莱氏体组织的铸铁丸，虽然可以降低硬度，但由于莱氏体碳化物形态没有改变，莱氏体脆性强，铸铁丸的使用寿命依然较短。

1994 年济南钢砂厂由于体制和经营不善等问题，被济南轧钢厂兼并，后铸铁丸、铸铁砂断续经营到 1996 年年底。

③ 2001—2015 年

这个时期山东生产铸铁丸、铸铁砂的厂家达到顶峰，最高时有 70 家，主要集中在济南市唐王、潍坊市杏埠、淄博市周村等地。2008 年后，产品升级换代，高碳铸钢丸、高碳铸钢砂替代铸铁丸、铸铁砂产品，铸铁丸、铸铁砂产品遂被市场淘汰。

（2）钢丝切丸

① 1978—2000 年

1981 年经大连起重机器厂技术处提议，在杭州市萧山试制钢丝丸自动切丸机，并成立萧山坎山知青厂生产钢丝切丸，1984 年该项目由机械部济南铸锻研究所主持並通过鉴定，之后厂名改为“萧山钢丝丸厂”。

1988—1989 年在滕州、日照市莒县、临朐、潍坊等地，陆续采用废旧钢丝绳生产加工钢丝切丸用作抛丸清理金属磨料。

1993 年滨州市邹平县青阳和章丘市刁镇同时生产钢丝切丸。济南铸锻机械研究所联合萧山钢丝丸厂起草了《钢丝丸》（JB/T 8354—1996）机械行业标准。1995 年，日照莒县中外合资莒县泰峰金属制品有限公司在国内第一项生产铝丝切丸、不锈钢丸、锌丝切丸，产品大量用于重庆建设摩托车、烟台光生铝业、南京金城摩托车，替代相应进口金属磨料抛丸清理铝合金铸件及压铸件。1995年滨州市邹平县青阳开始采用旧轮胎内直径 1.0 mm 钢丝生产钢丝切丸，山东金山金属产品有限公司带头改进生产工艺，研发新型钢丝切丸机和大功率摩擦脱胶机，原来的火烧脱胶改为切割后摩擦脱胶，保持了钢丝切丸的硬度，提高了钢丝切丸的寿命和清理效率。

② 2001—2015 年

山东金山金属产品有限公司 2003 年利用废旧轮胎炼油后的直径为 1.5mm 的钢丝和未炼油直径为 1.5mm 钢丝为原料生产钢丝切丸。鼎盛时期，邹平县青阳有大小钢丝切丸厂和作坊近 80 家，并将此生产技术推向全国。后来，河北唐山、山西汾阳成为继邹平青阳后的钢丝切丸生产基地，2003 年邹平县青阳采用新的不锈钢丝生产不锈钢丝切丸。

2004 年山东开泰集团有限公司开始采用新不锈钢丝、高碳钢丝、铝丝、锌丝，生产不锈钢丸、碳钢钢丝切丸及钝化钢丝切丸、铝丸、锌丸等产品。2005 年山东开泰集团有限公司参加全国标准化委员会 SAC/TC186/SC3 抛丸喷丸分技术委员会并担任副秘书长，参加全国标准化委员会 SAC/TC5/SC6 涂漆前金属表面处理及涂漆工艺分技术委员会并担任副秘书长，与山东大学合作，负责制定国家与机械行业钢丝切丸、不锈钢丸 3 项金属磨料标准，《涂覆涂料前钢材表面处理　喷射清理用金属磨料的技术要求　第 5 部分：钢丝切丸》（GB/T 18838.5—2015）、《抛喷丸清理及强化用金属磨料　第 1 部分：钢丝切丸》（JB/T 8354.1—2013）、《抛喷丸清理及强化用金属磨料　第 5 部分：不锈钢丸》（JB/T 8354.5—2015）。

（3）铸钢丸、铸钢砂

1988 年为弥补框架砂锯石材切割用铸铁丸金属磨料的不足，济南台岛冶炼有限公司在济南市历城区洪楼镇西周村建成厂年产 1000t 铸钢丸、铸钢砂厂，以炼钢生铁、添加硅铁、锰铁为原料，采用 250kg 中频感应电炉熔炼、水冲击雾化制丸，采用箱式电阻炉加热，经淬火、回火制成高碳铸钢丸，淬火后的铸钢丸经破碎制成石材切割用的高碳铸钢砂。

1992 年 11 月 20 日山东省日照市莒县峤山镇成立中外合资莒县泰峰金属制品有限公司，1993 年年产 2000t 铸钢丸、铸钢砂和钢丝切丸，并出口到台湾地区和香港地区，2000 年后转产其他产品。

1993 年 11 月，日本新东百利达株式会社、日本日商岩井株式会社、青岛铸造机械集团公司共同投资 250 万美元，在青岛黄岛成立中日合资青岛百利达钢丸有限公司，并于 1995 年 7 月正式生产，年产钢丸、钢砂 1.5 万吨。采用日方新东提供的生产技术及工艺装备，自动化流水作业，生产国标和美国 SAE 标准全系列钢丸与钢砂。2002 年 10 月，企业进行股权变更，日本新东百利达株式会社占股 95%,、青岛机械总公司占股 5%。2009 年 3 月变更为日本新东工业株式会社占股 95%，青岛机械工业总公司占股 5%，2015 年由于搬迁工厂关闭。

1996 年前后，山东省淄博市张店区、周村区、潍坊市杏埠、临朐县同时成立了多家钢丸钢砂生产企业，淄博大亚金属科技股份有限公司成立于1997年。

2000年山东开泰金属磨料有限公司在邹平成立（图3.6），采用中频电炉熔炼、水雾化工艺生产铸钢丸。2001年年底建立新厂，采用电弧炉熔炼、离心雾化工艺生产高碳铸钢丸，年产达10000吨，产品销往全国各地。目前铸钢丸、铸钢砂产能达到每年20万吨。先后起草国际标准、国家标准、机械行业金属磨料标准10项，分别为:《涂覆涂料前钢材表面处理　喷射清理用金属磨料的技术要求　第3部分：高碳铸钢丸和砂》（GB/T 18838.3—2008）、《涂覆涂料前钢材表面处理　喷射清理用金属磨料的技术要求　第4部分：低碳铸钢丸》（GB/T 18838.4—2008）、《抛喷丸清理及强化用金属磨料　第2部分：高碳铸钢丸》（JB/T 8354.2—2015）、《抛喷丸清理及强化用金属磨料　第3部分：高碳铸钢砂》（JB/T 8354.3—2015）、《抛喷丸清理及强化用金属磨料　第4部分：低碳铸钢丸》（JB/T 8354.4—2015）、《抛喷丸清理及强化用金属磨料　第5部分：不锈钢丸》（JB/T 8354.5—2015）等。

图3.6　山东开泰金属磨料有限公司

3.4 » 造型材料

3.4.1　原砂

（1）1949—1977年

铸造用砂是铸造生产最基本的原材料，具有一定耐火度、粒度、粒形等条件的砂才能被用于生产，石英砂、铬铁矿砂、锆英砂等都在铸造中得到了应用，其中石英砂是用量最大的铸造原砂，其产地主要集中在内蒙古、河北、福建等地。山东省铸造用砂产地主要集中在荣成、烟台等沿海地区和枣庄、沂水、淄川等地，但砂矿规模都不大。

1971年曾做过山东省铸造用砂资源调查（图3.7）。调查表明，山东省铸造用砂主要集中在胶东沿海地区，储存量大、运输方便、易开采、质量较高的砂源有26处，其中较好的砂源为荣成市、烟台龙口市、威海市、青岛胶南县、潍坊高密市、泰安新泰县。

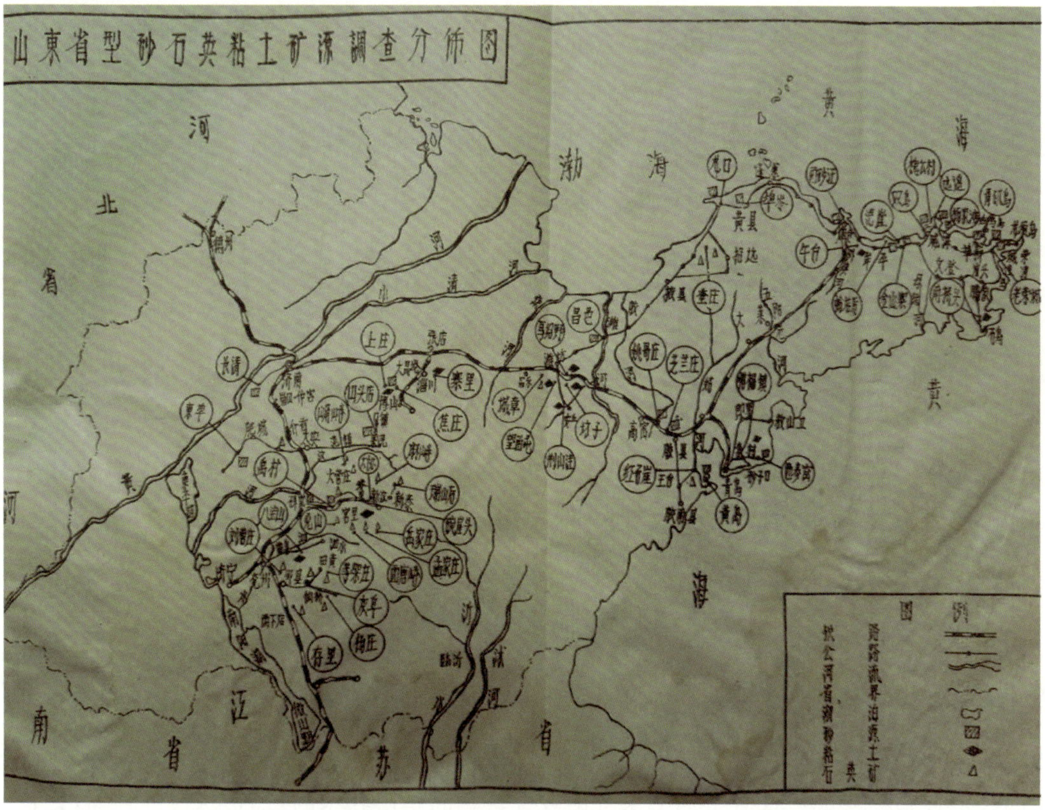

图 3.7 山东省铸造用石英砂、黏土矿源分布图

龙口砂场的砂子 SiO_2 含量 84.61%，Al_2O_3 含量 8.85%，耐火度 1655℃，粒度为 30/50，三筛集中度 74.5%，粒状呈多角形，颗粒均匀度较差，可用于大型铸铁件生产，曾在烟台铸造厂、潍坊柴油机厂、华丰机器厂、昌潍生建机械厂、淄博生建机械厂、莱阳动力机械厂、济南重型机械厂、济南第二机床厂等企业应用。

荣成青矶岛砂 SiO_2 含量 91.5%，杂质少，耐火度 1700℃，呈白色圆形颗粒，粒度为 40/70，三筛集中度为 80.89%，可用作大中型铸铁件的型砂或芯砂，曾在烟台机器厂、烟台铸造厂、青岛铸造机器厂、青岛纺织机械厂、青岛四方机车车辆厂、青岛汽轮机厂、青岛内燃机车、德州机床厂等企业使用。

（2）1978—2015 年

从 20 世纪 90 年代开始各地区出台政策禁止沿海砂矿开采，荣成旭口砂仍可以开采，全省年用量 15 万吨。随着铸造机械化的兴起，省内采用湿型砂工艺的铸铁件生产企业逐步改用性能更好的内蒙古风积砂。

沂水、枣庄、沧山县（兰陵县）及淄川商家一带的人造石英砂，产量较大，主要用于玻璃行业，经按铸造粒度要求级配后，可用于铸钢水玻璃砂铸造。始建于 1992 年的“山东硅砂有限公司”，2000 年改制为“兰陵县保鑫石英砂有限公司”，现在月产铸造用石英砂 10 万吨，在潍柴、山推、日本小松（小松山东）、日本神钢和日本协力、韩国星普、意大利华隆等企业得到了应用。

3.4.2 潮模砂添加材料（黏土、α 淀粉、煤粉、代煤粉材料等）

（1）1949—1977 年

黏土是铸造生产中用量最大的粘结剂，我国黏土矿主要分布在辽宁、河南、安徽等地。1971 年山东省有关单位对省内黏土矿做了调查。山东省黏土矿主要分布在：荣成县南桥头、烟台市午台、青岛市惜福镇、潍坊市坊子、望留屯、马绍野、城章、昌乐，新泰县碗岸头，曲阜县白宝山，博山，淄川寨里地区。

午台黏土矿，面积约 1 平方千米，深数米，黏土 SiO_2 含量 67.4%，Al_2O_3 含量 20.06%，耐火度 1380℃，胶质价 39，湿压强度 0.0049MPa。烟台许多企业使用该黏土。

坊子黏土矿，总储量 90 万吨，黏土 SiO_2 含量 59%。Al_2O_3 含量 28.14%，耐火度 1650℃，胶质价 39.4，湿压强度 0.004MPa，在多家企业得到应用。

昌乐黏土矿黏土 SiO_2 含量 65%，Al_2O_3 含量 20.54%，耐火度 1600℃，胶质价 39.7，湿压强度 0.0048MPa，在多家企业得到应有。

博山黏土矿，储量约 14 万吨，黏土 SiO_2 含量 61.82%，Al_2O_3 含量 27.03%，耐火度 1630℃，胶质价 42，抗压强度 0.003MPa，可作为一般湿型砂黏土。

当时生产铸造黏土的厂仅有个别厂家有据可查，如曲阜市郭家沟村耐火材料厂（后更名为曲阜市铸造材料厂）成立于 1971 年，生产铸造用黏土，年产量 500 吨左右，供给山东拖拉机厂和济宁电机厂等。

20 世纪 60 年代地质勘探还不十分普及，潍坊第六中学在建校挖地基时，出现白色黏的土，经检验分析为蒙脱石结构，这就是山东第一次发现的膨润土。山东省膨润土，以潍坊市涌泉镇为中心（此镇储量较大），在五莲、诸城、昌乐、莱西县有少量分布。各矿的蒙脱石含量各异，均为钙基土，吸蓝量一般为 32g（100g 土），湿压强度 70kPa，经钠离子交换后仍达不到辽宁建平改性后的膨润土的水平。随着造型机械化的发展，从 20 世纪 90 年代开始省内膨润土基本不再开采。

1981 年曲阜市铸造材料厂开始生产煤粉，1996 年临邑旭光铸造材料厂（山东旭光得瑞高新材料股份有限公司）开始生产煤粉。

（2）1978—2000 年

α - 淀粉是天然淀粉经过糊化制成，加入型砂中用于提高型砂的韧性。

曲阜铸造材料厂 1990 年开始生产 α - 淀粉，临邑县旭光铸造材料厂（后更名为山东旭光得瑞高新材料股份有限公司）1996 年开始生产 α - 淀粉。

合脂油粘结剂是制皂过程中的一种副产品，1965 年由大连油脂厂发明。1990 年后随着制皂原料的更新，该产品停止生产。临邑县旭光铸造材料厂从 1993 年起研究以渣油和豆油渣为原料，加环烷酸铁做催化剂制成渣油粘结剂，随着铸造技术的不断发展，大约 2000 年以后这种粘结剂逐步被各种树脂替代。

（3）2001—2015 年

山东民丰铸造材料有限公司、山东旭光得瑞高新材料股份有限公司、曲阜市铸造材料厂为山东省内生产煤粉、α - 淀粉等材料的主要厂，煤粉年产量达到了 30 万～ 40 万吨。

3.4.3 铸造树脂（呋喃、碱酚、酚脲烷、热芯盒、覆膜砂酚醛、冷芯盒树脂）

自 1940 年德国工程师将合成树脂用于铸造生产以来，越来越多具有不同性能的合成树脂被开发出来。铸造树脂的发展对铸造工艺的进步起到了巨大的推动作用，山东省铸造树脂产业起步于 20 世纪 80 年代，取得了长足的发展。

（1）1978—2000 年

①呋喃树脂

20 世纪 50 年代后期，欧洲开始在铸造生产中使用呋喃自硬树脂，由于其独特的优势，迅速在铸造行业推广开来。国内呋喃树脂的应用始于 20 世纪 80 年代，普及速度很快，对呋喃树脂的需求量迅速增加。山东酒精厂、济南圣泉集团股份有限公司（前身章丘助剂厂）、桓台东源化工厂、张店丰水化工厂、诸城化工总厂等企业开始生产呋喃树脂。

成立于 1979 年的济南圣泉集团股份有限公司（前身章丘县助剂厂）（图 3.8），以玉米芯为原料生产糠醛，从 1986 年开始生产呋喃树脂及配套固化剂，呋喃树脂产品 FL86-A 获国家“七五”星火计划成果博览会金奖。该公司具有年产 1 万吨呋喃树脂的生产能力。

图 3.8 20 世纪 80 年代章丘县助剂厂（济南圣泉集团）收玉米芯的张贴画

始建于 1987 年的昌乐恒昌化工有限公司，始建于 1992 年的桓台东源化工有限公司以及其他一些企业也进入呋喃树脂及固化剂生产领域。

② 碱性酚醛树脂

20 世纪 70 年代末波顿公司发明碱性酚醛树脂。碱性酚醛树脂砂工艺具有环保、铸件热裂倾向小、不含 N、P、S 等有害元素等优点，广泛用于铸钢件、球铁件的生产。碱性酚醛树脂砂工艺于 20 世纪 80 年代末引入我国，宁津县伍岳铸造材料有限公司从 1989 年开始生产碱性酚醛树脂，济南圣泉集团股份有限公司从 1994 年开始生产碱性酚醛树脂。

③酚脲烷自硬树脂

酚脲烷自硬树脂砂工艺（国外称 PEP-SET 法）是美国 Ashland 公司的专利技术，1970 年，在美国铸造协会年会上推介给各国的铸造行业，此工艺在美国、西德、日本等工业发达国家的汽车、拖拉机制造行业具有广泛的应用和发展。

酚脲烷自硬树脂砂工艺在国内的应用始于 20 世纪 80 年代，1985 年，常州有机化工厂引进该技术生产树脂及配套催化剂，1996 年圣泉开始生产酚脲烷自硬树脂。

④热芯盒树脂

1959 年，法国人以葡萄糖母液为粘结剂制成芯砂射入热芯盒中制成砂芯，引起了世界汽车及农机行业铸造工作者的重视；1960 年后在欧美等国家逐步开发应用，发展速度极为迅速，成为 20 世纪 60 年代最先进的制芯方法。热芯盒制芯技术于 1965 年前后开始在我国应用。

山东省最早生产热芯盒树脂的工厂是山东北方现代化学工业有限公司（234 厂，原山东化工厂），圣泉 1989 年开始生产热芯盒树脂，供应山西国际、云南内燃机等厂家。

⑤ 覆膜砂酚醛树脂

1940 年，德国 Johannes Carl Adolph Croning 博士发明了用酚醛树脂作粘结剂的壳法工艺（Shell Molding Process），并于 1944 年 2 月在德国获得专利，用于生产迫击炮、大炮的弹壳等铸件。20 世纪 50 年代，世界各工业国家都竞相采用，用翻斗法造型，开创了树脂砂在铸造生产中应用的先河。

20 世纪 60 年代末期壳法工艺开始在我国铸造生产中应用。20 世纪 80 年代，我国开始引进国外的酚醛树脂技术和设备，山东北方现代化学工业有限公司（原山东化工厂）从美国 Reichhold 公司引进该技术，生产铸造用酚醛树脂。济南铸造锻压机械研究所完成了“壳型铸造用耐高温覆膜砂研究”课题，1991 年获国家发明奖四等奖。1991 年圣泉开始生产酚醛树脂，1994 年荣获中国星火计划国际研讨会暨星火计划和产品展示会金奖。1997 年，圣泉集团与英国海沃斯合资成立了圣泉海沃斯化工有限公司，专业生产酚醛树脂，

其他生产覆膜砂酚醛树脂的企业有：济南如顺工贸有限公司（原名济南庚辰钢铁有限公司精细化工厂），始建于 1990 年；山东莱芜润达新材料有限公司（原名山东莱芜润达化工有限公司），始建于 1992 年；泰安昌林化工有限公司，成立于 1998 年。

⑥ 冷芯盒树脂

1968 年，在美国铸造学会举办的展览会上，Ashland 公司推出了酚醛 / 氨基甲酸乙酯 / 胺法冷

芯盒工艺（Phenolic/Urethane/Amin Cold Box Process，简称 PUCB 法），该工艺具有效率高、精度高、节能、工作条件好等优点，迅速在汽车、拖拉机、发动机行业推广应用。20 世纪 80 年代我国开始引入，经过不断消化吸收，制芯设备和树脂逐步实现了国产化。

1995 年圣泉开始生产冷芯盒树脂，1998 年圣泉冷芯盒树脂获农业部科技进步奖三等奖、山东省科学技术星火奖二等奖。

（2）2001—2015 年

进入 21 世纪，尤其是 2003—2011 年，中国铸造行业快速发展，带动了铸造材料产业迅速发展，生产厂家如雨后春笋般增加，山东成为铸造材料生产大省。

①呋喃树脂

呋喃树脂生产企业不断增多，生产规模不断扩大。圣泉集团呋喃树脂生产规模快速扩大（图 3.9），年产量由 2000 年的 1 万余吨增加到 2011 年的 12 万吨，出口到 40 多个国家和地区。2013 年圣泉呋喃树脂被中国铸造协会授予“铸造材料金鼎奖”，并获得多项专利。圣泉负责制定了机械行业标准《铸造用自硬呋喃树脂》（JB/T 2576—2008）。

图 3.9 济南圣泉集团厂区

在这个阶段，由于市场对呋喃需求量的增加，新建了许多呋喃树脂生产企业：山东良艺化工新材料有限公司、诸城永创铸造材料有限公司、淄博海发化工有限公司、淄博明新化工有限公司等。

②碱性酚醛自硬树脂

进入 21 世纪后，我国的碱性酚醛树脂砂工艺应用范围迅速扩大，国产树脂在技术上也有了突破，逐步取代国外树脂。圣泉碱性酚醛树脂在这个阶段得到了快速发展，由原来的每年不足百吨增加到 2010 年近 1 万吨的销量，树脂材料的国产化使成本大幅度下降，促进了该工艺在国内的推广。生产碱性酚醛树脂的企业不断增多，如 2003 年成立的宁津县宏丰铸造材料，2006 年成立的宁津县圣达铸造材料厂等。

③ 酚脲烷自硬树脂

相对于呋喃树脂砂和碱性酚醛树脂砂工艺，采用酚脲烷树脂砂工艺的企业并不多，生产酚脲烷树脂的厂家也不多：济南圣泉集团股份有限公司、昌乐恒昌化工有限公司。

④热芯盒树脂

由于冷芯盒树脂工艺的突出特点，应用越来越多，热芯盒树脂逐步被冷芯盒树脂取代，热芯盒树脂市场需求量大幅度萎缩。圣泉保留少量的热芯盒树脂生产能力。

⑤覆膜砂酚醛树脂

进入21世纪，覆膜砂工艺应用已非常广泛，到2011年覆膜砂全国用量达200万吨。山东省是覆膜砂酚醛树脂的主要生产地。圣泉集团的覆膜砂酚醛树脂经过二十多年的发展，主要品种有：高强度树脂、快聚速树脂、易溃散树脂等，圣泉覆膜砂酚醛树脂2015年的产量达到2万吨，占全国市场份额的1/3。

省内其他树脂生产厂家有：济南如顺工贸有限公司，2010年新建酚醛树脂生产线两条，扩大了公司覆膜砂树脂的市场占有率；山东莱芜润达新材料有限公司，2014年开工建设了新厂区，2015年正式投产生产酚醛树脂。

⑥冷芯盒树脂

进入21世纪，随着以汽车、发动机为代表的大批量生产类铸件的增加，冷芯盒制芯工艺得到迅速发展，冷芯盒树脂需求量快速增加。济南圣泉冷芯盒销量逐年增长，2015年超过1万吨。圣泉负责制定了国家标准《铸造用酚脲烷树脂》（GB/T 24413—2009）。

3.4.4 铸造用水玻璃（改性水玻璃、脂硬化水玻璃）

自1947年由捷克L.Petrzele博士开发以CO_2为硬化剂固化的水玻璃砂工艺后，水玻璃就作为一种铸造造型、制芯的粘结剂被广泛使用。水玻璃无毒、无味、无公害且来源广、成本低，是铸造造型制芯用主要化学粘结剂之一，特别是在中大型铸钢件生产中，是一种不可或缺的粘结剂。

（1）1978—2000年

2000年之前，山东省基本无专业铸造水玻璃粘结剂生产，一般采用建材用工业硅酸钠标准。山东省是生产水玻璃粘结剂的大省，大型生产企业有10多家，如青岛东岳泡花碱有限公司、青岛嘉润化工有限公司、滕州市辛绪化工有限公司、山东海化股份有限公司、山东淄博京联硅材料有限公司、山东青州祥利化工有限公司、山东临沂新程化工厂、昌邑市隆昌生物化工有限公司等。平均年产水玻璃10万吨以上。

1997年，济南铸造锻压机械研究所研究成功并提供K220铸造易溃散改性水玻璃粘结剂，可有效改善水玻璃砂的溃散性。

（2）2001—2015年

2008年青岛东岳泡花碱有限公司、青岛嘉润化工有限公司、滕州市辛绪化工有限公司参加起草了《工业硅酸钠》（GBT 4209—2008）国家标准。

2005年济南创普铸锻工程技术服务中心根据其发明专利研发出WGT05铸造水玻璃改性剂，可用于铸造用水玻璃的改性处理，使水玻璃粘结剂不但改善溃散性，还可以用于干法再生回用的水玻璃砂。

3.4.5 涂料

涂料是铸造生产中一种重要的材料，对提高铸件质量、减少缺陷等有重要作用。铸造涂料早期一般是铸造厂自己配制，并无专业厂家生产。随着铸造技术的发展，对涂料的质量要求越来越高、需求量越来越大，就由专业化涂料生产厂来生产，促进了涂料的发展。

（1）1978—2000 年

在这个时期，涂料生产慢慢开始走向专业化。曲阜市铸造材料厂 1988 年与沈阳铸造研究所合作开发涂料，1993 年“醇基涂料干粉”获国家发明专利。1994 年圣泉开始生产涂料，生产铸钢铸铁涂料。1995 年临邑县旭光铸造材料厂开始生产醇基涂料、水基涂料、干粉涂料、离心铸造涂料。

（2）2001—2015 年

铸造涂料发展迅速，生产厂家也大量出现。圣泉集团涂料品种增加到近百种，有水基、醇基涂料，铸铁、铸钢、有色合金涂料，黏土砂、树脂砂、V 法、消失模工艺涂料等。2015 年圣泉涂料年产量超过了 2 万吨，出口到多个国家。很多铸造材料厂生产铸造涂料，如：桓台东源化工有限公司、烟台市沧海铸造材料有限公司等。

3.4.6 其他（过滤器、冒口等）

最初冒口是由砂型形成的，随着铸造技术的发展。对冒口性能提出了更高要求，冒口套出现了，并逐渐发展出多个品种，以满足不同工艺的需求。过滤器放置在浇注系统不同的位置，起到过滤金属液中杂质的作用，是生产高品质铸件不可缺少的铸造材料，现代铸造对其需求量越来越大。

（1）1978—2000 年

在这个时期，过滤器（网）用量很少，有些要求高的中小铸件使用过滤网，但过滤网过滤的金属液量有限，去除杂质效果一般。圣泉从 1996 年开始研发、生产泡沫陶瓷过滤器，并在一些厂家使用。泡沫陶瓷过滤器的三维结构形成了复杂通道和很大的比表面积，对各类夹杂物有很好的过滤效果。

（2）2001—2015 年

这个时期对过滤器的需求逐渐增加，使用过滤器成为生产高端铸件必不可少的工艺手段，过滤器首先在汽车、发动机类中小型铸件上应用，逐步扩大到机床、风电等大型铸件，过滤技术在有色合金、铸铁、铸钢件上的应用越来越广。圣泉于 2007 年建成全球最大的泡沫陶瓷过滤器生产基地，具有年产 3 亿片过滤器的能力，产品出口到多个国家。过滤器的国产化及大批量生产显著地降低了使用成本，为推广这种先进工艺创造了有利条件。

随着铸造技术的进步，对普通冒口套、发热保温冒口套的需求量越来越多。圣泉自 2007 年建成发热保温冒口套生产线。

4 大专院校与科研院所篇

中华人民共和国成立初期，在学习苏联模式的基础上，结合自身的特点和国家发展需求，调整了大专院校的专业方向，同时新建了一批科研院所，山东省早期的铸造专业就是在这个时期调整和设立的。1979 年以后，随着国民经济的发展，铸造产业作为机械行业的基础蓄势待发，许多院校和科研院所相继增设了与铸造相关的专业和研究领域，形成了科技研发、人才培养、产学研合作等全面发展的局面，为国民经济的发展做出了应有的贡献。

4.1 铸造方向建立与沿革

20 世纪 50 年代初期，我国国民经济亟待恢复，各行各业百废待兴，国家急需开展大规模经济建设，急需大批各行各业的专业人才。作为支撑经济发展的铸造产业，铸造专业人才也不例外。本着专业化的原则，国家进行了大规模的大专院校专业调整和建设，山东省大专院校的铸造专业也随之调整和建立。

4.1.1 山东建筑大学铸造专业发展

1951 年山东省人民政府工业厅在济南成立山东省人民政府工业厅中等工业技术学校。1952 年 3 月，改名为山东省中等工业技术学校，学校设置机械科，包含金属切削、铸造、金属热处理，学制三年，机制 -2 班 30 多人为首批铸造专业学生。同年曹朔年老师从同济大学毕业并到学校任教。10 月学校改名为山东省济南工业技术学校。1953 年，赵建康从山东工学院毕业并到校任教。学校划归第一机械工业部领导。1954 年，学校改名为山东省济南工业学校，首届中专铸造专业学生顺利毕业。

1955 年，学校更名为济南机器制造学校（图 4.1），设置机械、铸造、热处理和农机 4 个专业，铸造已成为学校的核心主干专业。同年铸造教研组成立，赵健康任教研组组长。1957 年，专业学制改为 4 年，同年范芷芳从交通大学（上海）毕业并到校任教。

1958 年，济南机器制造学校升格为山东机械工业学院，设 4 年制本科，招收高中毕业生，设 5 年一贯制专科，招收初中毕业生，附设 4 年制中专部招收初中毕业生。通用机械系设机制、铸造、热处理、矿山机电等本、专科专业；中专部设机制、机床、压力加工、铸造、热处理等专业。1960 年，李明泉、邱汉泉等从山东工学院毕业到校任教。1961 年，专科在校学习延长一年，改为本科，停招中专生。

1962 年，山东机械工业学院和山东水利学院合并，成立济南工学院（图 4.2），铸造专业本科生 80 余人毕业。1963 年，济南工学院停办，在学校原址成立山东机械工业学院（后更名为山东省机械工业学校）（图 4.3），招收 4 年制初中中专生。

图 4.1　济南机器制造学校校门

图 4.2　济南工学院校门

图 4.3　山东机械工业学院校门

1966 年 6 月，学校被迫停课，教研组解散。1967 年，学校复课，但上课断断续续，1966 年之前招收的两届中专学生 80 人分别于 1968 年和 1969 年毕业。

1972 年，招收工农兵学员，学制 2 年。1973 年，由铸造教师和铸造专业学生组成铸造专业队。1978 年最后一届工农兵学员毕业。

1977 年，招收高考后的首届高中中专学生 39 人。1978 年，山东省预备恢复山东机械工业学院，开始招收本科生，学制 4 年。1980 年，教育部确定山东省机械工业学校（图 4.4）为全国重点中专。1983 年 1 月，1978 年招收的本科生毕业，学位由山东工学院代授。

图 4.4　山东省机械工业学校门

1986 年，机械工业部拨款 20 万元，山东省机械工业学校配套 20 万元，扩建了铸造实验室。

1979—1999 年，学制不断变化，分别招收过 3 年制和 2 年制的高中中专生，4 年制的初中中专生。在此期间，教师积极参与教材编写，出版中专、专科铸造专业教材 4 部。

1998 年 10 月，山东省机械工业学校并入山东建筑工程学院。1999 年 2 月，在原山东省机械工业学校热加工科基础上成立山东建工学院材料科学与工程系；10 月获批金属材料工程（含铸造专业方向）专科专业。

2001 年 11 月，山东建筑大学材料成型及控制工程专业（含铸造、焊接）本科通过省教育厅专业指导委员会评审。2003 年 7 月，材料加工工程硕士点获批。

2005 年 6 月，材料加工工程学科被评为山东省高等学校重点建设学科。

2011 年 12 月，山东省铸造清洁生产工程技术研究中心获批，孙清洲教授担任中心主任。

2013 年，材料成型及控制工程专业（含铸造方向）获批教育部“卓越工程师教育培养计划”专业。

国家级荣誉称号：全国教育系统劳动模范 1 人；政府特殊津贴专家 1 人。

山东省荣誉称号：山东省新长征突击手 2 人次。

山东省人才称号：山东省有突出贡献的中青年专家 1 人；山东省发明家 1 人。

4.1.2 山东大学铸造专业发展

山东大学铸造专业的前身可以追溯到 1954 年，在苏南工业专科学校的机械科创建，包括铸造专业，属初中毕业 5 年一贯制专科，学历相当于大学专科，当地招生，全国分配。苏南工业专科学校校址在苏州，第一任教研室主任是张子载先生（图 4.5）。

图 4.5　张子载先生

1955 年华东高教局院系调整会议决定：苏南工业专科学校主体内迁西安，并升格成立为西安动力学院，部分专业分别并入相关学校，铸造专业并入山东工学院。

1956 年暑假期间实施调整计划，由苏州迁至济南的教职工（包括部分家属）：张子载、俞惠申、李芝球、邱华亭、范广成、于波、马家骥、洪衡昌、杨相寿、寿绍荣、甘吕宋、温正元、王万良、樊佐鸿，共计 14 人。

1956 年山东工学院正式设立铸造专业，学制为 4 年，专业名称为“铸造工艺及设备”。新建铸造实验室和铸造车间（图 4.6），总面积约 3000m^2，从苏联进口一台中频感应电炉（发电机组式）。

1956 年，刘树藩、丁少兰两位老师分别从清华大学、哈尔滨工业大学铸造研究生班毕业，分配到本专业。

1960 年，山东工学院铸造专业改为 5 年制，专业课程均采用全国统编教材。

1961 年，马家骥老师在莫斯科有色金属和黄金学院获得副博士学位并从苏联留学回国来校任教。

1966 年，山东工学院铸造专业停课，1967 年部分师生开始复课，进行教学改革，部分进行实验室建设，部分下到工厂进行技术服务。

1971 年开始招收工农兵学员，学制为 3 年，本省招生，本省分配。班级名称改为以入校时间为准，一直延续至今。到 1976 年共招收 6 届工农兵学员。

1977 年恢复高考招生，山东工学院铸造专业随着教育秩序的恢复，学制改为 4 年，一直延续至今。

图 4.6　山东大学原铸造车间一角

1979 年以后，铸造教研室在高质量完成本科人才培养的同时，注重产学研合作、科教融合、队伍建设和高层次人才的培养。

1978 年杨士浩、杨相寿各招收 1 名硕士研究生，开始了研究生的培养。

1982 年 10 月杨相寿被山东省人民政府授予“山东省劳动模范”称号（图 4.7）。

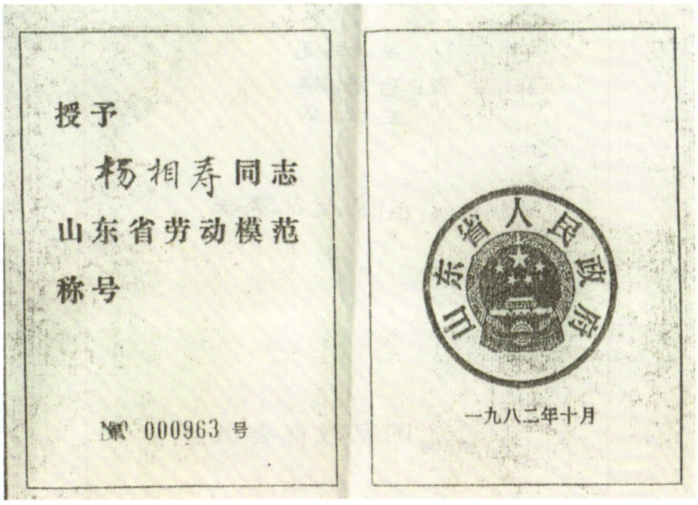

图 4.7　山东省劳模证书

1983 年 9 月山东工学院经山东省人民政府批准更名为山东工业大学。1984 年，山东工业大学铸造专业成立 30 周年，全体师生集会举行了纪念活动。

1986 年由国务院学位委员会批准，山东工业大学铸造专业获得硕士学位授予权。

1988 年王执福当选为中共山东省第五届党代会代表。

1988 年 6 月山东工业大学第二机械系铸造教研室党支部被中国共产党山东省委员会授予“山东省先进党支部”称号（图 4.8）。

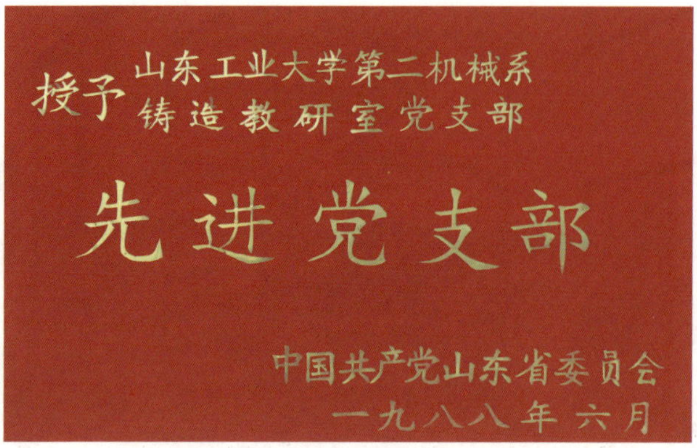

图 4.8　山东省先进党支部奖牌

1989 年山东工业大学铸造工艺及设备专业被评为山东省重点学科。

1989 年 11 月山东工业大学铸造专业《走“三结合、两基地”的办学道路，搞好专业的全面建设》的教学成果，获国家教育委员会一九八九年度普通高等学校“优秀教学成果奖”（图 4.9）。同年又被山东省教委授予“山东省普通高等学校优秀教学成果奖一等奖”。

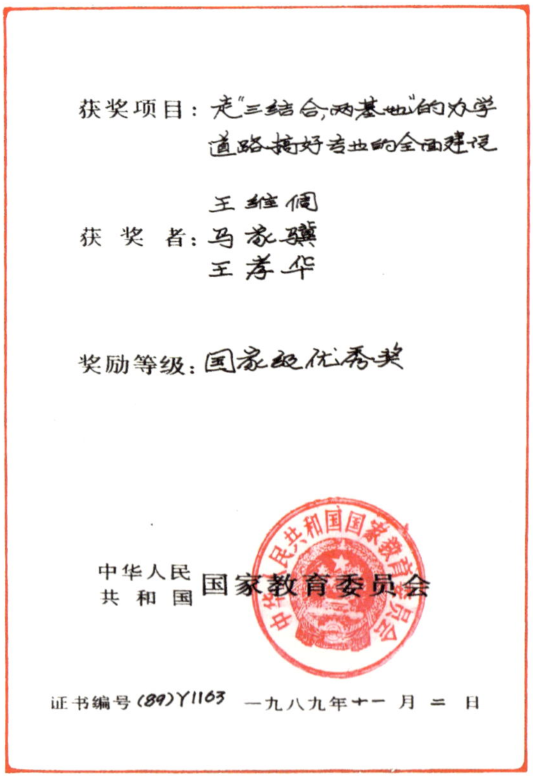

获奖项目：走“三结合、两基地”的办学道路搞好专业的全面建设

获奖者：王维侗 马家骥 王孝华

奖励等级：国家级优秀奖

中华人民共和国国家教育委员会

证书编号（89）Y1163　一九八九年十一月二日

图 4.9　国家级优秀教学成果奖证书

1990 年 12 月山东工业大学铸造专业被国家教育委员会、国家科学技术委员会评为“全国高等学校科技工作先进集体”（图 4.10 ）。

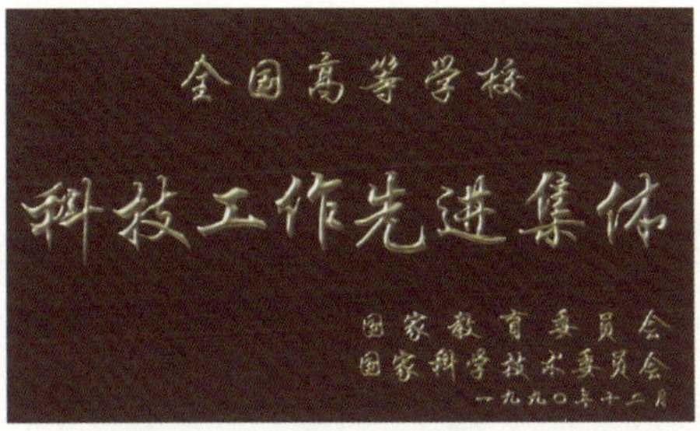

图 4.10　全国科技先进集体奖牌

1991 年山东工业大学铸造专业被评为“全国高校教书育人先进集体”，教学成果名称为“充分发挥专业教师的作用，积极做好教书育人工作”。

1992 年 8 月边秀房由讲师破格晋升为教授。

1993 年鉴于铸造专业在教学、科研、人才培养等方面取得的突出成绩，由国务院学位委员会批准，获得博士学位授予权。这是全国高校铸造专业中第九个博士学位授权点。同时边秀房教授被批准为博士生指导教师，时年 39 岁。

1994 年，聘请中国科学院物理研究所著名学者、乌克兰国家科学院外籍院士陈熙琛研究员，作为铸造专业兼职教授和博士生导师，直接参与铸造博士点建设工作，并与马家骥教授开辟了金属液态结构研究方向。

1994 年 9 月本专业开始招收博士研究生，第一届共计 3 名。至此，本专业形成了本科生—硕士生—博士生完整的育人体系。

1995 年山东工业大学铸造专业被山东省教育厅评为山东省高等学校重点实验室，名称为“液态金属及遗传工程”。

1995 年山东工业大学铸造专业从乌克兰科学院金属物理研究所购进一台液态金属 X 射线衍射仪（图 4.11 ）。

图 4.11　液态金属 X 射线衍射仪

1997 年，铸造 93 班获得“山东省先进班集体”称号。

1997 年，边秀房教授参加中国共产党第十五次全国代表大会。

1999 年 2 月，边秀房、刘相法、马家骥联合编著的《铸造金属遗传学》一书，由山东科学技术出版社出版（图 4.12）。

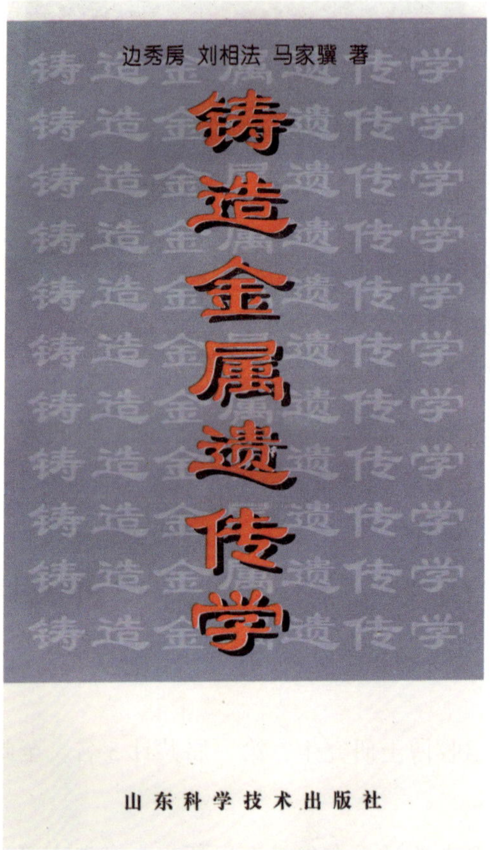

图 4.12　专著

1999 年山东工业大学材料学院专业设置调整，取消专业编制，按系级管理，原铸造专业的人员，一部分调到材料工程系，另一部分到液态金属及遗传工程山东省重点实验室。

2000 年以铸造专业为基础，成功申报教育部重点实验室，实验室名称为“材料液态结构及其遗传性”，边秀房任实验室主任。

2008 年材料学院再次调整，取消系级管理模式，基本恢复专业编制。为了体现研究型大学的特点，铸造专业设置为“液态金属及铸造技术研究所”，李辉教授任所长，王伟民教授任党支部书记。教育部重点实验室改名为“材料液固结构演变与加工”，刘相法教授任实验室主任。

铸造专业注重自主研发研究装置，提升研究水平。刘建同消化吸收日本、美国的同类产品，研制成功具有自主知识产权的振荡杯式液态金属黏度仪（图 4.13）。2010 年 12 月秦绪波研究员在消化吸收现有设备技术的基础上，结合现代先进技术自主研发的高温液态金属 X 射线衍射仪通过验收（图 4.14）。

图 4.13　振荡式液态金属黏度仪

图 4.14　高温液态金属 X 射线衍射仪

2010 年由于王思悦在发明创造教育方面的突出贡献，在他退休后，学校又将其补评为教授。多年来，他致力于发明创造理论的研究与实践。从 1993 年开始在本校开设“发明创造”课，在近 20 年的教学中，约有 1 万名学生选修，仅 2006 年就有 3000 人报名选修，引起教育部的关注。他到社会讲课 150 次，听众 10 多万人次；2 次到美国进行讲学和合作研讨（图 4.15）；发表专著《发明创造应用学》（图 4.16）。

图 4.15　王思悦在美国讲学

图 4.16　专著

2013 年 12 月。中组部第九批国家特聘专家慈立杰作为全职教授进入液态结构及铸造技术研究所工作，图 4.17 为受聘仪式照片。

图 4.17　国家特聘专家慈立杰教授（左为慈立杰教授，右为张荣校长）受聘仪式

2013 年 11 月，边秀房荣获第三届中国机械工程学会“中国铸造杰出贡献奖”。

1979 年以来，铸造专业教师获得的各项荣誉和人才称号情况：

国家级荣誉：国家政府特殊津贴获得者 13 人次、全国优秀教师 2 人次、高等教育先进工作者 1 人次、全国高等学校先进科技工作者 2 人次、全国教育系统劳动模范 2 人次、全国星火科技先进工作者 1 人次、全国高等学校实验室先进工作者 1 人次。

省部级荣誉：山东省高等学校实验室工作先进工作者 2 人次、山东省高等学校先进科技工作者 4 人次、山东省科教兴鲁先进工作者 2 人次、全省高校优秀共产党员 1 人次、山东十大杰出青年 1 人次。

国家级人才称号：国家中青年有突出贡献专家 4 人次、国家“千人计划”特聘专家 1 人次、国家自然科学基金杰出青年基金获得者 1 人次、国家“百千万人才工程”第一、二层次人选 1 人次、“万人计划”青年拔尖人才 1 人次、教育部新世纪人才 3 人次。

省部级人才称号：山东省专业技术拔尖人才 13 人次、山东省十佳中青年科技专家 1 人次、“泰山学者”2 人次、山东省杰出青年 2 人次。

截至 2016 年年底，山东大学液态金属及铸造技术研究所共有 24 名在职人员，其中博士学位 21 人，正高 12 人，副高 8 人，中级职称 4 人。

4.1.3　济南铸造锻压机械研究所铸造方向发展

1956 年 11 月，第一机械工业部第二机器工业管理局发文，在济南设立第一机械工业部锻压机械设计研究处，后来把这一时间确定为济南铸造锻压机械研究所成立日期。1957 年 6 月，第一机械工业部铸造机械专业设计室在北京成立，这是济南铸造锻压机械研究所铸造方向的前身。

1959 年 9 月，在济南设立的第一机械工业部锻压机械设计研究处扩展为锻压机械研究所筹备处。同期，将 1957 年 6 月在北京成立的第一机械工业部铸造机械专业设计室扩展为铸造机械研究所筹备处。1961 年 9 月，为贯彻国家“调整、巩固、整顿、提高”的八字方针，经国家科委批准，北京铸造机械研究所筹备处迁至济南，与济南锻压机械研究所筹备处合并，组建第一机械工业部铸造锻压机械研究所，此时职工总数为 382 人，其中科技人员 212 人，固定资产 140 余万元。

1971 年 6 月，第一机械工业部发文《关于将直属四十一个科研单位下放给地方领导的报告》，“第一机械工业部铸造锻压机械研究所”改为“济南铸造锻压机械研究所”，归山东省机械工业局领导。1978 年 4 月，第一机械工业部根据中央指示精神，决定在济南铸造锻压机械研究所实行中央和地方双重领导，以机械部领导为主，更名为第一机械工业部济南铸造锻压机械研究所。此后，随着国家体制改革的不断深化，先后更名为机械工业部济南铸造锻压机械研究所、国家机械工业委员会济南铸造锻压机械研究所、机械电子工业部济南铸造锻压机械研究所（图 4.18）等。全所科研机构，除管理科室外，共设 12 个主要业务研究室，其中有 8 个研究室与铸造相关，分别是：

图 4.18 济南铸造锻压机械研究所（北区）

第二研究室负责铸锻设备电气控制及驱动的研究开发、计算机的应用研究和理化、金相试验。

第五研究室负责液压元件、液压系统的研究开发和有关行业工作。

第六研究室负责砂型铸造（造型制芯、砂处理、落砂清理、树脂砂和铸造车间运输定量）工艺及设备和成套技术的研究开发。

第七研究室负责特种铸造（压铸、低压铸造、金属型铸造、离心铸造、熔模铸造）工艺及设备、熔化工艺及设备和成套技术的研究开发。

第八研究室负责铸造机械行业技术开发、规划、技术引进、技术经济分析、技术情报的研究和《铸造机械》杂志编辑。

第九研究室负责气动元件、气动系统研究开发和行业工作。

第十研究室负责铸造机械标准、质量、制造工艺的研究。

第十二研究室负责铸锻机械基础技术和测试技术的研究及数控锻压机械的研究开发。

同时设有振动噪声实验室，冲压工艺与设备实验室，液压机、锻机及锻锤实验室，液压实验室，气动实验室，砂型铸造工艺及设备实验室，特种铸造工艺及设备实验室，试验车间等。

1995 年 4 月，济南铸造锻压机械研究所进行了建所以来力度最大的机构改革。以“保留主体、剥离服务、转变职能、完善机制、减少环节、提高效率”为指导思想，以“相对稳定、动态适应、平滑过渡、逐步到位”为原则，进行了“大力度、全方位、硬约束、软着陆”的改革尝试，撤销了研究室建制，内部按市场经营管理模式运作，对管理服务部门进行了大幅度的精简和改革。1999 年 7 月，按照国务院关于国家经贸委管理的 10 个国家局所属科研机构转制和科技管理体制改革的精神，济南铸锻所转制为企业，归并中国机械装备（集团）公司。

2010 年 1 月，由中国机械工业集团有限公司和宝钢集团有限公司、中国重型机械研究院有限公司、中国浦发机械工业股份有限公司、机械工业第三设计研究院共同发起，以增资扩股方式，将济南铸造锻压机械研究所改制为济南铸造锻压机械研究所有限公司。

4.1.4　山东省机械设计研究院铸造方向发展

根据山东省国民经济发展的需要，山东省机械工业厅于 1958 年 10 月在《山东省机械工业开展科学研究工作的初步意见》中提及筹建“山东省机械研究所”，年底调入 6 名技术人员，1959 年 2 月 21 日正式下文批准成立。1959 年 7 月迁入机械厅机关（现在的山东省机械设计研究院院址）。随着山东省机械设计研究院的不断发展，其铸造方向也从无到有，从小到大逐步发展起来。

1961 年山东省机械设计研究院成立了铸造研究室，初期主要从事铸造新技术、新工艺、新材料的推广应用工作。1963 年成立了工厂设计室，10 月 12 日曲洪义任工厂设计室主任，从事铸造工厂和车间设计。

1962 年，山东省机械设计研究院铸造方向主要从事一些重点工艺和关键工艺研究如铸铁渗硫、碾压轴承环等。

1963 年，山东省机械设计研究院工艺实验室主要进行金相检验、物理性能检验、化学分析及各种测试工作。

1964 年 10 月 21 日山东省编制委员会以（64）编制字第 73 号批复，同意山东省机械设计院建立“机械工业计量理化中心实验室”，列为事业机构，编制为 16 人。

1965 年 11 月 18 日山东省计划委员会以（65）计工王字第 70 号文同意山东省机械设计院在机械厅设计院院址建立山东省机械工业计量理化中心实验室，投资控制在 20 万元内，编制 30 人。

1965 年，山东省机械设计研究院开展了稀土在铸铁中应用的研究。

1975 年前，山东省机械设计研究院完成了铸造专业情报网的建立。

1980 年 4 月，山东机械设计研究院稀土铸铁研究应用组邱汉泉获得 1979 年度全国机械工业科技先进工作者荣誉称号。

1980 年，国家科委（80）29 号文和原一机部（80）技字第 36 号文将编写《蠕墨铸铁金相图谱》列入科委计划并正式下达给山东省机械设计研究所，由叶芳华负责，课题组于 1981 年 9 月完成了该图谱的编写工作。1982 年 10 月，稀土蠕墨铸铁金相图谱获得第一机械工业部科技成果奖三等奖（图 4.19）。

图 4.19　稀土蠕墨铸铁金相图谱成果奖励证书

1981 年 3 月，邱汉泉主持完成的“用冲天炉熔制稀土蠕墨铸铁”成果获得山东省科技成果奖一等奖。

1983 年 10 月，《蠕墨铸铁金相》通过了部级鉴定，并正式成为部颁标准，标准号为 JB 3829—84。

1984 年 5 月，稀土应用课题组和邱汉泉分别获得“山东省稀土推广应用先进集体和先进个人”称号。

1985 年，邱汉泉负责的“稀土元素应用”成果获得国家科技进步奖三等奖。

1986 年，蠕墨铸铁稀土蠕化剂研究及应用工作在“六五”国家科技攻关中成绩显著，受到国家计委、经委、科委、财政部的联合表彰。

1988 年、1995 年，邱汉泉连续两次获得“山东省专业技术拔尖人才”称号。

1991 年，邱汉泉获批享受国务院政府特殊津贴。

山东省机械设计研究院铸造方向获得荣誉情况：

国务院政府特殊津贴 1 人次。

省部级先进个人 3 人次。

人才称号：

国家“中青年有突出贡献专家”1人次。

省级“专业拔尖人才”1人次。

4.1.5 山东省科学院铸造方向发展

1982年，山东省科学院新材料研究所（最初名称为“山东省新材料研究所”）是在分析测试中心材料研究室的基础上建立起来的。建所之初只有二十几人，从事铸造金属材料研究的人员10人左右，只有十余间简易的平房作为办公室和实验室。

1984年，经山东省科委和山东省编制委员会批准，成立山东省金属材料研究开发中心，实行由事业费开支改为有偿合同制改革试点。铸造方向被一分为二，大部分研究人员到了山东省金属材料研究开发中心，一小部分人员留在了新材料所。

1989年，山东省科学院报请山东省科委、省编制委员会批准，撤销山东省金属材料研究开发中心，将其人员合并到新材料所，壮大了铸造方向的研发队伍，铸造方向分为两个研究室，队伍达到了30多人，占新材料所科研人数约50%。

1992年，经山东省编制委员会和科委批准，山东省新材料研究所更名为“山东省科学院新材料研究所”。李国安同志被国务院授予“国家有突出贡献的中青年专家”称号，享受“政府特殊津贴”，并被推选为第八届山东省政协常委。

到2002年年底，新材料研究所在职职工减少到50人左右，铸造方向专业人员出现了断层，人员仅剩10人左右，两个研究室合二为一，名称为“金属材料研究室”。

自2003年起，李国安研究员连续两届（第十届和第十一届）被推选为全国人民代表大会代表。

2008年引进中国科学院沈阳金属材料研究所二级研究员杨院生教授为学术带头人，作为山东省轻质高强材料设计与制备泰山学者岗位特聘专家，主要从事镁合金材料的研究工作。获得山东省轻质高强材料设计与制备重大平台建设资金3190余万元，提升了山东省科学院新材料研究所金属材料研究的装备水平。

2009年9月，组建了山东省镁产业技术创新战略联盟，2009年11月被省科技厅确定为山东省首批产业技术创新战略示范联盟，新材料所为联盟理事长单位。

2011年山东省科学院新材料研究所引进美国普度大学终身教授韩青有博士为山东省海外高层次人才，并在铝合金材料及工艺研究等方面开展广泛合作。

2011年12月，获批组建山东省汽车用镁合金轻量化材料工程技术研究中心，2015年9月，被确定为山东省省级示范工程技术研究中心。

2013年，“金属材料研究室”被整合为“轻质高强金属材料创新团队”。2015年7月获批筹建山东省轻质高强金属材料重点实验室。

到2016年，“轻质高强金属材料创新团队”有博士30名、硕士15名，占全所职工人数的35%，逐步形成了以博士、硕士为基础，以泰山学者、归国留学专家为学术带头人的高水平创新团队。

4.1.6 山东理工大学铸造方向发展

1998 年，山东工程学院（现山东理工大学）机制系根据教育部颁布的《普通高等学校本科专业目录》，在原金工教学学科部的基础上，由原学科部主任栾振涛老师和杨思一老师负责筹办，按照新的专业目录，成立了“材料成型及控制工程”四年制本科专业，学科部改称材料成型及控制工程学科部，分设液态成型技术和模具技术两个专业方向。成立初期，铸造方向的人员包括：栾振涛、杨思一、张勇、赵婷婷、陈宗民、姜学波、殷凤仕、李辉、程素娟、薛冰、崔杰峰、刘殿中。杨思一任学科部主任，赵婷婷任副主任。

2001 年杨思一调任山东模具重点实验室建设，莫德秀担任材料成型及控制工程学科部主任。

2001 年山东工程学院与淄博学院合并，成立山东理工大学，整合双方师资力量，改称金属材料系。

2004 年，山东理工大学增设材料加工工程硕士点，含铸造专业方向，开始招收硕士研究生。

2006 年金属材料系改称材料成型及控制工程系。

2007 年山东理工大学工程技术学院撤销，部分人员并入材料成型及控制系。同年山东理工大学以材料成型及控制工程系为依托，成立山东省现代金属材料工程技术研究中心。

目前，材料成型及控制工程系，拥有教师 21 人，其中教授 7 人，博士生导师 3 人，副教授 7 人（其中高级实验师 1 人），讲师 8 人，10 人具有博士学位。方晓英担任系主任，赵而团担任副主任。液态成型技术（铸造）方向的师资有 8 人，其中博士 5 人，硕士 3 人；正高 2 人，副高 5 人，中级职称 1 人。

4.1.7 济南大学铸造专业发展

2003 年，济南大学材料学院引进耿浩然教授作为金属材料方向带头人。同年，王守仁和王艳老师加入课题组，从此济南大学合金材料及成型（铸造）方向建立。

2006 年，耿浩然获得山东省有“突出贡献的中青年专家”称号。

2010 年，济南大学铸造方向开始招收全日制本科生。

2011 年，耿浩然老师被聘任为第九届中国机械工程学会铸造分会特种铸造及有色合金技术委员会委员。

2012 年，王艳老师获得第九届济南市青年科技奖。

2014 年，王守仁老师获批享受国务院政府特殊津贴。同年东北轻合金有限责任公司技术部主任王国军被聘为济南大学客座教授（图 4.20 为杜斌副校长为王国军颁发聘书）。

2015 年，王守仁获得“山东省泰山学者特聘专家”称号。同年夏佃秀老师获得山东省“有突出贡献的中青年专家”称号。

图 4.20　杜斌副校长（左）为王国军教授（右）颁发聘书

4.2 » 学历教育与继续教育

4.2.1　山东建筑大学铸造方向人才培养

建校初期，学校更名频繁。曾用名为山东省中等工业技术学校、山东省济南工业技术学校、山东省济南工业学校、济南机器制造学校，并曾升格为山东机械工业学院、济南工学院。共计培养中专毕业生 220 余人，本科毕业生 120 余人。

1952 年 3 月，更名为山东省中等工业技术学校，设置机械科，含金属切削、铸造、金属热处理，学制 3 年，首批中专铸造专业学生 30 多人。

1957 年，铸造专业学制改为 4 年。

1958 年，升格为山东机械工业学院，设 4 年制本科招收高中毕业生和 5 年一贯制专科招收初中毕业生。

1961 年，专科在校学习延长一年，改为本科，停招中专生。

1962 年，山东机械工业学院和山东水利学院合并，成立济南工学院，铸造专业本科生 80 余人毕业。

1963 年，济南工学院停办，在学校原址成立山东机械工业学校，招收 4 年制初中中专。

1964 年，4 年制初中中专铸造专业学生 40 人报到，学制 4 年。

1972 年，招收工农兵学员，学制 2 年，首届招收工农兵学员 37 人。1973 年，由铸造教师和铸造专业学生组成铸造专业队。1978 年最后一届工农兵学员毕业，共计培养工农兵学员 197 人。

1977 年，招收高考后首届高中中专学生 39 人。

1978 年，招收本科生 32 人，学制 4 年。

1980 年，教育部确定山东省机械工业学校为全国重点中专。

1983 年 1 月，本科生 32 人毕业，由山东工学院代授学位。

1988 年，铸造实验室开设机械工业部所属院校铸造实验培训班，培训 1 个月，同时发行了铸造教研组编写的《铸造实验》培训教材。

1989 年，由山东省机械厅牵头，铸造教研组在山东机械职工大学对全省铸造行业有关人员进行培训。

1979—1985 年，铸造专业招收高中中专，学制 3 年。

1986 招收初中中专，学制 4 年。

1987 年招收高中中专，学制 2 年。其后高中中专、初中中专分别隔年招生。1999 年招收最后一届初中中专生，2003 年毕业。

1998 年 10 月，山东省机械工业学校并入山东建筑工程学院。

1999 年 10 月，设金属材料工程（含铸造专业方向）专科专业。

2001 年 11 月，材料成型及控制工程专业（含铸造、焊接）本科通过山东省教育厅专业指导委员会评审。

2002 年 9 月，第一届材料成型及控制工程专业本科生 90 余人报到。

2005 年，2002 级本科生分方向，铸造方向 23 人，这是首批以材料成型及控制工程专业铸造方向培养的本科学生。

2012 年，唯科中国公司在铸造专业方向设立“唯科中国”奖学金，以奖励铸造方向优秀本科生。

2013 年，材料成型及控制工程专业获批教育部“卓越工程师教育培养计划”专业。

2014 年，《铸钢及铸造有色合金》《铸铁及其熔炼》《铸造机械化》《铸造工艺学》《材料科学基础》5 门课程组成的铸造专业方向主干课程群入选山东省精品课程群。

至 2016 年 6 月，共计培养铸造方向中专（专科）毕业生 1300 余人，本科毕业生 650 余人，研究生 30 余人。

教师积极参加教研活动，获山东省人文和社会科学优秀成果奖三等奖 1 项，获得省部级教学成果奖 3 项，主持国家教学规划项目 1 项，山东省教育规划项目 1 项；编写教材 10 余本，实用技术手册 1 部，著作 4 本。

获得山东省优秀学士学位论文 1 篇。

教师积极指导学生创新和创业活动，学生作品获多项奖励。获得国家、省“挑战杯”等各种创新创业奖励 14 项、“永冠杯”全国大学生铸造工艺大赛获奖 5 项。

4.2.2 山东大学铸造方向人才培养

山东大学铸造专业方向的前身是1954年苏南工业专科学校（简称“苏南工专”）的机械科，属初中毕业5年一贯制专科，学历相当于大学专科。由5年制机械科相应年级学生抽调组成机铸56届，共60人。图4.21为机铸56届毕业生合影。

图4.21 机铸56届毕业生合影

1956年，山东工学院正式设立铸造专业，学制为4年，专业名称为“铸造工艺及设备”。同年招收第一届4年制本科生，铸60班分为5个小班共计150人。

1960年，铸造专业改为五年制。从1958年入校的铸63班开始执行，全部专业课程均采用全国统编教材，教学环节日趋完善。

1971年，开始招收工农兵学员，学制为3年，改为本省招生，本省分配。班级名称的命名方法改为以入校时间为准，一直延续至今。到1976年共招收六届学生，约计280人。

1977年，恢复高考招生，学制改为4年，一直延续至今。

1978年，杨士浩、杨相寿各招收1名硕士研究生。

1981年，铸77.1班学生黎志欣报考西安交通大学铸造专业硕士研究生，取得当时该校全部考生第一名的好成绩。

1983年，铸80班王身强同学报考哈尔滨工业大学铸造专业硕士研究生，取得了数学成绩100分的好成绩。

1986年，由国务院学位委员会批准，获得硕士学位授予权。

1986 年 10 月，筹办“全国铸造设备实验讲习班”，并承担了混砂机实验和抛丸清理实验，全国有 20 多个学校派代表参加。图 4.22 为全国铸造设备实验讲习班合影。

图 4.22 全国铸造设备实验讲习班合影

1989 年 11 月，获国家教育委员会颁发的 1989 年普通高等学校“优秀教学成果奖”（图 4.23），题目是《走“三结合、两基地”的办学道路，搞好专业的全面建设》。同年又被山东省教委评为“山东省普通高等学校优秀教学成果奖一等奖”，并应邀于 1990 年在深圳召开的全国教学实践研讨会上发表。

图 4.23 “优秀教学成果奖”证书和奖章

1993 年，由国务院学位委员会批准，获得博士学位授予权。这是全国高校铸造专业中第九个获此授予权者。

1994 年，聘请中国科学院物理研究所著名学者、乌克兰国家科学院外籍院士陈熙琛研究员为铸造专业兼职教授和博士生导师，直接参与和帮助了铸造博士点建设工作。

1994 年 9 月开始招收博士研究生，第一届共计 3 名：于化顺、惠希东、刘相法。至此，形成了本科生—硕士生—博士生完整的育人体系。

2011 年，铸造 79 班魏炳波校友被评为中国科学院院士。

截至 2016 年年底，山东大学铸造专业共获得山东省优秀博士学位论文 2 篇，“全国优秀博士学位论文”提名论文 1 篇。

山东大学铸造专业招生情况见表 4.1。

表 4.1　山东大学铸造专业招生情况

类　别		届数	人数
专　科		2	130
本　科	3 年制	6	280
	4 年制	42	1820
	5 年制	8	470
	合　计	56	2410
研究生	硕　士	38	236
	博　士	22	82

4.2.3　山东省机械设计研究院铸造方向人才培养

1967 年 1 月 12 日至 27 日、3 月 20 日至 4 月 5 日，山东省机械设计院分别举办稀土快速分析方法交流学习班，共讲解了 4 种快速分析方法，取得了良好的效果。

1968 年 7 月 20 日，山东省机械设计院举办第一期钢铁化学分析普及班。

1968 年 8 月 7 日和 8 月 16 日，山东省机械设计院分别举办钢铁化学分析交流班及普及班，交流班为期一周，普及班为期两周。

4.2.4　山东理工大学铸造方向人才培养

1998 年成立“材料成型及控制工程”（含铸造方向）4 年制本科专业。

1999 年“材料成型及控制工程”（含铸造方向）招收第一届本科生。

2004 年，山东理工大学铸造专业增设材料加工工程硕士点，开始招收硕士研究生。

山东理工大学材料成型及控制工程专业招生情况见表 4.2。

表 4.2　山东理工大学材料成型及控制工程专业招生情况

<table>
<tr><th colspan="2">类　别</th><th>届数</th><th>人数</th><th>备　注</th></tr>
<tr><td colspan="2">专　科</td><td>3</td><td>173</td><td></td></tr>
<tr><td>本　科</td><td>四年制</td><td>17</td><td>1 821</td><td></td></tr>
<tr><td rowspan="2">研究生</td><td>硕　士</td><td>15</td><td>82</td><td></td></tr>
<tr><td>博　士</td><td>2</td><td>2</td><td>挂靠机械工程博士点</td></tr>
</table>

4.2.5　济南大学铸造方向人才培养

2010 年济南大学成立合金材料与成型方向，并开始招收本科生，第一届本科生于 2014 年顺利毕业，其中 25 人考取山东大学、浙江大学、中科院金属研究所等单位攻读硕士学位。近三届本科毕业生考研录取率超过 50%。从 2003 年开始招收硕士研究生，现毕业硕士研究生 80 余人（表 4.3）。

表 4.3　济南大学铸造方向招生情况

<table>
<tr><th colspan="2">类　别</th><th>届数</th><th>人数</th><th>读研人数</th></tr>
<tr><td colspan="2" rowspan="7">本　科</td><td>2010 级</td><td>50</td><td>25</td></tr>
<tr><td>2011 级</td><td>59</td><td>24</td></tr>
<tr><td>2012 级</td><td>80</td><td>53</td></tr>
<tr><td>2013 级</td><td>80</td><td></td></tr>
<tr><td>2014 级</td><td>85</td><td></td></tr>
<tr><td>2015 级</td><td>85</td><td></td></tr>
<tr><td>合计</td><td>439</td><td></td></tr>
<tr><td rowspan="2">研究生</td><td>硕　士</td><td>2003—2016</td><td>105</td><td></td></tr>
<tr><td>博　士</td><td>2003—2016</td><td>11</td><td></td></tr>
</table>

4.3 » 科技研发与工程设计

在历史的发展过程中，大专院校和科研院所形成了各具特色的科研方向和工程设计。

4.3.1　山东建筑大学铸造方向科技研发

山东建筑大学铸造专业的科学研究主要围绕铸造生产的实际需求，20 世纪 80 年代，刘玉孟老师设计的 S45 系列振动筛，获山东省优秀新产品一等奖，其设计的片击式破碎机、轴装式减速器驱动带式输送机等作为定型产品在青岛第四铸造机械厂生产。赵健康、李长龙、初福民老师设计的系统冲天炉以及范芷芳、孙清洲老师设计的系列冲天炉配料加料设备作为定型产品在青岛第五铸造机械厂生产。2002 年，孙清洲等主持完成的"沸腾式树脂旧砂热法再生装置的研究与应用"项目获山东省科技进步奖二等奖。2006 年，孙清洲等主持完成的"树脂旧砂热法再生技术的研究"项目获教育部提名国家科技进步奖二等奖。2007 年，李长龙等主持完成的“绿色球化浇注包”项目获山东省发明奖二等奖。2011 年，孙清洲主持完成的“黏土旧砂完全再生工艺及应用”项目获山东省科技进步奖三等奖，李长龙主持完成的“绿色球化工艺与装备的研究”项目获得中国机械工业科学技术奖三等奖，李明弟主持完成的“高强度铸铁短流程熔炼技术开发与应用”项目获山东省科技进步奖三等奖。

4.3.2　山东大学铸造方向科技研发

山东大学铸造专业科学研究的起步和腾飞均源于产学研的结合，利用所学知识和实验条件，解决工程实际问题，既提升了自身科学水平，又促进了应用技术的进步和地方发展。依据工程实际需求，形成了有色金属、耐热耐磨、铸造设备和金属液态结构课题组。

1970 年，充分发挥高校的人才、理论和实验室条件优势，经过反复试验，成功研制了不锈钢阀门铸件，为山东省“小化肥”的发展做出了贡献，受到上级好评。省计委拨款为本专业建了一座铸钢车间（面积 1500m^2），为后续的科研、中试和教学提供了有力支撑。

4.3.2.1　耐热耐磨金属材料的研发

1971 年开始进行高铝耐热球铁的研究，标志着耐热系列铸铁研究的开启，并逐渐形成了耐热铸铁、铸钢的研究方向。1978 年，杨士浩、杨相寿、王汝孝、王执福合作完成了“高铝稀土球铁”项目，并获“全国科学大会奖”（图 4.24），1988 年 12 月杨相寿、王孝华、公志光合作完成的《球化白口铁及其变质剂》项目获国家科技发明奖二等奖。1988 年，王执福“高温耐热铁基合金”获国家发明专利授权（ZL85102472.6）。

图 4.24　全国科学大会奖

4.3.2.2 砂处理设备的研发

1974 年，开始研发 S8340 双盘搅拌冷却机，1975 年成功应用于潍坊发动机厂砂处理生产线中。1979 年，与青岛第四铸造机械厂联合设计研制的 S8340、S8380、S83120 双盘搅拌冷却机，逐渐装备于国内砂处理系统中，甚至出口到东南亚各国。与青岛第四铸造机械厂合作研发的 S1122、S1322 混砂机等砂处理设备，获得了国家级和省部级等多项科技成果奖励。

4.3.2.3 有色金属材料的研发

1987 年 5 月，边秀房、马家骥、马之良等在英国出版的 *The British Foundryman*（Vol 80，Part5，June，1987）杂志上发表题为《Al-Si 合金钾盐变质剂》论文。

1988 年，马家骥、张恩洪等完成的“无锡耐磨铜合金”项目获国家技术发明奖三等奖。

1992 年，张恩洪、武素玲等完成的“高铝锌基耐磨合金”项目获国家技术发明奖三等奖。

1995—2016 年，发展了铝合金除渣除气精炼剂，AlP 合金研发与应用等，并获得 2 项国家技术发明奖四等奖、多项省部级科技成果奖励和多项国家授权发明专利。

4.3.2.4 金属液态结构的研究

1994 年，聘请中国科学院物理研究所著名学者、乌克兰国家科学院外籍院士陈熙琛研究员与马家骥教授开辟了金属液态结构研究方向，从乌克兰国家科学院金属物理研究所引进了高温液态金属 X 射线衍射仪，并与乌克兰金属物理研究所的金属液态结构研究团队建立了密切合作关系。

2003 年 1 月—2006 年 12 月，边秀房教授承担了国家自然科学基金重点项目“金属熔体的脆性、中 / 短程有序团簇及液固相关性”。

2003 年 6 月—2007 年 7 月，田学雷、陈熙琛研究员参与了西北工业大学、中国科学院物理研究所、清华大学、沈阳金属所等单位联合承担的国家自然科学基金重大课题“超常条件下材料凝固理论研究”的研究工作。

2004 年 5 月 14—17 日，由国家自然科学基金委员会主办、本专业承办的“第四届全国液态和软物质物理学术会议”在济南召开，30 多所高等学校和研究机构的 70 多名代表参加。

2004 年 9 月 26—28 日，由国家自然科学基金委员会主办、本专业承办的“第三届全国非晶材料学术研讨会”在济南召开，22 所高等学校和 9 个研究所的 115 名代表参加。

2009—2016 年获批受资助的国家自然科学基金项目 29 项，其中 1 项为重点项目。

4.3.3 济南铸造锻压机械研究所铸造方向科技研发

济南铸造锻压机械研究所针对砂处理设备、造型设备，根据市场需求，按照消化吸收、自主创新、强强联合方式，不断改进设计方法，形成了模块化、系列化的设计研发思路。

4.3.3.1 混砂机的研发

1966 年，机械工业部委托济南铸锻所张才元负责组织研究设计国产辗轮混砂机，同年完成了 S116A 辗轮式混砂机的研发。1974 年又开发了 S1114（包括 SB1114 和 SZ1114）辗轮式混砂机等。

1975 年，由机械工业部济南铸造锻压机械研究所张才元、王书义研发了 S1325 辗轮转子混砂机（盘径 φ2500mm，生产率 40 ～ 60t/h），并由青岛铸造机械厂试制成功，荣获 1978 年国家科技大会奖。

1978 年 9 月，由济南铸造锻压机械研究所张才元、王书义工程师与山东工学院王维倜、姜青河等老师组成新系列混砂机联合设计组，按照模块化、系列化的设计方法，显著提高了我国高效混砂机的研发速度。先后研发了 S11 系列辗轮混砂机（图 4.25）和 S13 系列辗轮转子混砂机 2 个系列共十几个品种的产品，并将弹簧加减压机构应用到新产品中，S1118 辗轮式混砂机获 1982 年广西壮族自治区科技进步奖三等奖。

图 4.25　S11 系列辗轮混砂机

1985—1986 年，张才元开发了 S15 系列逆流式转子混砂机和 S16 系列行星转子式混砂机，并获得国家专利。

1998 年开始 S1822 底盘旋转式转子混砂机（盘径 φ2200，生产率 50 ～ 60t/h）机型的设计，2000 年正式推向市场（图 4.26）。2006—2007 年，开发出了 S1829（盘径 φ2 900，生产率 90 ～ 120 t/h）机型，2015 年研制出了 S1832 大型高效混砂机。同时自主研发了大型混砂机带载考核试验平台，可对生产率在 160 t ／ h 内所有规格的混砂机进行带载可靠性考核试验。

图 4.26　S1822 底盘旋转式转子混砂机

起草了《高效转子混砂机　技术条件》（GB/T 28689—2012）、《粘土砂混砂机　安全要求》

（GB 28759—2012）和《黏土砂混砂机 可靠性试验方法》（JB/T 11558—2013）。获得“用于混砂机机盆围圈内壁的防积砂衬板”实用新型专利授权（CN 204657399 U）。

4.3.3.2 低压铸造机

1982年研发了J452型金属型低压铸造机，1983年由天水铸造机械厂完成试制并通过鉴定。

1986年研发了J453型300kg金属型低压铸造机。

1993年，与灌南压铸机厂共同开发了J453F型300kg摩托车整体车轮专用低压铸造机，模具尺寸960mm×960 mm×700 mm，生产率12～14件/小时。1993—1994年，与天水星火机床厂共同开发研制成功了新型J455型500kg金属型低压铸造机。1997年，开发了双升液管的J454型400kg金属型低压铸造机。

1997年9月，国家“九五”科技攻关项目“铝合金铸件金属型精密成型技术及成套装备研究开发与应用示范”正式实施。研究开发了J458型800kg金属型低压铸造机。该项目获机械工业联合会优秀科技成果奖和山东省科技进步奖三等奖。

1998—1999年，与日本本田金属技研公司技术合作，开发了J455A型500kg汽车用铝合金缸盖低压铸造机。

1999年，开发了大型砂型/金属两用低压铸造机。

2001年研发了JZ456型650kg大型双升液管金属型专用低压铸造机，2004年研发了“150kg坩埚密封保温炉＋300kg辐射式熔池保温炉”双工位砂型低压铸造机，2005年研发了400kg双工位砂型低压铸造机，2007年研发了“150kg＋300kg＋400kg”三工位坩埚密封的吊挂式砂型低压铸造机，又先后研发了J453F型300kg悬臂式轮毂低压铸造机和J454B型400kg四立柱式新型低压铸造机，2007年研发了J456型650kg双合型双升液管低压铸造机。

2008年研发了JS452C型和JSZ300型铝合金专用金属型/砂型多功能铸造机；同年研发了J457型700kg铝合金缸体专用低压铸造机。

2009年，与重庆东热有限公司合作研发了J4515型1500kg双工位浸入式加热双室炉低压铸造机。

起草了《低压铸造机 安全要求》（GB 24391—2009）、《低压铸造机 技术条件》（GB/T 28688—2012）、《低压铸造机 型式与基本参数》（JB/T 12247—2015）及《低压铸造机 性能检测方法》（JB/T 12562—2015）标准。

2010年承担了国家科技重大专项课题“轿车铝合金缸盖、缸体低压铸造成套设备”（No: 2011ZX04001-031）。

4.3.3.3 砂型造型机及造型线

20世纪50年代，完成了翻台震击式造型机、盖板造型机等造型机的设计。

1983年，研发了砂箱尺寸为500mm×400mm×200mm的气流冲击造型试验机，1985年设计出Z458A气流冲击造型机。1989年完成了机电部基金项目“大件气流冲击造型技术的研究”的研究工作。1986年为广东顺德柴油机厂制作了一条气冲造型线。

2001 年，与德国 HWS 公司合作为扬动股份有限公司引进一条静压造型线，开始了静压造型生产线的设计研发工作。2006 年前后国产的静压造型主机开始投放市场。

2014 年，为山东康迈信公司提供了砂箱规格为 1200mm × 800 mm × 350 /350mm 的静压造型线（图 4.27），实际运行速度达到了 29.7s/ 型，并实现了 72 小时满负荷生产。

图 4.27　几近成型静压造型线

济南铸造锻压机械研究所在熔炼配料自动控制、压铸机设计及控制系统等铸造过程计算机控制方面进行自主研发，得到了广泛的市场应用。

4.3.4　山东省机械设计研究院铸造方向科技研发与工程设计

4.3.4.1　山东省机械设计研究院科技研发

1964 年 4 季度，开展了山东省机械工业厅“稀土在可锻铸铁中的应用”课题的研究工作。

1965 年年初，进行了稀土铸态可锻铸铁的探索试验。1965 年下半年开始，在青岛内燃机厂和济南材料试验机厂协助下，形成了用稀土硅铁直接处理冲天炉高碳铁水生产高牌号灰铁铸件的技术工艺，获得了高强度灰铸铁，其中的石墨形态为蠕虫状（详见“稀土高牌号灰铸铁”研制报告）。

1968 年 1 月，编制完成了《稀土灰铸铁金相图册》（图 4.28）。图册中的金相显示，其中的石墨形态呈蠕虫状。

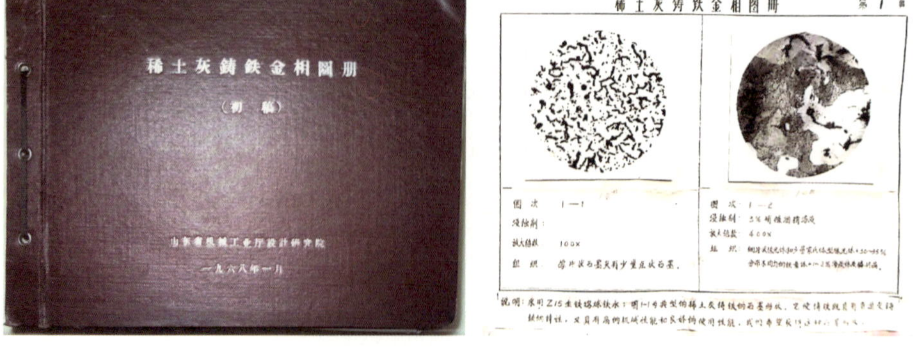

图 4.28　稀土灰铸铁金相图册

1967—1976 年，开发了 GW50 高硬度高耐磨性钢结硬质合金，中磷稀土耐磨铸铁等新材料。

1977—1985 年，开发了稀土锌镁铝蠕化剂及其应用该蠕化剂制取蠕墨铸铁的工艺，1981 年获省科技成果奖一等奖、机械部科技成果奖二等奖；开发了钢结硬质合金材料 GW30、GW40R；1980—1981 年，编制了《蠕墨铸铁金相图谱》，获一机部科技进步奖三等奖。1983 年起草了《蠕墨铸铁金相标准》（JB/T 382—84）。

2008—2010 年，与山东省铸造协会参与制定了《蠕墨铸铁件》（GB/T 26655—2011）和《蠕墨铸铁金相检验》（GB/T 26656—2011）国家标准。

2010 年 9 月，邱汉泉著《蠕墨铸铁及其生产技术》，由化学工业出版社出版。

2010 年，邱汉泉应邀承接《铸造技术应用手册》第 4 章“蠕墨铸铁”的撰写，该手册于 2012 年 6 月由中国电力出版社出版。

4.3.4.2 山东省机械设计研究院的工厂设计

自 1963 年开始，完成了 9 项与铸造相关的工程设计任务：

（1）德州液压机具厂液压泵车间施工图设计。

（2）济南第五机床厂装配车间施工图设计。

（3）莱阳动力机械厂油泵油嘴车间施工图设计。

（4）德州农机厂三铧犁、液压元件车间施工图设计。

（5）山东拖拉机厂发动机分厂大件、铸件清理车间施工图设计。

（6）聊城油泵油嘴厂偶件车间、中央试验室施工图设计。

（7）黄县油泵油嘴厂理化试验楼施工图设计。

（8）天津纺织机械厂铸造车间施工图设计。

（9）青岛第一铸造厂熔化、造型、清理工部施工图设计。

山东拖拉机厂发动机分厂大件车间和铸件清理车间获得省优秀设计奖。

4.3.5 山东省科学院铸造方向科技研发

1982 年，“铌铸铁气缸套材料工艺的研究”荣获省优秀成果奖二等奖。

1988 年，“提高耐磨铸铁件使用寿命”成果荣获山东省科技进步奖三等奖。

1990 年，“铌铸铁材料应用与研究”荣获山东省科技进步奖二等奖，“新型抗磨铸铁及 T Q 抗磨铸铁磨球”荣获山东省科技进步奖三等奖。

1992 年，“含铝蠕墨铸铁玻璃瓶模具材料”获国家发明奖三等奖。

1991—2001 年，获得省科技进步奖 3 项和其他奖励 6 项，完成国家、省各级课题三十余项。承担了山东省自主创新成果转化重大专项“汽车用镁合金及部件制备技术”课题。

4.3.6 山东理工大学铸造方向科技研发

山东理工大学铸造专业成立以来，积极开展与金属材料和铸造相关的课题研究和技术开发，承担与铸造相关的国家自然科学基金项目 7 项、省部级项目 15 项、获得授权发明专利 7 项。

4.3.7 济南大学铸造方向科技研发

济南大学铸造方向主要针对非晶态合金材料、耐磨材料、石墨烯增强等开展研究。共承担国家自然基金项目 10 项、省部级项目 17 项。

4.4 产学研合作

作为工程技术基础研究的高等院校和工程技术开发的科研院所，其产出的科技成果只有在生产实际中得到应用才能实现价值，产学研合作不仅是实现科技成果转化的途径，也可促进大专院校和科研院所的科学研究和技术开发。因此，在大专院校和科研院所的发展中，产学研合作起到了积极的促进作用。

4.4.1 山东建筑大学铸造方向产学研合作

二十世纪八九十年代，刘玉孟老师开发的 S45 系列振动筛、片击式破碎机及其设计的轴装式减速器驱动带式输送机等在青岛第四铸造机械厂生产。赵健康、李长龙、初福民开发的系统冲天炉，刘玉孟、范芷芳、孙清洲开发的冲天炉熔化工部成套配加料设备在青岛第五铸造机械厂生产。并先后承担了日照水泵厂等多家企业的铸造车间或铸造车间工部设计。

4.4.2 山东大学铸造方向产学研合作

山东大学铸造专业与山东莘县特种钢铸造厂有着长期的密切合作关系，1987 年 12 月，双方合作研究完成的“稀土高铬镍氮 1200℃耐热钢喷燃器火嘴”项目获山东省科学技术进步奖一等奖，通过与山东莘县特种钢铸造厂的合作研发，先后获得了 4 项国家级成果奖以及多项省部级成果奖。

山东大学铸造专业与青岛第四铸造机械厂在铸造机械研发方面有着长期的合作。1991 年 12 月，由姜青河、孙学忠、王维倜、喻士宏完成的“混砂机基本参数的试验研究及 S1122、S1322 混砂机新产品开发”项目获山东省科学技术进步奖一等奖。

2002 年，以“材料液态结构及其遗传性”教育部重点实验室为技术依托，山东大学组建了吕美熔体技术有限公司，形成了产学研紧密合作的模式，吕美熔体技术有限公司于 2005 年被认定为“山东省高新技术产业”。研发的铝磷、铝钛硼等中间合金产品除内销外，还批量出口到德国、韩国、美国、法国、意大利、泰国、土耳其、印度、马来西亚、印度尼西亚等十几个国家和地区，并获得了多项省部级成果奖励。

自 2003 年开始，山东大学铸造专业与日本小松公司一直有着密切的产学研合作。田学雷、于化顺、郑洪亮等先后与其合作研究了球墨铸铁凝固机理、球墨铸铁凝固过程数值模拟及缩松形成机理及预测模型、铸钢组织细化、再生树脂砂铸型强度影响因素等课题。

长期与潍柴动力股份有限公司进行产学研合作。每年铸造专业的本科生在四年级开始上专业课之前，先在潍柴动力进行铸造专业实践教学。同时铸造专业教师与潍柴动力进行了柴油机铸件模拟分析平台建设、柴油机缸盖铸造工艺等方面的产学研合作研究。

4.4.3　济南大学铸造方向产学研合作

济南大学铸造方向注重校企合作，横向课题情况见表 4.4。

表 4.4　横向科研项目

项目年限	名　称	来　源	经费（万元）	负责人
2014—2016	石墨烯增强铝基电子封装材料设计及生产工艺	企业横向	10	冷金凤
2013—2015	新型高强镁合金	企业委托	15	滕新营
2011—2012	一种锌－铝－钛－碳中间合金细化剂及其制备方法和用途	河北四通新型金属材料股份有限公司	30	王振卿
2016—2020	先进金属涂镀材料的制备及其应用	山东众冠钢板有限公司	60	周国荣
2009—2010	陶瓷颗粒增强锌－铝基复合材料及其制备工艺	章丘华轩通衢商贸有限公司	10	耿浩然
2010—2011	陶瓷颗粒 ZAS40 耐磨复合材料	济南慧成铸造有限公司	7	耿浩然
2013—2014	低压铸造高强度铝合金飞轮壳体开发	烟台路通精密铝业有限公司	8	耿浩然
2015—2016	高性能铝单板材料的研制	济南龙邦建材股份有限公司	10	耿浩然
2011—2013	超宽钢板抛丸清理工艺与设备	山东开泰抛丸机械有限公司	100	王守仁
2011—2012	铸造钢丸检查工具设计	山东开泰抛丸机械有限公司	2	王守仁
2013—2015	纳米颗粒物孕育增强抗磨白口铸铁关键制造技术	山东开泰抛丸机械有限公司	50	王守仁
2013—2015	镁铝合金低压铸造关键技术研发	山东富通电气有限公司	20	王守仁
2012—2014	铝镁合金汽车变速器壳体消失模铸造关键技术	山东临沂临工汽车桥箱有限公司	15	王守仁
2011—2013	生物体医用金属骨架增强自修复 HAP 复合材料关键制造技术	济南维威科斯医疗器械有限公司	10	王守仁

4.5 » 科技成果

高校、科研院所中的铸造方向面对工业最基础的行业，其职责是通过应用基础理论的研究突破，推动原创性应用技术的发展。山东省的高校和科研院所围绕实际生产中的技术难题展开基础研究，推动了生产技术的进步，取得了诸多优秀的科技成果。

4.5.1 山东建筑大学铸造方向科技成果

2002 年，孙清洲等完成的“沸腾式树脂旧砂热法再生装置的研究与应用”项目获山东省科技进步奖二等奖。

2006 年，孙清洲等完成的“树脂旧砂热法再生技术的研究”项目获教育部提名国家科技进步奖二等奖。

2007 年，李长龙等完成的“绿色球化浇注包”成果获第山东省发明奖二等奖。

2011 年，孙清洲等完成的“黏土旧砂完全再生工艺及应用”项目获山东省科技进步奖三等奖。

2011 年，李明弟等完成的“高强度铸铁短流程熔炼技术开发与应用”项目获山东省科技进步奖三等奖。

2011 年，李长龙主持完成的“绿色球化工艺与装备的研究”项目获中国机械工业科学技术奖三等奖。

4.5.2 山东大学铸造方向科技成果

自 1978 年全国科技大会以来，山东大学铸造方向科技成果奖励汇总表见表 4.5，科技成果奖励明细见表 4.6。

表 4.5 获奖成果汇总表

类别		等级	数量
国家级奖励	全国科学大会奖		1
	发明奖	二等奖	2
		三等奖	6
		四等奖	2
	科技进步奖	二等奖	1
省部级奖励	自然科学奖	二等奖	3
	发明奖	二等奖	4
	科技进步奖	一等奖	4
		二等奖	22
		三等奖	15
	其他		2

至2016年年底，山东大学铸造专业共出版专著、编著和参编著作14部，获得国家授权发明专利68项，发表论文被SCI收录482篇（不含EI收录），被EI收录133篇。

表4.6 获奖成果明细

序号	获奖时间（年）	项目名称	获奖名称	获奖等级	参加人员
1	1978	高铝稀土球铁	全国科学大会奖		杨士浩 杨相寿 王汝孝 王执福
2	1988	球化白口铁及其变质剂	国家技术发明奖	二等奖	杨相寿 王孝华 公志光
3	2000	反应生成粒子复合强化耐热钢	国家技术发明奖	二等奖	王执福 于化顺 张景德等
4	1991	锰氮高温耐热钢、高温耐热铁基合金技术开发	国家星火奖	二等奖	王执福 和德昌 葛占海 和正光等
5	1985	稀土高铬镍氮、高铬锰氮高温耐热钢	国家技术发明奖	三等奖	王执福 和德昌 朱同科 和正光等
6	1988	无锡耐磨铜合金	国家技术发明奖	三等奖	马家骥 张恩洪
7	1988	稀土高铬镍氮1200℃耐热钢	国家技术发明奖	三等奖	王执福 和德昌 朱同科 和正光等
8	1990	耐热含铬铸钢	国家技术发明奖	三等奖	杨士浩 李秀真 杨兆贤 梁邦林 王汝孝
9	1992	高铝锌基耐磨合金	国家技术发明奖	三等奖	张恩洪 武素玲等
10	1996	S14系列转子混砂机	国家技术发明奖	三等奖	刘树藩 孙学忠 孙京豪 姜青河
11	1991	铝合金除渣除气剂	国家技术发明奖	四等奖	边秀房 马家骥
12	1998	铝合金铁相球化剂	国家技术发明奖	四等奖	刘相法 边秀房 马家骥 荣福荣
13	1987	稀土高铬镍氮1200℃耐热钢喷燃器火嘴	山东省科技进步奖	一等奖	王执福 和德昌 朱同科 和正光等
14	1990	耐热铬钢	山东省科技进步奖	一等奖	杨士浩等
15	1991	混砂机基本参数的试验研究及S1122、S1322混砂机新产品开发	山东省科技进步奖	一等奖	姜青河 孙学忠 王维倜 喻士宏
16	2000	高效遗传性AlTiB中间合金的研究	山东省科技进步奖	一等奖	边秀房 刘相法 亓效刚 马家骥
17	2004	金属熔体的短/中程有序结构及相关合金研究	山东省自然科学奖	二等奖	边秀房 李辉 刘相法 王丽

续表

序号	获奖时间（年）	项目名称	获奖名称	获奖等级	参加人员
18	2003	ZAS35 耐磨合金的研究	山东省技术发明奖	二等奖	耿浩然　毕世成 亓效刚等
19	2004	高效 Al－P 中间合金及其变质处理	教育部技术发明奖	二等奖	刘相法　边秀房 乔进国　刘相俊
20	2010	硅磷和铝磷合金研制与发动机活塞材料强化新技术	山东省技术发明奖	二等奖	刘相法　边秀房 武玉英　亓效刚等
21	1983	无锡耐磨铜合金	山东省科技进步奖	二等奖	马家骥　张恩洪等
22	1985	SG 变质剂与球化白口铁中试	山东省科技进步奖	二等奖	杨相寿　雷加荣 王孝华　公志光 刘加志
23	1987	稀土高铬镍氮 1100℃、1000℃耐火嘴、稀土高铬镍氮高温耐热钢煤粉管	中华人民共和国农牧渔业部科技进步奖	二等奖	和德昌　王执福 朱同科等
24	1989	低铜基耐磨合金材料研制	山东省科技进步奖	二等奖	张恩洪　马家骥
25	1989	GB 9437-88《耐热铸铁件》国家标准	山东省科技进步奖	二等奖	杨士浩
26	1989	S623A 微机控制三回程滚筒烘砂装置	山东省科技进步奖	二等奖	王维倜　孙学忠 韩建德
27	1991	铬 － 铝耐热铸铁试验研究与应用	山东省科技进步奖	二等奖	孙本茂　杨士浩
28	1991	Al-Pb-Cu 减摩合金研制	山东省科技进步奖	二等奖	马家骥等
29	1991	Zn-Pb-Cu 减磨合金的研制	山东省科技进步奖	二等奖	马家骥等
30	1994	RP 碗式磨煤机底衬板试制	山东省科技进步奖	二等奖	宋春田　王执福等
31	1995	稀土高铬镍氮、高铬锰氮高温耐热钢推广应用	国家教委科技进步奖	二等奖	王执福　张继承 孙本茂　公志光
32	1995	MPS 磨煤机磨瓦研制	山东省科技进步奖	二等奖	宋春田　王执福
33	1995	稀土高铬镍氮高温耐热钢煤粉管技术开发	山东省科学技术星火奖	二等奖	王执福　和德昌 张典华　和正光等
34	1997	铝合金热速处理理论及凝固控制	山东省科技进步奖	二等奖	边秀房　马家骥 刘相法
35	1998	铸造钻井泵 40L 排出预压空气包	山东省科技进步奖	二等奖	王执福　祝远征 李继志　吕成法等
36	1998	火力发电厂煤粉输送系统耐磨弯管用材及制造工艺研究	山东省科技进步奖	二等奖	王执福　张继承 孙本茂　公志光

续表

序号	获奖时间（年）	项目名称	获奖名称	获奖等级	参加人员
37	1999	高性能燃烧器火嘴用材及其熔模铸工艺研究	山东省科技进步奖	二等奖	王执福　张继承　孙本茂　公志光
38	2001	铸钢件铸造工艺 CAD/CAE 系统研究与开发	山东省科技进步奖	二等奖	田学雷　王兆辉等
39	2004	阻燃铸造镁合金的研究与开发	山东省科技进步奖	二等奖	亓效刚　张庆成　陈茂爱
40	2005	陶瓷粒子增强 ZAS40A 耐磨复合材料	山东省科技进步奖	二等奖	耿浩然　亓效刚
41	2005	富磷富碳中间合金的研究与应用	山东省科技进步奖	二等奖	刘相法　王振卿　刘相俊　边秀房　柳延辉　于丽娜
42	2007	铸造过程及模具智能优化设计技术的研究	山东省科技进步奖	二等奖	田学雷　郑洪亮等
43	2009	金属熔体有序团簇的结构演变与脆性特征及其应用	高等学校科学研究优秀成果奖	二等奖	李　辉　边秀房　刘相法　胡丽娜
44	1982	S1118 辗轮式混砂机	广西壮族自治区科技成果奖	三等奖	张才元　王书义　王维倜　喻士宏　姜青河
45	1986	S83 系列双盘搅拌冷却机	山东省科技进步奖	三等奖	王维倜　孙学忠　姜青河　喻士宏
46	1990	铝合金除气除渣剂的研究	山东省科技进步奖	三等奖	马家骥等
47	1993	S1320D 型辗轮转子式混砂机研制	山东省科技进步奖	三等奖	姜青河　王思悦　王维倜　李月明
48	1996	水冷离心铸管机浇注槽	山东省科技进步奖	三等奖	王执福
49	1996	S62 系列微机控制三回程滚筒烘砂装置	国家教委科技进步奖	三等奖	韩建德　王维倜　姜青河
50	1998	铸造热砂真空冷却研究	山东省科技进步奖	三等奖	韩建德　王维倜　姜青河
51	1999	球化白口铁变质剂推广应用	教育部科技进步奖	三等奖	杨　华
52	1999	Zn-Al 合金和铝合金的强化技术与理论	山东省科技进步奖	三等奖	马家骥等
53	2000	螺旋进丸新型高效抛丸器	山东省科技进步奖	三等奖	姜青河　王维倜　喻士宏　韩建德　王思悦
54	2002	立式真空热压热结炉的研究	山东省科技进步奖	三等奖	韩建德　于化顺　王维倜　闵光辉
55	2002	高强高韧铝轮毂新材料的研究	山东省科技进步奖	三等奖	亓效刚　朱利民

续表

序号	获奖时间（年）	项目名称	获奖名称	获奖等级	参加人员
56	2007	高性能球铁卷筒	山东省科技进步奖	三等奖	刘宪民　于化顺
57	2008	原位反应合成 Al203-TiCp/Al-Si 复合材料及其活塞制备技术	山东省科技进步奖	三等奖	于化顺　宋文启
58	2010	自生碳化物粒子强化铁素体耐热钢及其制备方法	山东省科技进步奖	三等奖	于化顺等
59	2012	大型复杂精密高强韧铝合金压铸件生产关键技术	山东省科技进步奖	三等奖	亓效刚
60	2014	碳纳米管与石墨烯复合结构演变特征、奇异性质及物质充填行为	山东省自然科学奖	二等奖	李　辉　丁　峰　刘锦茂　何业增　蒋妍彦
61	2014	纳米多孔金属的结构调控与催化性能研究	山东省自然科学奖	二等奖	丁　轶　张忠华　徐彩霞　马厚义　许效红
62	2014	晶种型中间合金及其系列产品开发与应用技术	教育部技术发明奖	二等奖	刘相法　武玉英　聂金凤　边秀房　丁海民

4.5.3　山东省机械设计研究院铸造方向科技成果

1985 年 12 月，邱汉泉等完成的“稀土元素的应用推广”项目，获国家科技进步奖三等奖。

1991 年 12 月，邱汉泉等完成的“稀土蠕墨铸铁新产品技术开发”项目，获国家星火奖三等奖。

1981 年 3 月，邱汉泉、丁元清等完成的用“冲天炉熔制稀土蠕墨铸铁”项目，获山东省科技进步奖一等奖。

1981 年 10 月，孟台、于清泉、于凤兰等完成的“稀土蠕虫状石墨铸铁研磨盘”项目，获山东省科技进步奖二等奖。

1985 年 12 月，叶芳华、邱汉泉、于金信完成的“蠕墨铸铁金相标准”，获山东省科技进步奖三等奖。

1986 年 11 月，邱汉泉、于金信、张东波等完成的“蠕墨铸铁研稀土蠕化剂研究与应用”项目，获机械工业部科技进步奖三等奖。

1989 年 12 月，邱汉泉、傅现强完成的“蠕墨铸铁蠕化剂系列化商品化研究”项目，获机电工业部科技进步奖三等奖。

1990 年 12 月，李秀玉、傅现强、邱汉泉、刘敏完成的“蠕墨铸铁蠕化剂化学分析标准物质的研制”项目，获山东省科技进步奖三等奖。

1991 年 12 月，邱汉泉、苏新同、王兴雷等完成的“蠕墨铸铁稳定生产控制系统的研究与应用”项目，获电工业部科技进步奖二等奖。

4.5.4　山东省科学院铸造方向科技成果

1992 年，李国安、王华山、王立华等完成的“含铝耐热蠕墨铸铁”项目，获国家技术发明奖三等奖。

1982 年，鞠凯贺、王世建、陈正德等完成的“铌铸铁气缸套材料工艺的研究”项目，获山东省优秀成果奖二等奖。

1990 年，鞠凯贺、陈正德、王世建、李少南、吴苏佳等完成的“铌铸铁材料应用与研究”项目，获山东省科技进步奖二等奖。

1990 年，“新型抗磨铸铁及 TQ 抗磨铸铁磨球”获山东省科技进步奖三等奖。

2010 年，“高铝锌基合金变质处理技术”荣获山东省科技进步奖三等奖。

4.5.5　山东理工大学铸造方向科技成果

1996 年，杨思一等完成的利用铁屑直接生产铸铁件技术成果，获国家技术发明奖四等奖。

2004 年，杨思一等完成的“冲天炉熔炼铁精矿粉的工艺研究”项目，获山东省科技进步奖三等奖。

2012 年，杨思一等完成的“微锡高强韧性球墨铸铁关键技术及动力机械核心部件产业化”项目，获国家科技进步奖二等奖。

4.5.6　济南大学铸造方向科技成果

济南大学铸造方向取得了 4 项省部级科技成果奖励和 33 项授权国家发明专利，见表 4.7。

表 4.7　部分获奖项目明细

序号	年度	奖项名称	获奖类型	级别	获奖人
1	2011	高性能无银铜基电接触复合材料	山东省技术发明奖	二等	耿浩然　滕新营 周国荣等
2	2014	大尺寸复杂构件金属表面抛喷丸处理技术及应用	山东省科技进步奖	二等	王守仁等
3	2011	增压器涡轮转子及其制造技术	山东省技术发明奖	二等	王守仁等
4	2011	陶瓷金属网络互穿复合材料制备与耐磨性应用研究	山东省科技进步奖	三等	王守仁等

5 行业组织篇

5.1 简述

20 世纪 80 年代，为加强行业企业间的合作与交流，在全国范围内陆续成立了行业协作网。1985 年 9 月 6 日山东铸造技术协作网成立，这是山东省铸造协会的前身和雏形，当时的主要工作是在省内开展铸造技术交流、培训与咨询。

1992 年 5 月 18 日，山东省铸造协会第一次代表大会在济南召开，山东铸造技术协作网正式更名为“山东省铸造协会”。

经过三十余年的发展，山东省铸造协会已发展成为由全省铸件生产企业、铸造设备和材料供应企业、咨询公司、科研、教学与设计院所及广大铸造工作者共同组成并在省民政厅注册的法人社团。

5.1.1 地址变迁

20 世纪 80 年代山东省铸造协会的办公地址为济南市济洛路 4 号，20 世纪 90 年代初变更为济南市济洛路 129 号，1998 年搬迁至济南市解放路 134 号。

5.1.2 工作重心的转变

山东省铸造协会成立初期的工作重心以技术服务为主，时至今日山东省铸造协会已经发展成为政策服务、技术服务与经济贸易服务相结合的综合性行业服务组织。

5.1.3 会员发展

山东省铸造协会成立之初，团体会员单位以企业、大专院校、科研院所为主，现已发展成为由铸件生产企业、铸造设备和材料供应企业、咨询公司、高校、科研院所、外经贸部门及技术、管理骨干人才和广大铸造工作者共同参与的社会团体（表 5.1）。

表 5.1 不同时期团体会员单位数量

时间	团体会员单位数量
2012 年	303 家
2013 年	315 家
2014 年	324 家
2015 年	392 家

历年会员单位的铸件产量占全省铸件总产量的 70% 以上。

5.2 » 历届理事会组成

5.2.1 山东省铸造协会前身——山东省铸造技术协作网（1985—1992 年）

1985 年 9 月 6 日，山东省铸造技术协作网在济南成立。连裘任网长，王维倜、宿子成、白凤文、刘祥伍、王明平、秦长孝任副网长，孟台任秘书长，宋明汉、董克镛、陈升峰任副秘书长。协作网部分领导照片如图 5.1 所示。

连 裘

王维倜

宿子成

白凤文

孟 台

董克镛

图 5.1 协作网部分领导照片

5.2.2 第一届理事会（1992—1998 年）

1992 年 5 月 18 日，山东省铸造协会第一次代表大会在济南召开，来自全国各地会员代表 334 人参会。全国铸造信息网林隆秘书长、中国铸造协会齐慧川副秘书长到会祝贺；上海铸造协会送来锦旗对大会表示祝贺；机电部科技司、常州铸造协会、湖南省铸造协会、江西省铸造协会、泊头市铸造工业协会、重庆市铸造协会等单位发来贺电贺信；清华大学柳百成教授等专家教授与会祝贺。多位行业专家和企业代表出席了大会，会上总结了山东铸造技术协作网（山东省铸造协会前身）成立 6 年来的工作，研究了协会下一步工作，选举成立山东省铸造协会第一届理事会组成人员。部分领导照片见图 5.2，大会合影见图 5.3，主席团合影见图 5.4。

马信才任理事长，蒋越任常务副理事长，王维倜、宿子成、孙继业、王明平任副理事长，孟台任秘书长（1992—1996 年）、林江海任代理秘书长（1996—1998 年），李东红任代理副秘书长（1996—1998 年），张志勇任代理常务副秘书长（1998—2001 年）。

理事长：马信才

常务副理事长：蒋越

副理事长：王维倜

副理事长：宿子成

秘书长：孟台
（1992—1996 年）

代理秘书长：林江海
（1996—1998 年）

代理常务副秘书长：
张志勇（1998 年）

图 5.2　第一届理事会部分领导照片

图 5.3 山东省铸造协会第一次代表大会合影

图 5.4 山东省铸造协会第一次代表大会主席团合影

5.2.3 第二届理事会（1998—2001 年）

1998 年，山东省铸造协会召开会员代表大会，共有 187 名代表出席大会，换届选举第二届理事会组成成员。

马信才任名誉理事长（1998—2014 年），房士义任理事长，林江海任常务副理事长兼秘书长，卢湘、宿子成、叶以富任副理事长，张志勇任常务副秘书长。

5.2.4 第三届理事会（2001—2005 年）

2001 年 12 月 2 日，山东省铸造协会第二届第四次会员代表大会在泰安召开，共有 200 余名代表出席会议，大会选举第三届理事会成员共 56 名。同期召开三届一次理事会议选举产生三届理事会成员（会议室合影见图 5.5）。

图 5.5　山东省铸造协会第二届四次理事会议合影

房士义任名誉理事长（2001—2018 年），林江海任理事长，卢湘、宿子成、姜青河任副理事长，张志勇任秘书长。

5.2.5 第四届理事会（2005—2009 年）

2005 年 12 月，山东省铸造协会第三届四次会员代表大会在青岛召开，大会选举第四届理事会成员共 64 名。同期召开山东省铸造协会四届一次理事会议，选举产生第四届理事会成员。

林江海任理事长，姜青河、宿子成、潘晓东、曹岳山、阎群、祝建勋、董志强（2005—2007）、谭云安（2007—2009）任副理事长，张志勇任秘书长。

5.2.6 第五届理事会（2009—2013 年）

2009 年 12 月 14 日，协会会员代表大会于济南召开。来自省内外与铸造相关的科研院所、大专院校、新闻媒体和企事业单位共计 410 余名代表参加了会议。会议选举产生协会第五届理事会 90 名组成人员。2011 年 3 月山东省铸造协会第五届三次理事会增补张江同志为山东省铸造协会第五届理事会副秘书长。

林江海任理事长，田学雷、任兴武、张国林、李国梁、祝建勋、宿子成、曹岳山、阎群任副理事长，张志勇任秘书长，张江任副秘书长（2011—2013 年）（图 5.6）。

图 5.6 山东省铸造协会第五届六次理事会议合影

5.2.7 第六届理事会（2013—2018 年）

2013 年 12 月 7 日，山东省铸造协会第五届会员代表大会与六届一次理事会在泰安市召开，来自省内外与铸造相关的科研院所、大专院校、新闻媒体和企事业单位共计 450 名代表参加了会议，协会会员代表 324 人出席，大会选举产生协会六届理事会 99 名成员。

林江海任理事长，田学雷、任兴武、张国林、张跃成、祝建勋、宿子成、曹岳山、阎群、张志勇任副理事长并兼任秘书长（2016 年 12 月至 2017 年 3 月），夏玉海兼任副理事长和代理秘书长（2017 年 3 月至 2018 年 12 月），张江任副秘书长。

5.3 » 协会政策服务相关工作

1. 铸锻件增值税政策

1994 年至 2008 年，国家对部分专业铸锻件生产企业实行了增值税先增后返的优惠政策以促进产业结构的调整。自 1995 年起，山东省铸造协会组织企业申报并落实铸锻件增值税先征后返的产业政策，情况统计见表 5.2。

表 5.2 享受铸锻件增值税先征后返政策的企业情况统计表

时间	享受政策企业数量
1995—2000 年	9 家
2001—2002 年	19 家
2003—2005 年	22 家
2005—2008 年	24 家

2002 年，山东省铸造协会发函〔2002〕鲁铸便字第 02 号，组织企业申报并落实 2003—2005 年铸锻件增值税先征后返产业政策。2002 年 10 月 31 日—11 月 2 日山东省铸造协会联合模具工

业协会在济南召开“山东省铸锻件及模具行业享受增值税先征后返政策企业座谈会”。2005 年 6 月 22 日再次召开铸锻件增值税先征后返政策座谈会（图 5.7）对山东省铸造企业申报退税政策进行指导。

图 5.7　2005 年山东省铸锻件增值税先征后返企业座谈会

2. 铸造生铁企业认定

为促进铸造用生铁行业健康发展，推动钢铁工业结构调整，防止落后炼铁产业规避国家政策，根据工信部下发《铸造用生铁企业认定规范条件》（工信部原〔2011〕134 号）文件精神，山东省经信委原材料处于 2011 年 6 月 1 日组织山东省发改委、山东省环保厅、山东省质量技术监督局、山东省冶金工业总公司和山东省铸造协会专家在济南市召开了“山东省铸造用生铁企业认定规范座谈会”（图 5.8）。对山东国力重型机械有限公司等 19 家企业进行了评判认定。2012 年 2 月 1 日工信部发布 2012 年第 6 号公告，对铸造用生铁企业认定名单进行公告。

图 5.8　山东省铸造用生铁企业认定工作座谈会

山东浩信集团有限公司、山东省淄博蠕墨铸铁股份有限公司、诸城市华欣铸造有限公司、青州豪章铸造有限公司、济南庚辰钢铁有限公司、淄博市博山龙友铸造厂、日照铸福实业有限公司、青州市天泰德隆铸造有限公司、青州奥普利金属材料有限公司、青州诺迪维铸造有限公司、青州诺迪维机械有限公司、威海鑫山集团有限公司铁厂、淄博顺泰冶金有限公司、莱芜市泰山阳光冶金有限公司、莱州庚辰球墨铸铁有限公司、临沂元生铸冶有限公司、山东山威铸冶有限公司、淄博新冶实业有限公司、山东泗水惠丰铸造有限公司共 19 家山东企业进入“符合铸造用生铁生产企业规范条件名单”。

2013 年 2 月 1 日，中华人民共和国工业和信息化部发布 2013 年第 7 号公告，将符合《铸造用生铁企业认定规范条件》的企业名单（第二批）和部分企业名称变更名单予以公告，见表 5.3。

表 5.3 《铸造用生铁企业认定规范条件》企业名称变更名单（山东）

序号	原企业名称	更名为
1	青州豪章铸造有限公司	青州惠泽新材料科技有限公司
2	淄博新冶实业有限公司	淄博岜山铸造有限公司

3. 铸造行业准入企业认定

山东省铸造协会参与了《铸造行业准入条件》制修定工作。2013 年 5 月 10 日，中华人民共和国工业和信息化部发布 2013 年第 26 号公告《铸造行业准入条件》，同年颁布《铸造行业准入公告管理办法》。

2013 年 12 月，根据《铸造行业准入条件》和《铸造行业准入公告管理办法》，山东省经济与信息化委员会下发了《关于组织申报铸造行业准入公告的通知》（鲁经信装字〔2013〕565 号文件）。根据文件相关要求，山东省铸造协会负责企业准入相关技术条件的审查工作并配合省经济和信息化委员会做好日常监督管理工作。

为规范企业准入材料的申报，山东省铸造协会自 2013 年至 2015 年连续三年对申报企业进行了八场培训（图 5.9），对 300 余家上报企业进行了严格的材料审查和现场审核，有 167 家企业通过《铸造行业准入条件》并由中华人民共和国工业和信息化部公告。

2014 年 3 月 6 日，工信部发布第 15 号公告，山东省 37 家企业通过工信部《铸造行业准入条件》首批公告。2015 年 1 月 29 日，中华人民共和国工业和信息化部发布 2015 年第 13 号公告，山东省 62 家企业通过工信部《铸造行业准入条件》第二批公告。2016 年 7 月 15 日，工信部发布 2016 年第 33 号公告，山东省 68 家企业通过工信部《铸造行业准入条件》公告。

图 5.9　铸造行业准入条件培训宣贯

4. 规划编制

（1）编写《山东省铸造工业调整振兴指导意见》

2009 年，山东省铸造协会受山东省人民政府委托编写《山东省铸造工业调整振兴指导意见》（鲁政办发〔2009〕33 号）。该规划计划总投资 122.5 亿元，有 87 家企业及 100 个项目符合国家产业政策和省产业结构调整方向而被列入其中，对于在金融危机影响下保增长、扩内需、调结构，促进工业调整振兴起到了重要作用。

（2）制定《山东省铸造行业“十二五”发展规划》

2010 年山东省铸造协会参与制定《山东省铸造行业‘十二五’发展规划》。

（3）2010 年 12 月 30 日，编制完成《中国金属磨料行业调查研究报告》。

（4）2013 年 9 月，编制完成《山西绛县经济开发区铸造工业园区产业发展规划》。

5. 铸造史志编纂

2008 年 12 月，根据省委省政府要求，受山东省机械工业协会和山东省机械设计研究院委托，山东省铸造协会承担了《山东省志・工业志・机械工业篇》（铸造装备部分）的编纂工作。

5.4 » 企业服务

5.4.1 行业信息

5.4.1.1 会刊发展

1990 年 11 月 6 日，《山东铸造信息》杂志正式创刊，主办单位为“山东省铸造技术协作网”与“山东省机械工业厅科技情报站”。编辑部地址设在济南市济洛路 4 号。当时的主要发行对象为山东省境内相关铸造企业。内容以技术论文、培训信息为主。

1992 年山东省铸造协会成立后，该刊物主办单位变更为“山东省铸造协会”，编辑部地址变更为济南市济洛路 129 号。1998 年编辑部随同山东省铸造协会搬迁至济南市解放路 134 号。

《山东铸造信息》自 1990 年至 2006 年 12 月为黑白版面，2007 年 2 月开始进行彩版印刷并设立广告运营部门，如图 5.10 所示。

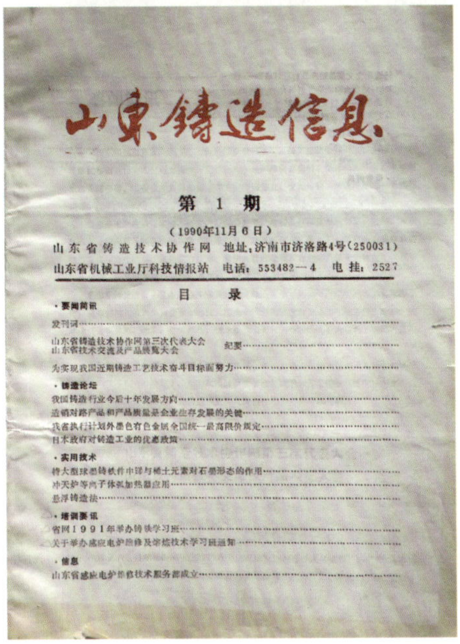

山東铸造信息

第 1 期

（1990年11月6日）

山东省铸造技术协作网　地址：济南市济洛路4号（250031）

山东省机械工业厅科技情报站　电话：553482—4　电挂：2527

目　录

· 要闻简讯

发刊词

山东省铸造技术协作网第三次代表大会 / 山东省技术交流及产品展览大会 纪要

为实现我国近期铸造工艺技术奋斗目标而努力

· 铸造论坛

我国铸造行业今后十年发展方向

适销对路产品和产品质量是企业生存发展的关键

我省执行计划外黑色有色金属全国统一最高限价规定

日本政府对铸造工业的优惠政策

· 实用技术

特大型球墨铸铁件中铜与稀土元素对石墨形态的作用

冲天炉等离子体弧加热器应用

悬浮铸造法

· 培训要讯

省网1991年举办铸铁学习班

关于举办感应电炉维修及熔炼技术学习班通知

· 信息

山东省感应电炉维修技术服务部成立

图 5.10　改版前后的《山东铸造信息》

《山东铸造信息》作为山东省铸造协会会刊，除对会员单位免费发行外，发行范围已扩展至全国各行业组织及全国部分铸造相关企业，截至 2015 年已累计发行 130 期，超过 12 万余册。内容涉及政策信息、行业资讯、企业动态、经济运行、技术论坛、标准体系等，同时积极宣传国家有关行业产业政策，及时报道行业相关信息、介绍国内外铸造先进技术和发展动态等。

5.4.1.2 《山东省铸造企业名录》

2006 年，山东省铸造协会经过近一年的筹备，首次出版了《山东省铸件企业名录》并刊登了山东省 1400 家铸件生产企业的生产规模、主导产品、从业人员、基本工艺、技术装备、检测手段、体系认证、通信详址等信息，是政府部门、铸造企事业单位、国内外商会及相关进出口公司重要的参考工具书。

随着企业的不断更新变化，2012 年 12 月，山东省铸造协会编辑出版了《山东铸造企业名录》（以下简称《名录》）（2012 版）（图 5.11）。新版《名录》分为铸造企业篇、铸造生铁篇、产业政策篇三大篇章，内容涵盖山东省近 3000 家铸件生产企业的名称、地址、电话、负责人、主导产品、铸件产量、铸造工艺、生产设备、检测手段、质量认证以及自 2005 年以来铸造行业相关的政策法规和行业规划等内容。

2006版《山东省铸件企业名录》

2012版《山东省铸造企业名录》

图 5.11 山东省铸件（铸造）企业名录

5.4.2 人才信息建设

5.4.2.1 组织应届毕业生与铸造企业供需见面会

2006 年 12 月 10 日，由山东省铸造协会主办，山东大学材料科学与工程学院、山东大学机械科学与工程学院、山东建筑大学材料科学与工程学院、山东建筑大学机电工程学院、济南大学材料科学与工程学院、济南大学机械工程学院、山东轻工业学院机械工程学院、山东理工大学材料与成型系组织的“2007 届毕业生与铸造企业供需见面会”于济南军区第五招待所召开（图 5.12）。

这是山东省铸造协会首次举办的大学应届毕业生与铸造企业供需见面会，也是山东省第一次由协会主办的专业型招聘会，共有包括中国重汽集团及上海华新合金有限公司在内的 40 余家省内外大型铸造企业到场招聘，近 1000 名铸造和机械专业大学毕业生参加应聘，十余名学生现场签约，数百人达成就业意向。

2008 年 3 月 15 日，由山东省铸造协会主办、山东建筑大学材料科学与工程学院协办，山东建筑大学机电工程学院、山东大学材料科学与工程学院、山东大学机械科学与工程学院、济南大学材料科学与工程学院、济南大学机械工程学院、山东轻工业学院机械工程学院、山东理工大学材料与成型系共同组织的“2008 应届毕业生与铸造企业供需见面会”在山东建筑大学临港校区召开（图 5.13）。

此次见面会是协会继 2006 年成功举办第一次专业化大学应届毕业生与企业供需见面会以来再一次组织企业走进校园进行招聘的专场招聘会。共 34 家国内大中型企业和外资公司到现场进行人才招聘，近 1000 名大学毕业生参加应聘，20 余名学生现场签约，数百人达成就业意向。

图 5.12　2007 届毕业生与铸造企业供需见面会

图 5.13　2008 应届毕业生与铸造企业供需见面会

自 2009 年起，山东省铸造协会每年汇编并发布《铸造专业高校应届毕业生就业信息汇编》和《应届毕业生企业需求信息汇编》（图 5.14）。

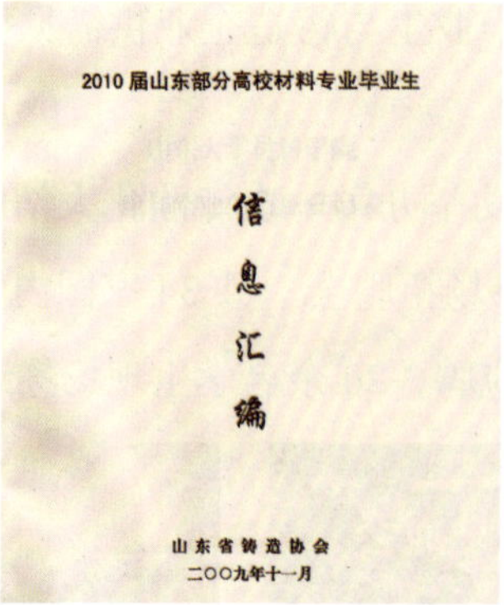

图 5.14　山东省铸造协会所编发毕业生信息汇编

5.4.2.2　建设山东省铸造专家人才库

2013 年 5 月 12 日，山东省铸造协会发布《关于建设“山东省铸造行业专家人才库”的通知》（鲁铸协〔2013〕9 号文），筹备建立山东省铸造行业专家人才库。

5.4.3　教育培训

5.4.3.1　铸造专业证书大专班

2003 年 3 月 7 日，山东省铸造协会与山东大学在济南联合举办第一届铸造《专业证书》大专班，共 29 名学员参加。

2004 年 4 月 7 日，在济南举办第二届铸造《专业证书》大专班（图 5.15）。两期铸造《专业证书》大专班所培养的学员现今多为省内铸造企业的业务骨干或主要负责人。

图 5.15　铸造《专业证书》大专班培训现场

5.4.3.2 铸造技术培训班

山东省铸造协会一直致力于提高铸造行业从业人员的技术水平，积极开展铸造行业从业人员专业培训。1991 年至 2015 年先后组织 25 批次专业技术培训班为企业培训 3000 余人（图 5.16 ～图 5.18）。

图 5.16　2011 年铸造熔炼及典型铸件缺陷技术培训班合影（威海）

图 5.17　2014 年造型材料培训班合影（济南）

现场实习参观

企业现场培训

图 5.18　铸造专业培训现场

5.4.3.3　职业资格培训鉴定

2013 年 3 月 26 日，山东省铸造协会发布《关于对我省铸造从业人员开展职业资格培训鉴定的通知》（鲁铸协〔2013〕4 号文件）和《关于企业申请山东省铸造从业人员职业资格培训（试点）基地的通知》（鲁铸协〔2013〕5 号文件），开启了山东省铸造协会的职业资格培训鉴定工作。

2013 年 8 月 26 日，烟台冰轮重型机件有限公司被授予“山东省铸造从业人员职业技能培训试点基地”并举行了揭牌仪式（图 5.19）。

图 5.19　烟台冰轮重型机件有限公司试点基地揭牌仪式

2013 年 8 月 27 日，山东隆基机械股份有限公司被授予“山东省铸造从业人员职业技能培训试点基地”并举行了揭牌仪式（图 5.20）。

图 5.20　山东隆基机械股份有限公司试点基地揭牌仪式

5.4.4 技术服务

5.4.4.1 标准起草与修订

2011 年，山东省铸造协会参与《蠕墨铸铁件》(GB/T 26655—2011) 和《蠕墨铸铁金相检验》(GB/T 26656—2011) 国家标准的修订。标准由国家质量监督检验总局于 2011 年 6 月 16 日发布，次年 3 月 1 日正式实施。

2007 年，山东省铸造协会受山东省质量技术监督局委托，组织起草《冲天炉金属炉料耗焦限额》(DB 37/785—2007) 山东省地方标准 (图 5.21)。该标准于 2007 年 11 月 23 日由山东省质量技术监督局发布，于 2008 年 1 月 1 日正式实施。同年该项目获山东省机械工业科技进步奖一等奖。

图 5.2 《冲天炉金属炉料耗焦限额》(DB 37/785—2007) 标准审查会

2014 年，山东省铸造协会再次受山东省质量技术监督局委托对原《冲天炉金属炉料耗焦限额》(DB 37/785—2007) 标准进行修订 (图 5.22)，修订后的标准为《铸造化铁炉能耗限额》(DB 37/785—2015)，标准于 2015 年 3 月 23 日由山东省质量技术监督局发布，2015 年 9 月 23 日正式实施。同年该项目获山东省机械工业科技进步奖二等奖。

图 5.22 标准审查会议

5.4.4.2　技术咨询与论证

20 世纪 80 年代后期山东铸造技术协作网成立后，就一直针对企业进行技术咨询及现场指导。三十年来，协会坚持每周二的免费咨询日制度，累计接待 3000 余人次；组织专家为企业项目开展咨询论证，解决企业技术难题 300 余项。

5.4.4.3　山东省铸造协会技术资料

山东省铸造协会注重技术资料的管理工作，积累了大量的技术资料（图 5.23）。

图 5.23　山东省铸造协会积累的部分技术资料

5.4.5　技术交流与研讨

5.4.5.1　山东铸造年会的发展

山东省铸造厂长（经理）年会是山东省铸造协会主办的品牌会议，该会议始于山东省铸造协会的前身——山东省铸造技术协作网所办的山东省铸造技术交流大会。

1985 年，山东省铸造技术协作网举办山东省铸造技术协作网第一次代表大会暨山东省技术交流大会，随后变更为“山东省技术交流大会”“山东省铸造技术咨询大会”等名称，1993 年 12 月，会议定名为“山东省铸造车间主任（厂长）交流会议”，除 1996 年和 1997 年度未召开外，每年定期召开一次。2000 年 12 月，该会议更名为山东省铸造厂长（经理）年会。

年会面向的群体从初始的国内工矿企业、科研单位、大中专院校扩展为与铸造相关的科研院所、大专院校、企事业单位、新闻界媒体。会议规模由初期 100 余人发展为当前 600 余名代表。

会议由初始以技术交流为主延伸为集产业政策、市场分析、企业管理、技术交流、人才信息和采购展示为一体的行业综合会议（图 5.24）。

(a) 连裘网长做报告（技术协作网时期）

(b) 2007年会张志勇秘书长做报告

(c) 2014年会林江海理事长做报告

(d) 2008年会代表参观潍柴集团

(e) 年会展位现场

图 5.24　山东铸造年会相关场景

5.4.5.2　环渤海经济区铸造论坛

环渤海经济区铸造论坛是由北京、天津、河北、山东、辽宁、沈阳、大连和泊头八个省市的铸造协会联合发起并主办的行业论坛。论坛致力于全面促进环渤海经济区铸造行业的发展，加强区域内企业间的交流与合作。自 2009 年由天津市铸造协会承办首届以来，先后于沈阳、济南、泊头、北京共举办五届。

2011 年，山东省铸造协会在济南市承办第三届环渤海经济区铸造论坛（图 5.25），来自环渤海经济区的大专院校、科研院所、铸造企业及材料、设备、仪器等厂家、新闻媒体等共计 151 家单位的 200 余名代表参加了会议。

(a) 第三届环渤海经济区铸造论坛现场

(b) 祝建勋副理事长做报告

图 5.25　第三届环渤海经济区铸造论坛

5.4.5.3 技术研讨会议

1993 年 10 月 12—14 日，济南造型材料厂与中国造型材料公司承办的“全国第三届覆膜砂应用技术研讨会”在济南军区第三招待所召开，山东省铸造协会组织代表参会。

2008 年 9 月 25 日，由山东省铸造协会主办、北京翔博科技有限责任公司协办的“频谱谐波振动时效专题技术推广会”在济南召开，山东省 50 多家企业的近 80 名代表参加了会议。

2008 年 10 月，由山东省铸造协会主办迪砂（贸易）上海有限公司承办的“垂直造型生产汽车刹车盘专题技术研讨会”在烟台碧海大厦召开，来自全省刹车盘生产企业的 70 余名代表出席了会议（图 5.26）。

图 5.26　2008 年垂直造型生产汽车刹车盘专题技术研讨会（烟台）

2012 年 7 月 27 日，山东省铸造协会与青岛至诚卓越科技设备有限公司共同举办的“牛津仪器金属分析系列论坛”——济南站在济南喜来登大酒店举行，来自钢铁、有色金属、铸造、机械等行业的 100 余名代表参加了论坛。2014 年 3 月、2015 年 4 月该论坛又于临沂市、淄博市博山区连续举办两次（图 5.27）。

图 5.27　2012 年牛津仪器金属分析系列论坛（济南）

2013 年 3 月 31 日，由迪砂公司主办的“垂直造型技术在沟槽管件及相关铸件中的应用”专题会议在莱州市举行，省内铸造相关企业的 110 余名代表参加了会议（图 5.28）。

图 5.28　2013 年垂直造型技术专题会议（莱州）

5.4.5.4　中国铸造活动周

自 2009 年起，山东省铸造协会一直组织山东企业代表参加由中国机械工程学会铸造分会主办的中国铸造活动周（图 5.29），旨在通过广泛的学术与信息交流，活跃学术思想，交流先进技术，明确研究和发展方向，推进我国铸造业学术与技术发展。

图 5.29　山东省铸造协会组团参加中国铸造活动周

5.5 » 统计表彰

5.5.1 山东省铸造行业五十强及排头兵企业表彰

为推动产业升级与结构调整，增强企业自主创新，推动节能减排，提升产业层次，推进名牌战略实施，山东省铸造协会分别于2005年、2007年、2009年、2013年对本省铸造企业进行了综合指标评价，从山东省境内从事铸件生产的企业中评选出50家经济效益好、创新能力强、质量管理先进、节能减排显著、市场信誉良好的企业及一定数量的铸造设备和铸造原辅材料企业作为排头兵企业进行表彰，以达到强化龙头带动、壮大产业规模、宣传骨干企业、促进相互交流、提升企业核心竞争力的目的。

2005年，山东省铸造协会举办的首批山东省铸造行业综合实力50强企业新闻发布会和颁奖典礼于8月24日在济南市新闻大厦隆重召开（图5.30），企业名单见表5.4。来自全省的获奖企业代表及中国工业报、大众日报、齐鲁晚报、山东商报、山东机械、山东电台综合频道等媒体记者参加了新闻发布会。

图5.30 首批山东省铸造行业综合实力50强企业新闻发布会

表5.4 第一批山东省铸造行业综合实力50强企业名单

序号	企业	序号	企业
1	潍柴动力股份有限公司铸锻厂	26	莱阳市大柴汽车缸体、缸盖有限公司
2	山东时风（集团）有限责任公司	27	青岛三合山精密铸造有限公司
3	山东隆基集团有限公司	28	临清市中远精铸有限责任公司
4	济南玫德铸造有限公司	29	章丘市铜铝铸造厂
5	天润曲轴有限公司	30	淄博张钢制铁铸管有限公司
6	山东鲁龙集团有限公司	31	济南慧成铸造有限公司

续表

序号	企业	序号	企业
7	中国重型汽车集团有限公司济南铸造中心	32	山东汇丰机械集团总公司章丘市铸造厂
8	莱州三力汽车配件有限公司	33	山东华民铸锻股份有限公司
9	莱州鲁达汽车配件有限公司	34	山东天泽昌大缸盖有限公司
10	山东汇金股份有限公司	35	山东聊城东海铸锻有限公司
11	龙口市泛林球墨铸铁管有限公司	36	青岛吉华铸造有限公司
12	山东淄博蠕墨铸铁股份有限公司	37	山东东方金丹特种钢有限公司
13	烟台冰轮铸造有限公司	38	蓬莱三和铸造有限公司
14	山东凯马铸造有限公司	39	泰安市金港机械制造有限责任公司
15	山东恒成机械制造厂	40	诸城华欣铸造有限公司
16	济南二机床集团有限公司铸造公司	41	微山县铸造厂
17	四方机车车辆有限责任公司	42	青岛捷能吉兴铸造有限公司
18	山东双轮集团股份有限公司	43	青岛纺机铸造有限公司
19	山东常林铸造有限公司	44	济南圣泉集团股份有限公司
20	龙口旭鑫机械有限公司	45	青岛铸造机械集团公司
21	济南钢铁集团总公司机械设备制造厂	46	山东良艺化工新材料有限公司
22	济柴聊城机械有限公司	47	临邑县旭光铸造材料有限公司
23	山东滨州海得曲轴有限公司	48	青岛青力环保设备有限公司
24	潍坊生建集团铸造厂	49	昌乐恒昌化工有限公司
25	青岛青特铸造有限公司	50	青岛百利达钢丸有限公司

注：1 ～ 43 为铸件生产企业；44 ～ 50 为材料设备生产企业。

5.5.2 山东省铸造行业优秀企业家表彰

2013 年，协会评选出首批山东省铸造行业优秀和杰出企业家并进行宣传表彰（图 5.31）。

图 5.31　2009—2012 年度山东省铸造行业综合实力五十强及材料设备排头兵企业颁奖

5.6 » 行业统计分析

山东省铸造协会一直致力于行业统计工作。

1994 年铸造企业统计报表见图 5.32。

山东省铸造生产厂调研表

1994年5月12日

单位名称	泰安市锻压设备厂	专业厂、附属车间	地址：泰安市太岳区北集坡镇　村　号			电话	225501-323
						电挂	6939
主要产品	折边机、剪板机、冲剪机系列产品、压冲机、折弯机等					邮政编码	271025
铸件最大重量：3000 kg	重量范围0.2-3000 kg	铸件类别：	铸铁	铸钢　铸铜　铸铝	球铁	砂型铸造	特铸类型：
合格铸铁件：总量2100 t/年	其中：灰铁1600 t/年	球铁 500 t/年	可锻铁 t/年	特铁 t/年		有色件铜 /铝	t/n /年
铸造生产面积 m×m		造型面积 m×m 920	制芯面积 m×m 30	熔化工部面积 m×m 100		清理工部面积 m×m 40	铸造建筑面积 m×m
铸铁（钢）牌号		铸件质量 88%	尺寸精度：高、合、低	表面质量：高、合、低		废品率：12 %	
铸造工艺设计：有、无	工装设计：有、无	护料配料计算：有、无	国家标准：齐全、部分、无	模型（模板）材料		本质、塑料、金属	
熔化简况	冲天炉 3 t/h 2座	炉 t/h 座	车间熔化量：16～18 t	铁水温度1380～1420 ℃		焦铁比	1：8
检测仪器	型砂仪：有、无	炉风量风压计：有、无	铸件硬度计：有、无	性能试验机：有、无		金相检验：有、无	化学分析：有、无
机械化程度	人工　简单	中等　高度	混砂：h/日 机型号/台数 S114 1台	造型机 1 h/日		清理机械：h/日	
铸造原材料（产地/合格率）	原砂：本地/85	粘土：当地/87	树脂等：/	焦碳：河北/70		原生铁：莱芜/90	
环保	砂处理除尘：有、无	炉风机消音器：有、无	清理通风机除尘器：有、无	油芯树脂芯浇注：有、无通风机		安全规范：有、无	
铸造车间人员	总数：112 人	生产工人：91 人	造型工人：56 人	生产工人等级：8/5 级 17 人		4/2 级 31 人	其它 21 人
铸造技术人员	全员：4 人	职称（国家）：高工 人	工程师：人　助工 1　技术员 3 人	生产工人等级：8/5 级 人		4/2 级 人	其它 人
厂培训科：有、无	专人管理：有、无	班级：有、无	学校：有、无	年培训：42 人		安全教育：有、无	职业病类型：人
新技术应用及特调	包括铸铁 CSiS 含量和抗拉强度 30 个以上的连续数据：						
备注							

图 5.32　1994 年铸造企业统计报表

1999 年、2000 年、2001 年山东省铸造协会进行行业状况调查并参与编辑了中国铸造年鉴（山东篇）（图 5.33）。

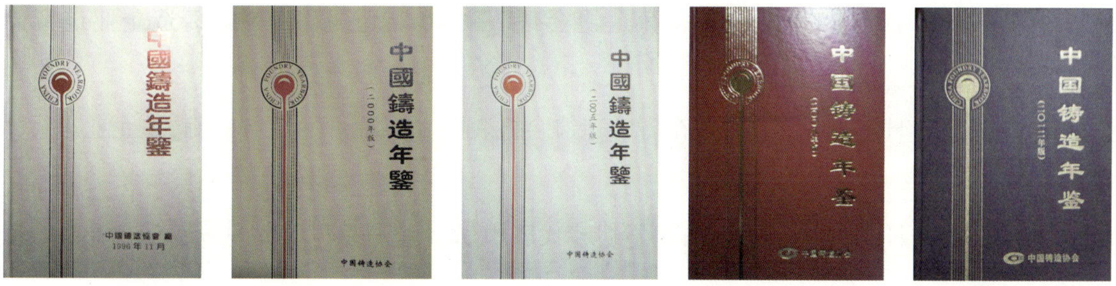

图 5.33 山东铸造协会参编的年鉴

5.7 商务考察

5.7.1 国内互访

2006 年，山东省铸造协会首次组织企业跨省开展考察交流活动（图 5.34），截至 2016 年，共组织企业出访 371 人次，赴省外参观 110 家铸造企业，接待来自湖北、河南、安徽、大连、武汉、泊头等地区来访人员 100 余人。

图 5.34 山东省铸造协会组织企业跨省考察交流

山东省铸造协会历年出访时间及企业如下：

2006 年 5 月 28 日至 6 月 6 日，山东省铸造协会组织铸造企业一行 20 人赴皖、苏、沪、浙地区进行铸造行业考察，参观当地 14 家铸造企业。

2007 年 6 月 3 日至 8 日，山东省铸造协会考察团 33 人赴天津对当地 8 家铸造企业进行考察。

2008 年 6 月 21 日至 30 日，山东省铸造协会代表团 34 人赴大连、沈阳地区对一汽等 11 家重点铸造企业进行商务考察。

2009 年 6 月 21 日至 28 日，山东省铸造协会代表团 40 人赴湖北对 9 家铸造企业进行商务考察。

2010 年 5 月 30 日至 6 月 7 日，山东省铸造协会代表团 27 人赴河南对 11 家铸造企业进行商务考察。

2011 年 9 月 14 日至 20 日，山东省铸造协会代表团 32 人赴浙江对当地 9 家铸造企业进行商务考察。

2012 年 6 月 17 日至 24 日，山东省铸造协会代表团 43 人赴江苏对当地 16 家铸造及相关企业进行商务考察。

2013 年 5 月 22 日至 30 日，山东省铸造协会代表团 28 人赴重庆、四川对当地 9 家铸造及相关企业进行商务考察，同时参观了立嘉国际铸造、压铸展览会，走访了山东赴渝参展各企业。

2014 年 6 月 6 日至 13 日，山东省铸造协会代表团 42 人赴福建对当地 7 家铸造及相关企业进行商务考察。

2015 年 10 月 11 日至 18 日，山东省铸造协会考察团 34 名代表赴广西壮族自治区对当地 6 家铸造企业进行商务考察。

5.7.2 国际合作

山东省铸造协会历年国际合作交流（图 5.35）：

2006 年 10 月，山东省铸造协会代表团 22 人赴日本对铸造行业进行考察，代表团考察了位于大阪、上越、东京地区的 3 家铸造企业，参观了第九届日本（大阪）机械要素展览会并与日本铸锻钢协会进行了交流。此次出访是山东省铸造协会首次组织国际交流考察。

2007 年 11 月，山东省铸造协会代表团 25 人赴台湾地区进行考察访问。

2008 年，山东省铸造协会代表团 19 人赴法国、意大利、比利时、荷兰、德国和奥地利进行商务考察，参观了第 38 届法国巴黎国际工业配件展览会并访问了法国铸造协会。

2010 年 10 月，山东省铸造协会代表团 18 人出访美国和加拿大，参观 2010 年美国拉斯维加斯汽配展，考察了美国卡特彼勒铸造工厂、ABP 公司、应达电炉和 AMCOL 公司。

2010 年 8 月，山东省铸造协会代表团 20 人赴日本参加东北亚富山经贸洽谈会。

2011 年 6 月，山东省铸造协会代表团 35 人赴欧洲考察，参加了德国杜塞尔多夫 GIFA 及 NEW CAST 国际铸造展会，组织山东企业在德展览面积达 543 平方米，为全国最大。同时考察了 ABP 感应系统有限公司以及法国、荷兰铸造企业。

2012 年 8 月，山东省铸造协会代表团 18 人出访俄罗斯、芬兰、瑞典及丹麦并开展了相关行业考察活动。参观了 2012 年莫斯科国际汽车及零配件展览会，访问了瑞典 Ljunghäll AB 公司、丹麦 Vald. Birn 公司和 DISA Industry 公司。

2014 年 9 月，山东省铸造协会代表团 22 人赴东欧对当地铸造企业进行商务考察。

2015 年 6 月，山东省铸造协会根据山东省政府 2015 年行业国外对接对标活动计划要求，一行 18 人赴德、英两国与当地铸造企业进行对标。考察期间组织企业参加了德国杜塞尔多夫 2015 GIFA &NEW CAST 国际铸造展览会，山东省参展企业 33 家，展出面积达 600 多平方米。

图 5.35　山东省铸造协会历年组织企业跨国考察交流

5.8 » 行业展会

5.8.1　中国（山东）国际机械制造技术与装备展览会

中国（山东）国际机械制造技术与装备展览会是装备制造业博览会的前身，也是山东省铸造协会正式全程参与组织的专业性展览会。

2004 年 11 月 23 日，作为承办单位之一，山东省铸造协会在济南组织举办了首届中国（山东）国际机械制造技术与装备展览会。该展会由山东省经委、外经委和机械工业厅联合举办，中国机械工业联合会执行副会长蔡惟慈、山东省人大常委会副主任黄可华和山东省副省长李兆前参加了开展仪式，来自全国的100多家企业和10余家海外代理商参加了展会。

5.8.2 中国国际铸造博览会

2006年，山东省铸造协会组团参加了由中国铸造协会主办的首届国际铸件博览会，13家企业随团参展。

2007年9月5日至7日，山东省铸造协会组织7家企业赴上海参加了由中国铸造协会主办的第六届国际有色及特种铸造展览会。

2008年6月，山东省铸造协会组团参加了由中国铸造协会主办的第九届上海国际铸件博览会，48家企业随团参展。

2009年9月，组团参加在上海举办的中国国际铸件博览会暨第七届国际有色及特种铸造展览会，25家企业随团参展。

2010年5月，山东铸造协会组织章丘和临沂两个产业集群及50余家铸造企业赴北京参加了2010中国国际铸造博览会，展出面积达3000多平方米。

2011年4月，山东铸造协会组织30余家铸造企业赴南京参加2011年中国铸造零部件展览会暨第八届有色及特种铸造展览会，展出面积达500多平方米。

2012年5月，山东铸造协会组织了近70家铸造企业赴北京参加第十一届中国国际铸造、锻压及工业炉展会暨第五届中国铸造零部件展览会，展出面积2000多平方米。

2013年4月9日至11日，山东省铸造协会组织了40余家企业赴苏州参加由中国铸造协会主办的第九届国际有色及特种铸造展览会、第六届中国铸造零部件展览会、中国铸造装备展览会和中国铸造材料展览会，展出面积近1000平方米。

2014年5月19日至22日，山东省铸造协会组织70余家企业参加了由中国铸造协会在北京主办的中国国际铸造博览会，展团面积超过3000平方米。

2015年3月，山东省铸造协会组织近50家企业参加了由中国铸造协会在上海主办的第十三届中国国际铸造博览会和第十一届中国国际压铸工业展览会，展出面积达1300多平方米。

在历届由中国铸造协会主办的中国国际铸造博览会展会中，山东省企业均多数获得优质铸件金奖。

5.8.3 上海（法兰克福）汽配展

2012—2014年，山东省铸造协会连续三年组织企业赴上海参加法兰克福（上海）国际汽车零配件及售后服务展览会（图5.36）。

图 5.36　法兰克福（上海）国际汽配展山东展团

5.8.4　境外参展

2010 年 8 月，山东省铸造协会代表团一行 20 人赴日本参加东北亚富山经贸洽谈展览会。

2011 年 6 月，山东省铸造协会组团赴德国参加 2011 GIFA & NEW CAST 国际铸造展，展览面积 543 平方米。

2015 年 6 月，根据山东省政府行业国外对接对标活动计划要求，山东省铸造协会代表团 18 人赴德、英两国铸造企业进行对标。组织 33 家企业赴杜塞尔多夫参加 2015 GIFA &NEW CAST 国际铸造展览会，展面积 600 余平方米。

5.9 ›› 协会荣誉

自 2006 年起，山东省铸造协会被中国铸造协会授予历届“中国国际铸件博览会优秀组织奖”。

2007 年，被山东省机械工业办公室授予“山东省机械工业学协会工作先进单位”称号。

2008 年、2012 年，分别被山东省经济贸易委员会和山东省民政厅授予“山东省工商领域优秀行业协会”称号。

2014 年，被中国铸造协会授予“全国铸造行业先进协会”称号。

2016 年，被山东省民政厅授予“中国社会组织 4A 等级协会”称号。

2016 年，被中国铸造协会授予“全国铸造行业技能竞赛优秀组织奖”。

部分荣誉奖牌见图 5.37。

图 5.37　山东省铸造协会部分荣誉奖牌

鸣　谢

（以单位名称第一个汉字的笔划为序）

山东省机械设计研究院
山东大学材料科学与工程学院
山东建筑大学材料科学与工程学院
山东理工大学
山东职业学院
山东蒙凌集团
山东开泰集团
山东莱德机械有限公司
山东智汇蠕墨新材料科技股份公司
山东滨州渤海活塞股份有限公司
山东湖西王集团铸业有限公司
山东浩信集团有限公司
山东昌宁集团有限公司
山东宏马工程机械有限公司
山东大王金泰集团有限公司
山东豪迈机械科技股份有限公司
山东亿佰通机械股份有限公司
山东精良海纬机械有限公司
山东汇丰铸造科技股份有限公司
山东汇金股份有限公司
山东宇信铸业有限公司
山东时风（集团）有限责任公司
山东大柴缸体缸盖股份有限公司
山东华源莱动内燃机有限公司铸造事业部
山东国创风能装备有限公司
山东国铭球墨铸管科技有限公司
山东荣泰感应科技有限公司
山东旭光得瑞高新材料股份有限公司
山东华晨有限公司
山东省冶金工业总公司
山钢集团山东冶金机械厂有限公司
山东能源重装集团莱芜煤机公司
山推铸钢有限公司
上海乐科工业设备有限公司
中国重汽集团济南动力有限公司成型厂
中铝山东工程技术有限公司恒成机械制造厂
日照宏冠机械制造有限公司
日照铸福实业有限公司
龙口市泛林球墨铸铁管有限公司
齐鲁工业大学（山东省科学院）
曲阜市铸造材料厂
玫德集团有限公司
青岛市铸造协会
青岛汽车进出口有限公司
青岛三合山精密铸造有限公司
青岛青力环保设备有限公司
青岛青铸装备有限公司
青岛中智达环保熔炼设备有限公司

青岛双星铸造机械有限公司
济南大学
济南圣泉集团股份有限公司
济南铸造锻压机械研究所有限公司
济南二机床集团有限公司
济南慧成铸造有限公司
济南时代试金试验机有限公司
济南庚辰铸造材料有限公司
济南林青铸造技术有限公司
济南恒泰机车车辆机械有限公司
临沂市铸宝水表有限公司
临沂天阔铸造有限公司
威海工友铸造机械有限公司
烟台市铸造协会
烟台胜地汽车零部件制造有限公司
烟台冰轮重型机件有限公司
烟台世德装备股份有限公司
烟台东方分析仪器有限公司
烟台四方铸造设备工程有限公司
烟台市沧海造型铸造材料有限公司
莱州新忠耀机械有限公司
莱州三力汽车配件有限公司
莱州华汽机械有限公司
莱州庚辰球墨铸铁有限公司
莱州华银试验仪器有限公司
诸城市华欣铸造有限公司
诸城龙祥钢业有限公司
隆基集团有限公司
淄博大亚金属科技股份有限公司
淄博大力矿山机械有限公司
淄柴动力有限公司
滨州市正道机械制造有限公司
潍柴（潍坊）材料成型制造中心有限公司
潍坊机床二厂有限公司
德州卓尔铸造有限公司